幼儿园
创造性戏剧活动

周玲霞　张赤华　主编

南京师范大学出版社

图书在版编目（CIP）数据

幼儿园创造性戏剧活动／周玲霞，张赤华主编
．—南京：南京师范大学出版社，（2022.3重印）
ISBN 978－7－5651－2871－4

Ⅰ.①幼… Ⅱ.①周… ②张… Ⅲ.①游戏课－学前教育－教学参考资料 Ⅳ.①G613.7

中国版本图书馆CIP数据核字(2016)第218608号

书　　名	幼儿园创造性戏剧活动
主　　编	周玲霞　张赤华
责任编辑	吴曼丽
出版发行	南京师范大学出版社
地　　址	江苏省南京市玄武区后宰门西村9号（邮编：210016）
电　　话	025-83598919（总编办）83598412（营销部）83598312（邮购部）
网　　址	http://press.njnu.edu.cn
电子信箱	nspzbb@njnu.edu.cn
照　　排	南京凯建图文制作有限公司
印　　刷	江阴金马印刷有限公司
开　　本	787毫米×1092毫米　1/16
印　　张	23.25
字　　数	464千
版　　次	2016年11月第1版　2022年3月第3次印刷
书　　号	ISBN 978－7－5651－2871－4
定　　价	49.00元
出 版 人	张志刚

南京师大版图书若有印装问题请与销售商调换
版权所有　侵犯必究

编写委员会

主　　编　周玲霞　张赤华
编　　委（以姓氏笔画为序）
　　　　　　王　勤　刘　薇　江思敏　李晓燕　杨　桦
　　　　　　陈　颖　陈晶晶　洪　燕　梁　欢
参编人员（以姓氏笔画为序）
　　　　　　万基凤　刘　晨　刘　蕾　许建萍　杨　红
　　　　　　陈丹丹　林　静　金维红　梁　缘　葛智敏

序言

《幼儿园创造性戏剧活动》是江苏省"十二五"教育规划重点自筹课题"幼儿体验性情感教育与创造性戏剧活动的融合研究"的研究成果。

南京市石鼓路幼儿园的研究团队曾参与"探究阅读·创意戏剧"课程的研发与实践。她们怀着对幼儿创造性戏剧活动的热爱，从幼儿园的实际出发，将儿童戏剧教育与体验性情感教育、创造教育紧密结合，在《幼儿园教育指导纲要》《3—6岁儿童学习与发展指南》的引领下，对幼儿创造性戏剧活动的理念与内涵、目标与内容、组织与实施进行了认真的研究与探索。经过6年的实践研究和观察反思，该团队架构了小、中、大班幼儿创造性戏剧活动的学习与发展目标体系，提出了"幼儿创造性戏剧活动应以丰富的体验活动为基础，以开放的创造表达为核心"的观点，形成了一系列实践性和操作性较强的创造性戏剧活动方案。

本书精选了小、中、大班共10个创造性戏剧主题活动方案。这些主题活动大多来源于幼儿感兴趣的经典的中国民间故事、世界童话故事，也有的来源于幼儿生活中的现象、事件和想法。所有主题都特别关注了"关爱自我、关爱他人、关爱环境"的情感教育价值。老师们可以将其融入幼儿园课程实施，也可以安排在语言区、美术区、表演区先分散实施，还可以在五月、十二月以主题月、戏剧月的形式集中实施。另外，结合元旦、"六一"等节日，通过举办戏剧节的形式让幼儿在面向家长和全园小朋友表演的过程中体验成就感。

本书还精选了30个创造性戏剧游戏活动方案，并从提升幼儿声音、肢体表现与创造能力的视角，将其分为15个声音游戏和15个肢体游戏。这些游戏，有的来源于幼儿生活中常见的人、动植物、自然现象，有的来源于社会生活和事件，有的来源于艺术作品和游戏材料……旨在引导幼儿围绕真实或虚构的戏剧情境展开想象，尝试运用表情、动作和声音等戏剧符号表现戏剧的角色、情节和情境。编者打破按年龄段设计玩法的模式，设计了由浅入深、由易到难3种不同层次的游戏。教师可根据班级幼儿的发展水平、兴趣需要，自由选择游戏内容和游戏层次，多次反复玩同一个游戏；还可以根据幼儿的兴趣，变化其中的角色或玩法，让幼儿从模仿性表现向创造性表现发展。

南京市石鼓路幼儿园的老师们非常关注幼儿在创造性戏剧活动中的情感体验与创造表达,倡导"幼儿创造性戏剧活动不仅仅是一种表演活动,更是一种集观察、模仿、想象、创造等于一体的体验活动"。

我们希望读者能透过这些具体的主题活动、游戏活动案例和教师的教育故事,体会到教师如何把戏剧活动的自主选择、自主表达的权利给予幼儿,引导幼儿在"看戏""编戏""演戏"的活动中思考"人与人、人与社会、人与自然"的关系和问题,感受体验各种情感,学会批判性地思考问题、创造性地表达自己的想法等,获得有益于身心发展的情意经验,体验在"玩"中成长的快乐。

这些方案已经过多轮实践验证,操作性较强,可为热爱幼儿戏剧教育的一线教育工作者系统地开展幼儿创造性戏剧活动提供借鉴和参考。真诚地希望热爱幼儿戏剧教育的老师们阅读并喜欢这本书,能将之付诸实践并提出宝贵建议!

前言

每个人身上都藏有戏剧的种子和根芽,有表演和观看的欲望。戏剧是融合了文学、音乐、美术、舞蹈、建筑等多种艺术样式的一种综合艺术,对幼儿的发展具有多方位、多层次的价值。近年来,国内外对幼儿戏剧教育的发展日益重视。

"十二五"期间,我们立足幼儿对戏剧与生俱来的喜好与学习发展的需求,融合"把戏剧作为艺术"的"本质论"和"把戏剧作为教学手段或媒介"的"工具论"的价值取向,关注我国戏剧教育重"戏剧表演"的已有经验与思维习惯、西方儿童戏剧教育重"戏剧创作"的合理要素以及幼儿园体验性情感教育的研究成果,积极开展江苏省"十二五"教育规划重点自筹课题"幼儿体验性情感教育与创造性戏剧活动的融合研究"的研究,取得了不少研究成果。在此基础上,编撰了《幼儿园创造性戏剧活动》一书,供幼儿老师共同学习和借鉴。

本书以《幼儿园教育指导纲要》《3—6岁儿童学习与发展指南》为引领,对幼儿园创造性戏剧活动的内涵、理念、学习与发展目标、组织与实施等进行了较系统的阐述,强调幼儿园创造性戏剧活动应以为幼儿后继学习和终身发展奠定良好素质基础为目标,以培育健康的情感态度和初步的创造与表达智慧为核心,引导幼儿放飞戏剧天性,在"看戏""编戏""演戏"等体验活动中,思考人与人、人与社会、人与自然的关系,体验各种情感,创造性地表达自己的理解和想法等,进而促进各方面的全面协调发展。

本书精选了10个创造性戏剧主题活动(小班3个、中班3个、大班4个)和30个创造性戏剧游戏(声音类游戏、肢体类游戏各15个)。这些活动经过了多轮的实践验证和调整、完善,倾注了研究团队全体教师的智慧和心血,具有较强的实践性和操作性,可为热爱幼儿戏剧教育的一线教育工作者提供借鉴和参考。

创造性戏剧主题活动大多来源于幼儿感兴趣的中国民间故事、世界童话故事,有的来源于幼儿生活中的现象、事件和想法,渗透了关爱自我、关爱他人、关爱环境的情感教育价值;老师们每学期可实施1个创造性戏剧主题活动(可安排在上学期的12月和下学期的5月进行),主题活动中的戏剧表演可结合元旦、"六一"等节庆,通过举办戏剧节、戏剧嘉年华的形式以全班个个承担角色、人人参与表演的方式展现,使幼儿在这一过程中体验创造的愉悦和成长的快乐。

创造性戏剧游戏活动有的来源于幼儿生活中常见的人、动植物、自然现象,有的来源于社会生活和事件,有的来源于艺术作品和游戏材料……旨在提升幼儿在声音方面的表现力与创造力、肢体方面的表现力与创造力。每一个游戏活动根据指导要点设计了由浅入深、由易到难3种不同层次,教师可根据班级幼儿的发展水平、兴趣需要,自由选择游戏内容和游戏层次,变化其中的角色或玩法,应用于日常生活的过渡环节、教学活动环节,或渗透于餐前、离园前、散步甚至春游等活动中。

在开展"幼儿园创造性戏剧活动"的研究过程中,我们得到了南京师范大学许卓娅教授、秦淮区教育局、秦淮区教师发展中心教科室和幼教教研室领导及专家们的悉心指导与帮助,得到了广大幼儿和家长的积极参与与大力支持,在此一并表示衷心的感谢!

欢迎广大读者提出宝贵意见!

"幼儿体验性情感教育与创造性戏剧活动的融合研究"课题组

目录

序言 | 1

前言 | 1

第一部分 幼儿园创造性戏剧活动概述

一、幼儿园创造性戏剧活动的内涵与理念 | 3
    （一）幼儿园创造性戏剧活动的内涵 | 3
    （二）幼儿园创造性戏剧活动的理念 | 4

二、幼儿园创造性戏剧活动的目标与内容 | 6
    （一）幼儿园创造性戏剧活动的目标 | 6
    （二）幼儿园创造性戏剧活动的内容 | 8

三、幼儿园创造性戏剧活动的组织与实施 | 11
    （一）创造性戏剧主题活动 | 11
    （二）创造性戏剧游戏活动 | 11

第二部分 幼儿园创造性戏剧主题活动

一、幼儿园创造性戏剧主题活动的指导 | 15
    （一）主题的选择 | 15
    （二）主题网的建构 | 16
    （三）主题的实施 | 16

二、幼儿园创造性戏剧主题活动方案 | 21

小班 | 21

    （一）一步一步，走啊走 | 21

（二）小鸭找朋友　　｜ 52
　　（三）萝卜回来了　　｜ 72

中班　　｜ 102

　　（一）想吃苹果的鼠小弟　　｜ 102
　　（二）小猪噜噜　　｜ 127
　　（三）金色的房子　　｜ 159

大班　　｜ 185

　　（一）熊猫百货商店　　｜ 185
　　（二）国王生病了　　｜ 220
　　（三）猴子捞月　　｜ 249
　　（四）小学的约定　　｜ 278

第三部分　幼儿园创造性戏剧游戏活动

一、创造性戏剧游戏活动的分类　　｜ 321
二、创造性戏剧游戏活动的内容来源　　｜ 322
三、创造性戏剧游戏活动的组织实施　　｜ 323
四、创造性戏剧游戏活动方案　　｜ 324
　　（一）声音魔法师　　｜ 325
　　（二）肢体魔法师　　｜ 339

附录　　｜ 356

　　故事一　"主角"VS"配角"　　｜ 356
　　故事二　"小萝卜"文文的成长故事　　｜ 358

参考文献　　｜ 362

第一部分

幼儿园创造性戏剧活动概述

戏剧起源于人类模仿的天性。每个人身上都藏有戏剧的种子和根芽,每个人都有表演和观看的欲望。近年来,戏剧教育日益受到广大工作者重视。在开展江苏省"十二五"教育规划重点课题研究的过程中,我们借鉴西方后现代主义哲学批判和东方"天人合一"的哲学智慧、儿童艺术心理学理论、儿童戏剧经验的研究等,对"幼儿创造性戏剧活动"的内涵、理念、实践等有了进一步的认识与思考。

一、幼儿园创造性戏剧活动的内涵与理念

(一) 幼儿园创造性戏剧活动的内涵

戏剧是由演员以语言、动作、舞蹈、音乐等形式在舞台上当众表演某个故事或情节的综合艺术。《幼儿文学》将幼儿戏剧定义为"以幼儿为对象,适合于他们接受能力和欣赏趣味的戏剧"。

陈信茂先生在《儿童戏剧概论》中提出:"所谓儿童戏剧,是指儿童的思想、儿童的想象、儿童的语言、儿童的情感、儿童的经验,透过戏剧的手法,表现宇宙间动植物的生活、人和事物的关系、社会的现象、人生的意义。用以增进儿童的知识、陶冶儿童的美感、坚定儿童的意志、充实儿童的生活、引导儿童向上的艺术活动。凡合乎上述要求,不管内容是古代还是近代,事件发生在国内还是国外,表现方式是舞台、电影或卡通,甚至是皮影戏、木偶或歌仔戏,扮演人不论是成人还是小孩,只要根据儿童身心发展理论,内容符合儿童发展需要都可称为儿童戏剧。"

20世纪二三十年代,美国儿童戏剧学者提出了"创造性戏剧":"一种即兴的、非演出的、以过程为中心的戏剧形式,参与者在引导者(leader)指导下想象、扮演和反思人类真实的或想象的经验。"旨在通过儿童的"做戏剧"实现促进儿童发展的教育目的。2003年,张金梅博士提出了"戏剧活动"的概念,2005年又将其发展为"戏剧教育"。2010年起,许卓娅教授领衔研发的"探究阅读·创意戏剧"课程,产生了较大的影响。

融合"把戏剧作为艺术"的"本质论"和"把戏剧作为教与学手段或媒介"的"工具论"的取向,关注我国戏剧教育重"戏剧表演"的已有经验、思维习惯和西方儿童戏剧教育重"戏剧创作"的合理要素,借鉴张金梅教授、许卓娅教授的戏剧课程研究成果,立足幼儿对于戏剧与生俱来的喜好与学习发展的需求,我们将"幼儿创造性戏剧活动"界定为:"以3—6岁幼儿戏

剧素养启蒙教育为核心，以提升幼儿审美欣赏与创造表达智慧、促进幼儿身心健康和谐发展为目标，围绕特定主题开展、与戏剧表演相关、运用戏剧元素和技巧进行的类似游戏的活动。"

幼儿创造性戏剧活动不同于仅仅追求演出效果的剧场戏剧，其在即兴表演中除了融入剧场的诸要素外，更关注幼儿参与创作剧本、制作道具、自导自演以及为了表演而积极工作的过程。不仅如此，创造性戏剧活动还重视幼儿在活动中主动参与、创造想象的能力，鼓励幼儿用表情、动作、声音等戏剧语言表达自我，思考和认识周围世界，感受和体验各种情感，以更好地促进幼儿的身心和谐发展。

（二）幼儿园创造性戏剧活动的理念

孩子爱看戏，也爱演戏。幼儿创造性戏剧活动具有一般戏剧的性质、特点，又有自己的独特之处。幼儿创造性戏剧活动的基本理念如下。

1. 以幼儿的整体发展为诉求

戏剧融合了文学、音乐、美术、舞蹈、建筑等多种艺术样式，对幼儿的发展具有多方位、多层次的价值。美国学者艾林纳·蔡斯·约克认为：戏剧能促进儿童创造性、敏感性、流畅性、灵活性、想象力、情绪稳定性、社会合作能力、道德态度、身体平衡协调能力以及交流能力等多方面的发展。

幼儿的发展是整体的、全面的。幼儿创造性戏剧活动尊重幼儿的年龄特点、生活经验、发展需求，以《幼儿园教育指导纲要（试行）》《3—6岁儿童学习与发展指南》为指导，以幼儿的现实生活为基础，以幼儿感兴趣的、有教育价值的、与幼儿生活经验相关的、生动丰富的自然现象、生活事件、艺术作品等为源泉，重视观念、目标、内容、资源、形式、方法等诸方面的整合，强调师幼共建与教育个别化，尽可能多通道、多方法、多层面地对幼儿施加整体性影响，为幼儿搭建戏剧感知、创作、表演、反思的舞台，关注幼儿的情感体验、创造表达、智慧提升，引导幼儿在丰富的活动中感知真善美的艺术形象，逐步了解世界、体验生活、丰富知识、陶冶情操，获得感性世界和理性世界的平衡，发展审美能力、想象力、创造力、表现力、社会合作能力、问题解决能力等，同时体验身体与心理上的愉悦、欣喜和满足感。

2. 以有趣的游戏活动为载体

游戏是幼儿的天性，是幼儿认识世界的方法和工具。幼儿是感性的、浪漫的、活泼的、生动的，他们好动、好模仿，真诚自然，喜怒分明，喜欢生动有趣的故事、个性鲜明的角色，抗拒没滋没味的剧情、枯燥无趣的排演等。

幼儿创造性戏剧活动应确立幼儿在戏剧中的主体地位，关注儿童观点和儿童立场，使活动具有鲜明的游戏特征：戏剧故事要生动有趣，戏剧情节要环环相扣，戏剧冲突要单纯有趣，戏剧线索要简洁明晰,戏剧表达要多通道参与,戏剧场景要富有创意……

因此,幼儿创造性戏剧活动应该是经过组织和艺术加工,融歌舞、故事、表演等于一体,所有孩子都可以参与的、好玩的游戏,人人都可以扮演戏剧中的某一个角色,人人都可以作为观众观看表演,与演员互动。幼儿创造性戏剧活动强调在自由、轻松的情境中将鲜明、生动的形象呈现在幼儿面前,诉诸幼儿的感官,引导幼儿接触周围环境和生活中美好的人、事、物,使幼儿在手、眼、口、脑等多种感官的参与和协调中达到情感和思维相互交织,并得到陶冶和熏陶,产生感动和觉悟,获得有益于身心发展的经验,为形成健全人格打下良好的基础。

3. 以丰富的戏剧体验为基础

幼儿创造性戏剧活动具有自娱性,它以角色为基点,围绕角色、角色间的关系以及角色间纠葛的戏剧冲突的发生、发展和解决过程而展开。

幼儿创造性戏剧活动不仅仅是一种表演活动,更是一种集观察、模仿、装扮、想象、创造、表达等于一体的体验活动:对角色的体验、对作品的体验、对生活的体验等。戏剧表演的主要元素——演员、观众、剧本、剧场等也进入创造性戏剧活动的视野,幼儿从参与者发展为剧作家、演员、观众、导演、舞美设计师、评论家等。

感觉投入、动作参与、直接体验是幼儿联结自我与外部世界的基本方式,幼儿的成长与发展离不开与周围环境感性的、直接的、整体的对话与互动。在开展幼儿创造性戏剧活动的过程中,教师要考虑幼儿的年龄特点、生活经验、能力水平、发展需要等,激发幼儿的参与性、主动性和创造性,重视幼儿的创造演绎、成长过程、成果展示,引导幼儿尝试用戏剧的方式表达想法,努力将最初的想法转变为行动,初步感受和体验多种戏剧元素、剧场表演的过程等,学会处理现实矛盾、协调人际关系,丰富经验、完善人格。

4. 以开放的创造表达为核心

幼儿创造性戏剧活动是一种具有审美、想象和创造的活动,其关注的不仅仅是娱乐和对戏剧作品的创造,更关注幼儿在戏剧中面临的各种矛盾、冲突、问题,强调幼儿通感和戏剧综合性的契合,重视通过戏剧鼓励幼儿批判性地思考问题,感受、体验各种情感,创造性地表达自己的理解和想法等。

大自然、社会环境、艺术作品等为幼儿创造性戏剧活动提供了丰富的素材,也为戏剧表达和戏剧创造提供了开放的空间。教师要有意识地根据幼儿的认知特点、兴趣需要,创造机会和条件,引导幼儿接触多种戏剧形式和作品,参与剧本改编或创编、协商和分配角色、设计与布置场景以及准备道具、互相化妆、创造性表演角色、反思与相互评价等戏剧活动,尊重幼儿自发的表现和创造,以开放的心态,当好支持者、合作者、引导者,使创造性戏剧活动的剧本、情节、语言、动作、道具、场景等都可能随着幼儿的创造而变化。

在幼儿创造性戏剧活动中,扮演和反思是同等重要的。戏剧中的角色提供给幼儿表达的基点,教师不应过分强调表演技能,过分看重演出效果,而应尊重幼儿的兴趣和独特感受,鼓励幼儿借助服装、道具、化妆等辅助手段,把自己置身于特定情境中,融入角色,自由地用语言、表情、肢体、动作等塑造角色形象,表现角色特点,尝试各种解决办法。同时,要注意引导幼儿在"看戏""编戏""演戏"的活动中思考"人与人、人与社会、人与自然"的关系和问题,思考如何更好地利用戏剧符号表现与创造的方法和策略等,耐心倾听并给予积极回应,使幼儿受到艺术的熏陶,激发表演的激情,体验创造的乐趣。

二、幼儿园创造性戏剧活动的目标与内容

(一)幼儿园创造性戏剧活动的目标

幼儿创造性戏剧活动强调以为幼儿后继学习和终身发展奠定良好素质基础为目标,以培育健康的情感态度和初步的创造与表达智慧为核心,放飞幼儿的戏剧天性,促进幼儿在体、智、德、美各方面的全面协调发展。

对照《幼儿园教育指导纲要(试行)》《3—6岁儿童学习与发展指南》的目标要求,根据幼儿的年龄特点、戏剧艺术的特性及其学习规律,结合幼儿园从"认知""技能(能力)""情感态度"三个维度制订课程目标的常规做法,将幼儿创造性戏剧活动的目标框架整理如下。

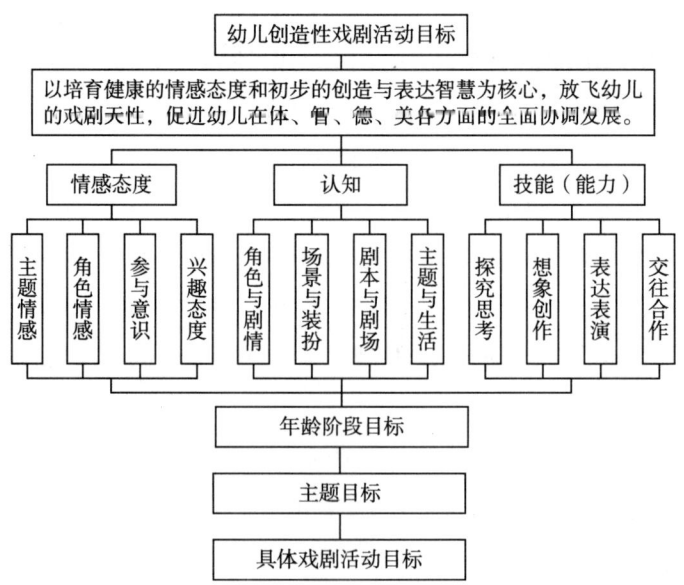

在开展创造性戏剧活动的课程实践中,我们对不同年龄段幼儿戏剧经验年龄特征进行了观察与反思,结合小、中、大班不同年龄段幼儿的经验水平及《指南》的相关要求等,确定了

幼儿创造性戏剧活动的年龄阶段目标。具体如下表。

		小班	中班	大班
情感态度	主题情感	容易被戏剧作品吸引,初步感受作品表达的情绪情感	体会作品表达的情绪情感,能随着戏剧作品的展开产生喜悦、担忧等相应的情绪反应	体会并表现戏剧作品表达的情绪情感,产生相应的联想,乐于向别人介绍自己的感受和联想
	角色情感	初步感受和表现戏剧作品中角色高兴、生气、伤心等情绪	结合具体情境,感受和表现戏剧作品中角色较复杂的情感	结合具体情境,体验和理解角色的情感变化及变化原因,并加以表现
	参与意识	对戏剧活动有兴趣,在教师指导下明确自己的角色,愿意参与表演	乐意参加戏剧活动,明确自己的角色,敢于在集体面前表现	主动参与戏剧活动,积极选择自己的角色,乐于表达自己的想法
	兴趣态度	在提醒下,能遵守戏剧活动的规则,初步体验观看和表演的快乐	初步遵守戏剧活动的规则,知道接受了的任务一定要完成	与同伴协商制订戏剧活动规则并主动遵守,能认真负责地完成自己所接受的任务
认知	角色与剧情	初步了解戏剧作品的主要情节和主要角色,熟悉戏剧中简短的儿歌、童谣、对话等	了解戏剧作品中情节的发展和角色的主要特点,能基本完整地介绍戏剧的主要内容与自己喜欢的角色	知道戏剧作品的开端、发展、高潮、结局和戏剧角色间的关系,能有序、连贯、清楚地讲述自己对剧情和角色的理解
	场景与装扮	初步了解戏剧发生的场景和主要角色的外部特征,知道可以用多种材料进行装扮	了解戏剧发生的多个场景和空间位置,知道可以用服装、道具等进行简单装扮	了解戏剧发生的多个场景、空间位置及内容,知道可以选择合适的材料装扮场景和制作表演服装、道具
	剧本与剧场	初步接触连环画剧本和表演区游戏,在教师指导下尝试进行戏剧表演	初步了解剧本的作用和剧场的布局、基本规则与礼仪等,能在提示下有序地上下场进行戏剧表演	了解剧本的组成并尝试参与图夹文剧本的创作,熟悉剧场布局、规则礼仪,能有序地进行戏剧表演或观看戏剧表演
	主题与生活	初步了解与戏剧主题相关的基本知识,在指导下尝试应用于戏剧表演和日常生活	初步了解与戏剧主题相关的知识,感受主题与生活的关系,尝试将新知识、新经验应用于戏剧活动和日常生活	较深入地了解与戏剧主题相关的知识,感受主题与生活的关系,并将新知识、新经验应用于戏剧活动和日常生活
技能(能力)	思考和探究	在教师引导下,能观察、发现自己感兴趣的角色的明显特征,尝试根据故事内容对戏剧主题表达自己的看法	能对剧中的角色、事物或现象进行比较,发现其相同与不同,通过简单的调查收集信息;尝试根据故事内容对戏剧主题做出自己的价值判断,思考解决戏剧冲突的办法	积极参与剧情、角色等方面的讨论,发现并描述戏剧中不同角色的特征、某个事物或现象的变化等;主动提出自己的疑问,寻求解决矛盾冲突的办法,能对戏剧主题做出合理的判断和一定的解释

续表

		小班	中班	大班
技能（能力）	想象创作	在教师指导下，尝试想象角色的典型特征和行为，创编简单的情节；能用简单的线条和色彩大体画出自己想画的角色或事物，会从提供的材料中选择自己喜欢的材料进行角色装扮或场景布置	在教师指导下，尝试依据故事线索想象剧情的发生与发展，参与部分剧本的创编；尝试用语言、绘画、手工制作等表现角色或观察到、想象到的事物的典型特征及自己的愿望、想法。能选用合适的服装、道具、材料等进行角色装扮或场景布置	大胆想象角色的外貌、行为特征、心理活动以及剧情的发生、发展、高潮与结局等。在教师指导下创编完整剧本、简单的歌表演和舞蹈动作，用图画、符号、简单的文字等表现事物、故事以及自己的感受和想象，用多种工具、材料制作简单的表演服饰、道具或布景
	表达表演	在教师的提示下，熟悉自己所表演的角色及对话。表演时说话自然、音量适中，能跟随适合的音乐律动，尝试用简单的动作、表情、姿态等模拟戏剧中的角色、事物、生活情景等，做出简单的造型	在教师的提示下，熟悉自己所表演角色的出场顺序、表演内容等。表演时说话声音较清楚，能根据具体情境调节音量、语速，通过较为丰富的肢体动作和表情，让他人理解自己所表演角色的典型特征、发展变化等，能单人或两两合作做出造型	熟悉自己所表演角色的出场顺序、表演任务、舞台位置等。表演时声音清楚，能依据所处情境使用较恰当的语言，适时变化音量、语速、语调等，能用丰富、鲜明、便于他人理解的肢体动作表现一些动态过程或自然界情景等；尝试借助辅助材料等进行多人合作造型
	交往合作	喜欢和小朋友以及熟悉的老师、长辈一起游戏、表演，不争抢、不独霸表演道具、材料。在提醒下会使用简单的礼貌用语，进行两两角色的互动与呼应	喜欢和小朋友、老师、长辈一起游戏，能大胆表达自己的想法。按自己的意愿选择戏剧活动，愿意与同伴协商、合作，乐意接受同伴的好建议，主动使用礼貌用语。在教师指导下，能够进行多个角色的呼应，与同伴共同完成戏剧活动任务	能想办法吸引同伴和自己一起游戏，积极参与讨论，倾听和接受别人的意见；不能接受时会说明理由，发生冲突时能自己协商解决。能根据戏剧活动的需要与同伴分工合作，较为自主地进行多个角色的呼应；遇到困难能一起克服，共同完成戏剧活动任务

（二）幼儿园创造性戏剧活动的内容

幼儿对事物的感受和理解、表达观点和情感的方式有别于成人。幼儿创造性戏剧活动以《幼儿园教育指导纲要（试行）》和《3—6岁儿童学习与发展指南》为指导，以现有幼儿戏剧教育研究成果和幼儿园现有课程为参考，强调充分创造条件和机会，在大自然和社会文化生活中引导幼儿获得戏剧审美感受和体验，用自己喜欢的戏剧方式大胆地去想象、表现和创造。幼儿创造性戏剧活动的内容主要包括"戏剧感受与欣赏"和"戏剧表现与创造"两个方面，内容框架如下。

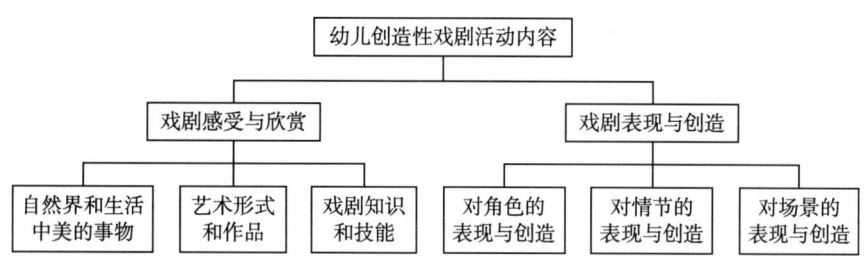

1. 戏剧感受与欣赏

感受是接触外界事物得到的影响,是一种心理活动。感受以感觉为基础,包含特定的喜、怒、哀、乐等情感体验因素和一定的认知与理解因素。同样的外在刺激,不同的个体可能会产生不同的感受。欣赏,即享受美好的事物,领略其中的趣味。

"戏剧感受与欣赏"是幼儿创造性戏剧活动的基础,能帮助幼儿在视、听、触、嗅等活动的基础上,感受和了解戏剧元素及内容,知戏剧、喜戏剧,发展故事感。幼儿的戏剧感受与欣赏主要从以下几方面来确定。

(1) 自然界和生活中美的事物

大自然、大社会为幼儿的戏剧感受与欣赏提供了丰富的素材。幼儿在日常生活中可以观察到花草树木、日月星空、虫鱼鸟兽等大自然中美的事物和广场、园林等社会生活环境中美的事物。自然界中有"音乐性"的鸟鸣、动物叫声、风声、雨声、落叶声等好听的声音,生活中的车辆行驶声、说话声、哭笑声、脚步声等有特点的声音。教师可以结合幼儿的生活经验、兴趣、能力水平、创造性戏剧活动的需要等,选取适合幼儿进行戏剧感受与欣赏的内容,引导幼儿关注美的事物的色彩、形态等,关注声音的高低、节奏与速度、强弱、音色等的变化,尝试表达自己的想象与感受。

(2) 艺术形式和作品

教师可以选择形象生动、结构清晰,具有儿童生活情趣的诗歌、童谣、故事、绘本以及能表现生命活力,有一定内容和情节的音乐作品、美术作品、影视作品等,作为不同年龄段幼儿进行戏剧欣赏的素材,引导幼儿感受和理解作品的形象和主题意义、情感表现等,学习用表情、动作、语言等方式表达自己对艺术形式和作品的理解、想象和情感。

(3) 戏剧知识与技能

幼儿对戏剧知识与技能的感受与欣赏主要包括:对常见戏剧形式的感受与欣赏,如木偶戏、音乐剧、童话剧、哑剧等;对戏剧作品的感受与欣赏,如熟悉戏剧故事内容,了解戏剧作品中角色、情节、场景等戏剧元素,展开对戏剧作品的联想与表达,理解戏剧主题和进行价值判断等;对剧场规则与礼仪等的感受与欣赏。

2. 戏剧表现与创造

"表现"指的是把内在的主观世界状况(如情感、想象等)直接表达出来。"创造"指的是将新颖、独特、具有社会意义的产物生产或制造出来。"表现与创造"是一种典型的自主行为。

戏剧表现与创造必须建立在幼儿已有经验以及通过视觉、听觉、触觉、嗅觉、味觉等多种感官在头脑中所获得的表象基础上,通过感觉扫描、视像回顾、简要叙述等内在的活动,不断产生新的想法,并在虚构的情境中积极寻找解决问题的方案,努力通过图画、符号、肢体、动作、表情、语言等将内心的想法转变为可视、可闻的外部戏剧行为。幼儿的"戏剧表现与创造"主要包括以下几个方面:

(1) 对角色的表现与创造

"角色"是一个不同于自己的"他人",以"他人"的身份思考、行动和说话。对角色的想象与描画是幼儿戏剧表现与创造的基点。在充分理解、想象角色特征的基础上,教师可引导幼儿通过相应的语气、语调表现角色特有的音质,以及特定情境下音色、音速、语气和语调等的特点和内心的情感与想法,通过肢体动作、表情等表现角色的内心情感与想法,必要时,还可以借助装扮、道具以及音乐等帮助幼儿进行角色的表现与创造。

(2) 对情节的表现与创造

"情节"是由一系列事件组成,具有开端、发展、高潮、结局几个阶段,体现了从背景、问题出现、冲突形成到最终问题解决的逻辑学顺序。对情节的表现与创造主要体现在明确戏剧主题、架构戏剧冲突、丰富角色台词等方面。戏剧主题可以来自教师有计划的戏剧教育活动,也可来自幼儿的想法和生活。架构戏剧冲突时,教师可引导幼儿通过讨论来创作包含开端、发展、高潮、结局等内容的剧情框架。在此基础上,通过多次的扮演、反思等,不断发现、丰富和归纳精彩、简洁、生动的角色语言,形成相对稳定的台词对话。

(3) 对场景的表现与创造

场景是事件发生的空间和角色所处的环境。对场景的表现与创造主要指向以"舞台"布置为标的物的美术工作,具有配合剧情的时间向度特点和增色戏剧演出效果的实际用途。在教师的指导下,幼儿根据剧情和表演的需要,想象、讨论、设计表演时需要的舞台美术工作,从功能实用、搬运快速、拆装方便的角度出发,确定必须制作的服装、道具和布景内容,依据头脑中对角色以及森林、海洋、公园、季节等场景想象和现实生活中的原始素材、材料、工具或物品等,探索简便有效的制作方法,有计划地分工、合作,共同为表演选择、搭配、制作简单的服饰、道具或布景,讨论如何摆放各种道具、布景,如何以最快的速度将道具、布景推到舞台上的合适位置等。对场景的表现与创造还可视具体情况增加配合表演的现场配乐和音响制作工作。

三、幼儿园创造性戏剧活动的组织与实施

幼儿园开展的"角色游戏""表演游戏""故事表演""童话剧表演"等活动,都包含了一些戏剧的元素。本课程中,幼儿创造性戏剧活动的组织形式主要有创造性戏剧主题活动和创造性戏剧游戏活动。

(一)创造性戏剧主题活动

创造性戏剧主题活动指的是在一段时间内以特定主题为核心,打破领域界限,将各种学习内容有机衔接,让幼儿在因主题而产生关联的一系列戏剧活动中,整合并提升与戏剧主题相关的戏剧经验,使幼儿在戏剧的感受与欣赏、表现与创造间建立相互支持的通道,最终以全班个个承担角色、人人参与表演的完整戏剧演出作为主题活动成果的戏剧教育组织形式。

本课程提供的创造性戏剧主题活动共 10 个,其中小班 3 个,中班 3 个,大班 4 个。各年龄班每学期可实施 1 个创造性戏剧主题活动,一般安排在上学期的 12 月和下学期的 5 月进行。

本课程中的戏剧主题活动的主题有的来源于幼儿感兴趣的经典的中国民间故事和世界童话故事,如《熊猫百货商店》《猴子捞月》《萝卜回来了》《国王生病了》《金色的房子》;有的来源于幼儿生活中的现象、事件和想法,结合大班幼儿想上小学的愿望和幼小衔接教育需要创编的大班戏剧主题活动"小学的约定"等。这些戏剧主题的选择与确立均体现了幼儿园体验性情感教育的特色,渗透了"关爱自己、关爱他人、关爱环境"等方面的价值。

"情感体验"和"创造表现"是我们开展创造性戏剧主题活动的关注要项。幼儿创造性戏剧主题活动从幼儿对主题的感受与欣赏起步,让幼儿在亲历欣赏、创作、导演、道具制作、模拟演出等一系列戏剧工作的过程中,大胆地去创造、去表现。我们既强调幼儿的全方位参与和完整戏剧经验的建构,又关注幼儿的经验整合与提升成果。

(二)创造性戏剧游戏活动

创造性戏剧游戏活动指的是教师设计和组织的有目的、有计划的教学性游戏活动,是教师引导幼儿围绕真实或虚构的戏剧情境展开想象,尝试运用表情、动作和言语等戏剧符号表现戏剧的角色、情节和情境,发展想象力、创造力、表现力以及解决问题能力的一种组织形式。

本课程提供的创造性戏剧游戏活动主要分为声音类戏剧游戏(声音魔法师)和肢体类戏剧游戏(肢体魔法师)两种,每种戏剧游戏各 15 个。

这些戏剧游戏的内容来源非常广泛。有的来源于幼儿生活中常见的人、动植物、自然现

象,如声音游戏中的"农场里的叫声""多变的天气",肢体游戏中的"老鼠和花猫""随风飘动的树叶"等;有的来源于社会生活和事件,如声音游戏中的"心情小主播""说双簧",肢体游戏中的"乘公交""城门城门几丈高"等;有的来源于艺术作品和游戏材料,如声音游戏中的"什么乐器在歌唱""小小音响师",肢体游戏中的"蚂蚁和西瓜""百变金箍棒"等。

在设计游戏玩法时,我们打破了按年龄段规划戏剧游戏的惯性思维模式,参照《3—6岁儿童学习与发展指南》以及幼儿创造性戏剧活动的年龄阶段目标,融合多种戏剧角色扮演、空物想象、定格、遥控器等游戏策略,每一个戏剧游戏设计了三种不同层次的游戏玩法。教师可根据班级幼儿的发展水平、兴趣需要自由选择游戏内容和游戏层次,并多次反复玩同一个游戏,还可以根据幼儿的兴趣,变化其中的角色或玩法,让幼儿常玩常新。

这些戏剧游戏,时间可长可短,可以用于日常生活的过渡环节,也可以用于教学活动的某一环节,还可以渗透于餐前、离园前、散步甚至亲子春游等活动中。在组织这些戏剧游戏时,教师要关注情境的创设与氛围的营造,引导幼儿围绕真实或虚构的戏剧情境展开想象,尝试运用表情、动作和言语等创造性地表现游戏中的角色、情节和情境。

各年龄班创造性戏剧活动实践安排

学期	月份	小班		中班		大班	
		创造性戏剧主题活动	创造性戏剧游戏活动	创造性戏剧主题活动	创造性戏剧游戏活动	创造性戏剧主题活动	创造性戏剧游戏活动
上学期	9月		2—3个		2—3个		3—4个
	10月		2—3个		2—3个		3—4个
	11月		2—3个		2—3个		3—4个
	12月	1个	2—3个	1个	2—3个	1个	3—4个
下学期	3月		2—3个		3—4个		3—4个
	4月		2—3个		3—4个		3—4个
	5月	1个	2—3个	1个	3—4个	1个	2—3个
	6月		2—3个		3—4个		2—3个
合计		2个	16—24个	2个	20—28个	2个	22—30个

幼儿园戏剧教育为幼儿的戏剧表演提供了舞台,但它不是才艺教育,不是为了训练演员,而是要激发幼儿创作的潜能,让幼儿在虚拟的游戏世界里自主建构自己的经验世界,受到艺术的熏陶,体验创作的喜乐。因此,教师要尊重幼儿的游戏天性,珍视游戏和生活的独特价值,支持和满足幼儿通过直接感知、实际操作和亲身体验获取经验的需要,对幼儿的创造表现给予充分的理解和尊重,使幼儿更加敢于表现、乐于表现,进而得到多方面的发展。

第二部分
幼儿园创造性戏剧主题活动

创造性戏剧主题活动指的是在一段时间内以特定主题为核心,打破领域界限,将各种学习内容有机融合,让幼儿在因主题而产生关联的一系列戏剧活动中,整合并提升与戏剧主题相关的戏剧经验,在戏剧感受与欣赏、戏剧表现与创造间建立相互支持的通道,最终以个个承担角色、人人参与表演的完整戏剧演出作为主题活动成果的戏剧教育组织形式。

一、幼儿园创造性戏剧主题活动的指导

(一) 主题的选择

剧本不是创造性戏剧主题活动的唯一来源。故事、歌谣、绘本、戏剧、影视作品,情节性的美术作品和音乐作品,以及生活中孩子们感兴趣的事件或想法等,都可以成为创造性戏剧活动的主题来源。本课程中,主题主要来源于幼儿感兴趣的经典的中国民间故事、世界童话故事,同时,我们也关注了幼儿生活中的现象、事件和想法。总体来说,在选择和确立戏剧主题时,我们关注了以下几点。

1. 价值性

我们坚持"价值第一",尊重幼儿的年龄特点和学习特点,追随幼儿的兴趣并贴近幼儿的生活,关注主题对特定年龄段幼儿的发展价值;同时精选能传递智慧与勇敢、亲情与友情、善良与美好、童真与童趣,能启迪幼儿思考,能陶冶幼儿心灵,并能引领幼儿感受生活、体验文化、学习关爱、创造表现、获得多方面成长的内容作为幼儿园戏剧活动的主题。

2. 情趣性

我们坚持情趣并重,关注幼儿的戏剧经验及动作、语言发展水平,强调主题内容贴近幼儿的生活,适于幼儿欣赏、理解、演绎,能激发幼儿的表演情趣。针对不同年龄段的幼儿,对创造性戏剧活动中主题故事的篇幅、情节、语言等的要求也有所不同。

3. 延展性

无论主题源于文学作品、生活现象还是幼儿的想法,我们都关注其是否具有一定的矛盾冲突和拓展性,角色、情节能否为幼儿的戏剧创作、戏剧表演提供丰富的空间等,以便让幼儿在戏剧活动中有机会大胆表达自己的想法,并通过戏剧表演的方式寻找解决问题的方法。

在确立主题内容后,教师应依据幼儿的年龄特点、经验水平、发展需要等,研析作品的改

编思路(如内容的改编、角色的增减等),确定主题活动的目标,编制半开放的剧情网络或剧本框架。

(二) 主题网的建构

幼儿创造性戏剧主题活动的方案围绕"戏剧感受与欣赏""戏剧表现与创造"两个维度展开,关注戏剧表演的需要和幼儿的经验水平,在分析研讨的基础上编织可帮助幼儿汲取直接和间接经验营养的主题网络,并通过一系列戏剧活动,使幼儿的戏剧经验不断叠加,戏剧能力层层提升。完整版的戏剧表演实际上是一种经过组织的、具有戏剧艺术特点的高级游戏。

每一个创造性戏剧主题活动都应该像故事一样有开端、发展、高潮和结局。在架构主题框架、建构主题网络时,我们常用的方法是:结合半开放的剧情网络或剧本框架,围绕"戏剧感受与欣赏""戏剧表现与创造"两个维度,以戏剧要素和戏剧经验为核心,制订主题活动目标,确立关键经验链(如:关于剧情、角色、表演、装扮等方面的经验),以对主题的感受与欣赏为开端,整合多领域内容与资源,逐步增加戏剧表现与创造的成分,细化关键经验,设计系列活动,支持幼儿发现问题和尝试解决问题,促进戏剧经验与戏剧要素的有机融合。

主题网络的建构还可以依据创编的半开放剧本,以主题故事中的主要角色或主题戏剧的剧情发展为线索,建构包含欣赏类活动(动画片、文学故事、音乐故事、美术作品欣赏等)、装扮类活动(化妆及制作头饰、服装、道具等)、表演类(片段表演、全剧表演等)活动的主题网络。通过一个个戏剧活动的组合,完成主题戏剧的演绎。

戏剧主题网络的建构,为创造性戏剧主题活动的有序开展提供了依据,也为主题活动效果的评估提供了参照。在建构了戏剧主题网络的基础上,教师可借鉴领域教学和课程游戏化的研究成果,确定具体戏剧活动的目标、策略等。如:在设计律动游戏类戏剧活动方案时,教师可借鉴"故事—动作—音乐—其他……"的"傻瓜流程"等,使戏剧活动更加简便、有序、高效。

(三) 主题的实施

"情感体验"和"创造表现"是我们开展创造性戏剧主题活动的关注要项。幼儿创造性戏剧活动从幼儿对主题的感受与欣赏起步,让幼儿在亲历欣赏、创作、导演、道具制作、模拟演出等系列戏剧工作的过程中,获得多元体验,合作完成戏剧作品。目前,我们的幼儿创造性戏剧活动的主题成果主要采用音乐剧、童话剧的表演样式。

1. 戏剧感受与欣赏类活动的实施

幼儿对特定主题的戏剧感受与欣赏主要包括对故事、角色、场景等戏剧元素及内容的感知与了解,并由此激发用戏剧形式表演主题故事的兴趣。

每个戏剧主题都应该有一个充满儿童情趣,有戏剧冲突,能引人入胜的故事。在开展由艺术作品生成的戏剧主题活动时,教师要帮助幼儿通过欣赏绘本、视频、图画等,熟悉和了解故事的主要内容与情节,围绕故事中的角色和事件展开讨论、分析、猜测和想象,在尊重原著的基础上适当进行改编;在开展由想法、生活事件等生成的戏剧主题活动时,教师要注意引导幼儿想象开端、发展、高潮、结局的多种可能性,创编出能体现核心价值观的,反映幼儿生活体验和理解的,更具情趣性和戏剧性的故事,发展"故事感"。

每个戏剧主题都有一些特征鲜明的角色。教师可以结合动画片、图片等,引导幼儿围绕故事中角色的体态特征、动作、语言、情绪等开展感知、交流、模仿、造型、想象等活动;还可以组织幼儿欣赏一些能表现故事内容的童话剧、音乐剧、歌舞剧等音像作品,鼓励幼儿尝试模仿不同角色的动作神情,及其说话时的语气、语调、语速等,帮助幼儿进一步理解故事情节,体验戏剧中角色的特点和情绪变化……为幼儿用肢体、表情、动作表现与塑造角色,积累丰富的经验。

每个戏剧故事都发生在一定的场景中。教师可以调动幼儿的已有生活经验,引导幼儿通过观察特定画面,感受角色服装、道具、戏剧场景的色彩与布局等,思考进行戏剧表演时的角色服饰、场景布置等问题,激发他们制作服饰、道具、布景的兴趣与热情。

戏剧表演离不开剧本。幼儿对戏剧的感受与欣赏还应包括对剧本这一媒介的认识与了解。教师可提供剧本范例,引导幼儿观察剧本上的图标或文字,了解角色、台词、动作的含义及三者之间的对应关系,尝试在剧本的提示下有序地按角色出场的顺序说一说台词、演一演动作,再分角色对照剧本合作演一演某一幕故事情节……教师在帮助幼儿观察、交流、表演的过程中,也能使幼儿熟悉剧本的构成与作用,体验看剧本表演的乐趣,了解创作表演剧本的方法与要求。

2. 戏剧表现与创造类活动的实施

创造性戏剧主题活动重视幼儿在"知"戏剧、"喜"戏剧的基础上"玩"戏剧、"演"戏剧,强调"两个凡是"的原则——凡是幼儿能够自己做的事情,我们创造条件让幼儿去做;凡是幼儿应该获得的体验,我们创造条件让幼儿去体验!要求教师最大限度地为幼儿创造主动探究的机会、发挥创意的机会、迁移生活经验的机会、承担责任的机会。在创造性戏剧主题活动中,幼儿的戏剧表现与创造主要体现在剧本创作、角色塑造、律动创编、场景装扮、戏剧表演五个方面。

(1) 剧本创作

剧本,一剧之本,是戏剧工作的开端。剧本主要由角色、台词和舞台指示组成。通过研究,我们设计了两种适合幼儿阅读和表演的剧本形式——图文结合(表格式)剧本和连环画剧本。小班幼儿接触的剧本主要是由绘本图画衍生的连环画剧本;中班幼儿开始接触表格式的图夹文剧本(以图为主,仅有少量简单文字);大班幼儿接触的剧本依然以图为主,但可适当增加简单文字。表格式剧本框架如下:

_____班《 》表演剧本		
第一幕:×××		
角色 ☺	台词 👄	动作 ✋

　　在幼儿探究阅读主题故事、欣赏并了解剧本结构与作用后,教师可引导幼儿以故事情节发展脉络为依据,在预设的剧情框架基础上,尝试参与班级表演剧本的创作。每个幼儿都应有体验创作"我的剧本"的机会,幼儿参与剧本创作的方式主要有全班集体创作剧本、小组合作创作剧本、亲子合作创作剧本、个体独立创作剧本等。

　　创作剧本时,教师要为幼儿提供与主题故事内容相关的图片、视频等,通过讨论"这个故事可以演些什么?怎么演?",明确表演时分几幕,每一幕采用什么表现形式等,并明确剧本大纲;通过讨论"剧里要有哪些角色?""它们的出场顺序是怎样的?""它们会说什么?""需不需要加入歌舞律动?"等,引导幼儿基于故事情节,围绕问题想象、讨论,明确角色出场顺序,创编剧本情节和必要的台词,尝试用绘画、符号、贴纸或简单的文字等方式记录(小班以教师用简笔画或贴图方式记录为主,中大班可以引导幼儿学习一些在剧本中进行记录的方法)。在此基础上,教师可引导幼儿尝试根据剧本进行表演,然后进一步讨论、完善剧本,最后形成全班戏剧表演的剧本。

　　(2)角色塑造

　　创造性戏剧活动离不开对角色的塑造。教师可以把戏剧中具有鲜明特点的角色选出来,引导幼儿进行观察、欣赏,从角色的外形、体态、性别、年龄、性格等方面对角色进行较细致地分析,加深对角色个性、情感的了解,尝试结合戏剧情景和角色特征创造性地想象,并大胆地用对话和动作进行表演。

　　教师要坚持简短精练、易懂易记的原则,引导幼儿想象戏剧中角色的台词与对话。这些台词与对话,有的来自绘本中的角色语言,有的来自幼儿的生活经验和个性化想象。教师要引导幼儿迁移角色观察与分析的经验,揣摩以角色身份说话时的方式与特点。如用较厚重的声音模仿爸爸讲话,用较甜美的声音模仿妈妈讲话,用较慢的语速模仿老人讲话,用较快的语速模仿小朋友说话……教师可以组织幼儿开展听音辨猜类游戏,逐步提升幼儿用声音塑造角色的表现能力。为防止幼儿在表演时因注意力分散而出现忘词的现象,教师可带领幼儿提前做好戏剧表演的录音工作。

对角色的塑造离不开动作表现。教师可引导幼儿在欣赏的基础上,尝试借助肢体动作和神态表情等进行特定角色的表演。角色的动作和神态,可以是教师和幼儿一起设计的固定动作,也可以是幼儿自由表现的创意动作。教师可以在建立基本动作模型的基础上,为幼儿提供充分展示个性化的创意空间。平时,教师还可以引导幼儿在不说台词的情况下,通过观察、比较幼儿的动作与故事画面或视频,猜一猜表演者扮演的角色,为后一阶段的戏剧创作和戏剧表演奠定基础。

开展角色塑造活动时,教师要鼓励幼儿自主选择角色,大胆尝试没有演过的角色,轮流表演大家竞争的角色,积极竞选希望尝试的角色,还要引导幼儿根据不同角色的特点,选用不同性质的音乐、不同声效的乐器等元素配合表演。

(3) 律动创编

一部戏剧,如果台词过多,教师和幼儿都会因为担心表演时记不住台词而感到有压力、有负担。因此,创作剧本时我们一定要坚持"够用"原则,仅用必需的台词,还可以尝试为一些台词配上熟悉的旋律进行说唱表演。

主题戏剧强调人人参与表演,教师可以更多地立足"和音乐一起玩"的思路,多穿插一些歌舞律动游戏,以便幼儿集体表演。在设计律动游戏时,教师首先要从经典的、适合幼儿欣赏、蕴含游戏元素的角度出发,寻找节奏特点鲜明、能表现一定戏剧情节的音乐;在呈现音乐故事情境的基础上,和幼儿共同创编表现相应剧情的律动动作和队形,让幼儿成为舞台的主人。

创编律动动作时,教师应弱化"整齐划一"的要求,强调"适宜结构中的自主",引导幼儿在总框架的基础上,探索对角色特点的模拟和戏剧情节的表现,创编符合特定故事情境和旋律的动作;还需引导幼儿将熟悉的律动迁移到戏剧中,以降低表演的难度,增加表演的乐趣。

(4) 场景装扮

戏剧表演需要服装道具。幼儿喜欢用服装、道具装扮自己,也喜欢参与服装和道具的制作。教师可以根据戏剧表演的需要,和小朋友一起讨论、设计戏剧里角色的服装和道具,商量准备过程与任务分工,鼓励幼儿分头搜集制作材料,积极参与制作活动,如用彩条粘贴小鸟翅膀、用手套制作狼爪子、用发箍和毛根制作毛毛虫头饰、用帽坯加工成天鹅帽……还可以请家长和小朋友一起在家中寻找合适的材料,为喜欢的角色设计、制作表演服等。

戏剧表演需要场景。教师可和孩子们一起依据情节发展顺序,讨论每一幕的舞台布景、制作材料与制作方法等,明确各自的任务,并通过集体活动、区域活动合作完成场景布置工作。同时,教师还要和幼儿一起讨论"每一幕道具的摆放顺序""谁负责搬卸""怎样快速搬卸"等问题,引导幼儿不断总结经验并及时与同伴分享。

在引导幼儿进行服装道具布景的设计时,教师要注意变"外形逼真"为"简约象征",结合一些材料的特征,引导幼儿迁移游戏经验,一物多变、一物多用,让道具充满想象和创造的魅力。幼儿制作的服装、道具和布景,要及时投放到表演区和应用于戏剧表演,以更好地满足孩子们探索、装扮的兴趣,让幼儿体验创造和成功的愉悦。

(5) 戏剧表演

创造性戏剧主题活动中,戏剧表演面临角色分配、戏剧排演、正式表演等一系列问题。教师需设计一张罗列出剧中所有角色的演员表,让幼儿自主选择角色,尝试按照自己对角色的理解创编表演台词、动作,再经过自我推荐、投票表决,完成角色分配工作。每一个主题都可有不同的角色遴选方式。教师可以根据表演需要和幼儿报名情况,对角色表演人数进行调整,对于小朋友都想演的角色,还可采用轮演(A、B角)等方式满足幼儿扮演心仪角色的愿望。

教师可在表演区放置录音机、表演服饰和道具等材料,设置演员区和观众区,引导幼儿开展多种形式的模拟剧场排演活动:一是按幕排演,即根据剧情组合旁白、对话、韵律等表演内容,感受和体验每一幕不同的角色和情境;二是按角色排演,即幼儿可根据角色分组进行排演活动;三是按表演形式排演,即幼儿可自由表演某个角色和对话、某个情节的韵律舞蹈,也可以节选片段表演。同时,引导幼儿针对表演时的出场顺序、舞台站位、台词动作以及观看表演时的秩序、礼仪等进行讨论,在表演、评价、再表演、再评价的过程中学会解决排演中出现的小问题,逐步提高演员意识、观众意识、配合意识等,积累戏剧表演经验。

正式表演前,教师可和幼儿商议在什么地方表演等问题。选择幼儿熟悉的环境,提前带幼儿熟悉表演场地和演出流程,还可借助标记、箭头、参照物等帮助幼儿认识舞台、熟悉站位等。教师要和幼儿讨论"表演给谁看"的问题,为幼儿创设在节庆活动、毕业典礼、家长开放日等活动中演给爸爸妈妈、园内其他班级小朋友看的机会,甚至带幼儿走向社区,演给更多的人看,帮助幼儿体验在真实舞台上表演的成就感。

教师还要和幼儿一起思考海报的设计、门票的制作、剧场的秩序、观剧的礼仪、舞台的效果等问题,支持幼儿从不同的方面表达自己对角色的理解、对故事的理解、对戏剧活动的喜爱,让幼儿成为戏剧表演的主人,学会协调自己与同伴的想法,锻炼合作、协商、问题解决等各方面的能力。

幼儿创造性戏剧主题活动是幼儿园课程的一个组成部分,在课程安排中所占比例不宜过大,各年龄班每学期可安排一个戏剧主题活动,每个主题活动实施往往需要3—4周时间。教师在实施创造性戏剧主题活动时,要注意主要教学活动与日常活动、区域活动、家园共育活动的有机结合,重视幼儿在不同戏剧工作中的全方位参与和完整戏剧经验的建构,既强调过程与结果,又强调经验与分享,引导幼儿从对主题或角色的感受、欣赏开始,根据一定的线索展开角色、情节、场景的想象与创造,表达自己的想法和情感,学习解决问题,通过戏剧表演达成整合各类经验的目标,支持幼儿体验创造的愉悦和成长的快乐。

二、幼儿园创造性戏剧主题活动方案

小班

（一）一步一步，走啊走

☞ **设计思考**

本主题来自绘本《一步一步,走啊走》(文/许恩美、图/李慧利、译/范鲁新)。在绘本中,我们看到了这样一个精彩的故事——一个小朋友一步一步走啊走,看见一只大乌龟慢慢爬,就模仿乌龟慢慢爬;看见一只大白鹅摇摇摆摆踱着走,就模仿大白鹅摇摇摆摆踱着走;看见一只小灰兔蹦蹦跳,就模仿小灰兔蹦蹦跳;看见一只大鸵鸟大步跨,就模仿大鸵鸟大步跨。小朋友每遇见一个小动物,这个小动物就会排到他的身后,和他一起走啊走,队伍越来越长,让人忍俊不禁。而大老虎出现后,小朋友和小动物该怎样逃开呢？还是赶紧以自己最熟悉、最快捷的走路方式逃吧……

研读该绘本时,我们觉得它情节简单,充满趣味。绘本作者选择的是幼儿熟悉和喜欢的,走路各具特点的几种小动物,让故事中的小朋友模仿,充分尊重了幼儿爱模仿的天性。我们认为它构思精巧,角色清晰、可爱,富有动感的画面直观地呈现了不同动物行走时的肢体动作要素,富有节律的重复性语言包含了动物之间的简单对话要素。绘本准确、清晰地传递了五种小动物的不同走路姿态,"走""爬""踱""跳""跨",将科学认知、语言发展、动作学习、情感培养等融为一体,适合小班幼儿阅读、学习。

在设计主题戏剧活动方案时,我们尊重绘本提供的线索,尊重小班幼儿的年龄特点,以引导幼儿关注和学习动物们走路的样子为重点,对原著的语言进行了简单调整,增加了一些与故事中小动物走路特点相匹配的歌谣,让幼儿在唱唱玩玩中激发参与戏剧活动的兴趣,增进对小动物外形及走路姿态的了解,丰富相应的词汇,学习与同伴互动、交往,促进情感、认知、能力多方面的发展。

☞ 主题目标

1. 欣赏绘本《一步一步，走啊走》，了解故事中小朋友、乌龟、白鹅、小兔、鸵鸟不同的走路特点，并对其产生浓厚兴趣。

2. 尝试运用语言、表情、肢体动作等模仿故事中的各种形象，增进对"走""爬""踱""跳""跨"等的理解与表达。

3. 在教师的提示下，大胆想象小朋友和小动物之间的简单对话，尝试选择适合不同小动物走路的音效。

4. 乐于参加戏剧活动，明确自己所扮演的角色，体验与同伴合作完成戏剧任务的快乐。

☞ 主题网络

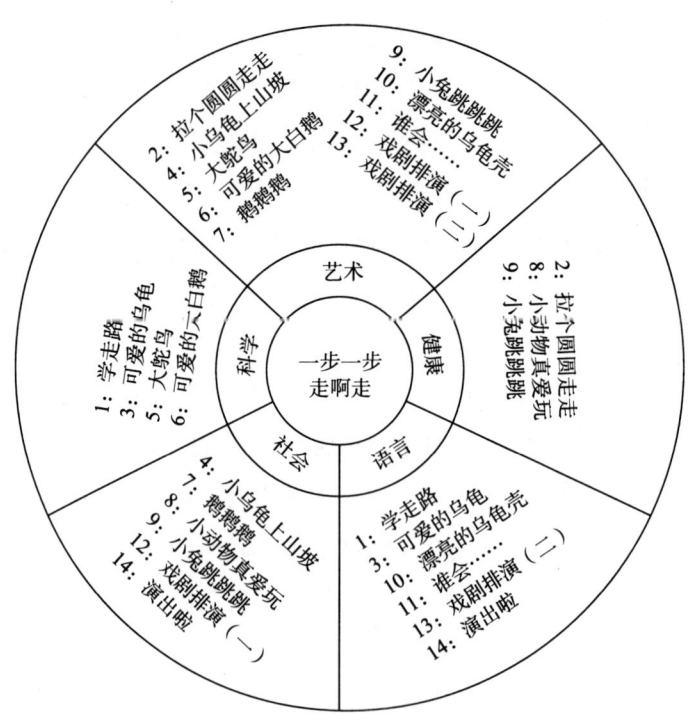

☞ 主要教学活动一览表

序号	活动名称	主要涉及领域	活动目标
1	学走路	语言、科学	1. 欣赏绘本内容,了解故事中小动物的走路特点 2. 观察和模仿小动物走路,丰富词汇:爬、摇、跳、跨 3. 乐于参加活动,体验边说边玩的乐趣
2	拉个圆圈走走	艺术、健康	1. 熟悉歌曲,学习与同伴围成圆圈朝同一个方向游戏 2. 能随歌词内容变化走或跑,并在歌曲结束时蹲下或站好 3. 愿意边唱歌边游戏,体验大家一起玩的快乐
3	可爱的乌龟	科学、语言	1. 观察、照料小乌龟,了解乌龟的特征及习性 2. 通过多种感官观察小乌龟,尝试用简短的语句表达自己的发现 3. 乐意参加活动,体验观察、模仿等带来的快乐
4	小乌龟上山坡	艺术、社会	1. 熟悉歌曲旋律,感受小乌龟上山坡游玩的情趣 2. 尝试跟随音乐,有节奏地边唱边做动作 3. 体验和小朋友一起边唱边玩的快乐
5	大鸵鸟	艺术、科学	1. 感受歌曲轻快、活泼的情趣,尝试合乐模仿鸵鸟走路 2. 观察图片,创编"哎哟哟哟哟哟……"部分的身体动作 3. 体验模仿、创编的快乐
6	可爱的大白鹅	艺术、科学	1. 尝试通过手型拓印的方法表现大白鹅的主要特点 2. 在欣赏、观察的基础上添画鹅的头、脚等 3. 体验拓印和添画的快乐和成功
7	鹅鹅鹅	艺术、社会	1. 在熟悉古诗《咏鹅》和歌曲旋律的基础上,学习歌表演 2. 通过观察模仿等,学习合乐做白鹅走路、唱歌、浮水、划水等动作 3. 体验模仿和结伴游戏的快乐
8	小动物真爱玩	健康、社会	1. 听信号模仿动物,向指定方向走、跑或跳 2. 在老师的提醒下,念完儿歌后再出发 3. 体验模仿小动物游戏的快乐
9	小兔跳跳跳	艺术、社会、健康	1. 感受歌曲的欢快旋律,尝试随乐合拍做小兔跳的动作 2. 通过观察、讨论,明确在每一句的结束处邀请朋友 3. 遵守游戏规则,体验人数逐渐增多的乐趣
10	漂亮的乌龟壳	艺术、语言	1. 初步尝试用各种不同形状的积木在乌龟壳上有序进行印画,装饰乌龟壳 2. 体验装饰"乌龟壳"的乐趣
11	谁会……	艺术、语言	1. 学习用问答形式演唱歌曲 2. 尝试替换动物和行走方式进行仿编 3. 体验与老师和同伴有问有答的情趣

续表

序号	活动名称	主要涉及领域	活动目标
12	戏剧排演（一）	社会、艺术	1. 明确自己的表演角色，熟悉各个角色的出场顺序 2. 尝试在提示下进行排演，知道表演时要面向观众 3. 体验有序进行戏剧表演的乐趣
13	戏剧排演（二）	语言、艺术	1. 能跟随录音进行戏剧的完整排演 2. 表演时能面向观众，边唱边表演 3. 体验与家长共同进行戏剧表演的乐趣
14	演出啦	社会、语言	1. 了解戏剧节活动对演员和观众的基本要求 2. 乐意参与戏剧节表演前的准备工作

☞ 主题环境创设

1. 主题墙

以《一步一步，走啊走》绘本为中心，按照主题网络图中的主要活动线索，教师制作主题墙展示背景，将主题墙分成"好听的故事""小动物怎样走""宝宝爱表演"三个块面。

在"好听的故事"版块中，按故事发展的先后顺序呈现绘本的主要画面。

在"小动物怎样走"版块中，呈现"乌龟""白鹅""小兔""鸵鸟"四个角色的走路姿态，旁边贴上幼儿搜集的其他类似走路姿态的小动物图片，配上小朋友的语言，"××走路爬爬爬（跳跳跳、跨跨跨、摇摇摇）"等。

在"宝宝爱表演"版块中，展示幼儿在戏剧活动中的一些精彩活动照片（欣赏故事、模仿表演、排演节目、制作游戏等），后面附上幼儿参加活动的感言。

副墙饰上以"我想演……"为标题，请幼儿将自己装扮成戏剧中某种角色的照片插在相应角色后，并附上简要的说明（为什么想演？准备怎样演？）。

2. 主题资源展示

（1）将故事绘本、小动物图片展示于图书角。

（2）利用玩具柜或展示架等展示幼儿收集的小动物玩偶。

（3）将幼儿在主题活动中的美术作品、自制的表演服饰等进行张贴、陈列或悬挂。

3. 区域活动

区域名称	投放材料及指导要点
语言区	1. 提供绘本故事，供幼儿阅读、欣赏 2. 提供故事录音和角色指偶或手偶，让幼儿边听边说边演
表演区	1. 提供录音故事及动物头饰、表演服饰等，让幼儿尝试边听故事边表演 2. 提供戏剧中的歌曲CD，让幼儿尝试听音乐表演
美工区	1. 提供塑料筐、彩色纹样、胶水等，供幼儿尝试装饰乌龟壳 2. 提供绘有小动物轮廓的纸盒、彩纸、胶水等，让幼儿尝试通过撕贴等方法进行简单的装饰 3. 提供卡通动物帽坯和不同的五官，让幼儿尝试粘贴小动物的五官，撕贴进行组合、装饰
益智区	1. 自制动物拼图（三种层次，分别为12块、16块、20块一套），让幼儿尝试拼图 2. 提供各类小动物图片，让幼儿尝试玩游戏"小动物找朋友"，引导幼儿尝试根据提示按照居住地、走路方式、颜色等进行分类
科学区	1. 饲养小乌龟，观察小乌龟 2. 提供点卡、小动物图片，让幼儿尝试玩"一样多的放一起" 3. 提供小动物卡片，让幼儿尝试玩"动物接龙"游戏
生活区	提供KT板小动物外形及装有钦扣、拉链的小衣服，让幼儿尝试为小动物穿衣服

美术区

☞ **家园共育**

1. 开展主题活动前，教师通过家长会、家长园地、网站、QQ群等发放"致家长的一封信"，简介《一步一步，走啊走》的故事梗概、主题活动的实施目的及思路、需家长配合的活动内容等，征询家长的意见、建议。

2. 主题活动中,教师创设与戏剧主题相关的教育环境,有计划地开展集体教学和区域游戏活动,餐前、餐后可组织幼儿开展一些熟悉剧情、讨论角色特点之类的活动,户外做操时可加入一些集体舞、律动游戏的练习。同时,及时向家长通报主题进展情况,请家长和幼儿一起参观动物园,搜集动物图片、视频等,帮助幼儿丰富有关动物特征、行走方式等方面的经验,做好角色选择、表演等准备工作。必要时,可邀请部分家长志愿者参与表演场景、道具的制作等。

3. 主题活动后,向家长开放主题戏剧活动成果,请家长参与表演、欣赏,共同分享主题活动的乐趣。

☞ 主要教学活动方案

活动一 学走路

活动目标

1. 欣赏绘本内容,了解故事中小动物的走路特点。
2. 观察和模仿小动物走路,丰富词汇:爬、摇、跳、跨。
3. 乐于参加活动,体验边说边玩的乐趣。

活动准备

1. 绘本《一步一步,走啊走》PPT 或自制大绘本。
2. 小动物图片、用蓝色卡纸制作的"小路"。

活动过程

1. 观察小朋友走路的画面,激发阅读兴趣。

指导语:一个小娃娃,出门去玩耍。你们看,他走来了!他是怎么走路的?

2. 初步感受故事内容,了解小动物的走路特点。

(1) 欣赏"小朋友看见小乌龟"的故事情节。

指导语:一个小娃娃,出门去玩耍,一步又一步,走啊走啊走。他看见了谁呀?

小乌龟是怎么走路的?娃娃是怎么做的?

小结:看见小乌龟,慢慢爬着走。娃娃学乌龟,慢慢爬呀爬。

(2) 欣赏"小朋友看见大白鹅(小白兔、大鸵鸟)"的故事情节。

指导语:接下来,他又看见了谁呢?

大白鹅(小白兔、大鸵鸟)是怎么走路的?娃娃是怎么做的?

小结:看见大白鹅,摇摇摆摆走。娃娃学白鹅,走路摇呀摇。(看见小白兔,蹦蹦跳跳走。娃娃学小兔,走路跳呀跳。看见大鸵鸟,大步跨着走。娃娃学鸵鸟,走路跨呀跨)

3. 再次欣赏绘本故事,尝试模仿表现"爬""摇""跳""跨"等。

(1)回忆故事中的主要角色。

指导语:小娃娃都看见了哪些小动物?他是怎么做的?我们一起再来看一看。

(2)再次欣赏故事,尝试边说边模仿。

指导语:小娃娃看见了谁?它是怎么走路的?娃娃是怎么做的?我们一起学一学。(逐一观察、模仿小乌龟、大白鹅、小白兔、大鸵鸟的走路姿态,边走边说)

(3)了解故事结尾,感受故事的有趣。

指导语:突然,"啊呜"一声,谁来了?娃娃和小动物们会怎么做呢?我们一起来看一看。

4. 集体表演故事。

指导语:小朋友们刚才看的这个故事就叫《一步一步,走啊走》,我们一起跟着录音说一说、演一演。

附

【故事】

一步一步,走啊走

改编自绘本《一步一步,走啊走》

许恩美/文

石幼/改编

一个小娃娃,出门去玩耍。一步又一步,走啊走啊走……

看见小乌龟,慢慢爬着走。娃娃学乌龟,慢慢爬呀爬。

遇见大白鹅,摇摇摆摆走。娃娃学白鹅,走路摇呀摇。

遇见小白兔,轻轻跳着走。娃娃学小兔,轻轻跳呀跳。

遇见大鸵鸟,大步跨着走。娃娃学鸵鸟,大步跨呀跨。

碰见大老虎,"啊呜"一声吼。大家快快逃,"呼"地逃回家。

活动二　拉个圆圈走走

活动目标

1. 熟悉歌曲,学习与同伴手拉手围成圆圈朝同一个方向走。
2. 能随歌词内容的变化走或跑,并在歌曲结束时蹲下或站好。
3. 愿意边唱歌边游戏,体验大家一起玩的快乐。

活动准备

1. 小朋友手拉手围成一个圆圈游戏的视频,歌曲《拉个圆圈走走》。
2. 每个幼儿右手上戴好手腕花,并坐成一个大圆圈。

活动过程

1. 欣赏视频,学习围成圆圈向一个方向走。

（1）欣赏视频。

指导语: 小朋友们在干什么？他们是怎样玩游戏的？想不想学一学？

（2）尝试围成圆圈向一个方向走。

指导语: 请小朋友们站起来,手拉手围成一个大圆圈。想想看,大圆圈怎样才能转起来？我们来试一试。

> 指导重点:引导幼儿在手腕花的提示下,尝试向同一个方向走。

2. 欣赏歌曲,尝试根据歌词内容游戏。

（1）倾听并范唱,了解歌词内容。

指导语: 有一首歌曲唱的就是小朋友拉成圆圈走的游戏,歌曲里唱了些什么呢？我们一起来听一听。

（2）跟随歌曲,尝试随乐游戏。

指导语: 歌曲里唱到了小朋友拉成圆圈干什么？除了唱到了"走""跑",歌曲结束时还唱到了什么？我们一起来玩一玩。

指导语: 唱到"蹲下"("站好")时,小朋友应该怎么办？我们来试一试。

> 指导重点:引导幼儿尝试在歌曲结束时蹲下或站好。

3. 边唱歌边游戏，学习随歌词内容变化动作。

指导语：小朋友们拉成圆圈玩走走、跑跑的游戏，还要比比谁能根据歌曲先蹲下或者站好呢。我们也来一边唱歌一边玩游戏吧。

4. 尝试替换结束部分歌词，创编相应游戏动作。

指导语：歌曲结束时，我们除了可以"蹲下""站好"，还可以干什么？我们把它也唱进歌曲里玩一玩吧。

> **指导重点**：引导幼儿迁移游戏经验，将"蹲下""站好"替换为"长高""变矮""坐好""叉腰"等，尝试边唱歌边玩游戏。

附

【歌曲】

活动三 可爱的乌龟

活动目标

1. 愿意观察、照料小乌龟,了解乌龟的特征及习性。
2. 通过多种感官观察小乌龟,尝试用简短的语句表达自己的发现。
3. 乐意参加活动,体验观察、模仿等带来的快乐。

活动准备

1. 小乌龟、水盆、视频展示仪。
2. 小乌龟的生活录像片。

活动过程

1. 向客人问好,激发观察兴趣。

指导语:今天老师请来了一位小客人,看一看它是谁?(小乌龟)

2. 通过观察,了解小乌龟的外形特征。

(1) 看一看,观察乌龟的外形。

指导语:仔细看看,小乌龟长什么样?

小乌龟的头上有什么?身上有什么?有几条腿?小乌龟的尾巴在哪里?

(2) 摸一摸,感知乌龟硬硬的外壳。

指导语:摸摸小乌龟,你有什么感觉?

小乌龟的背摸起来感觉怎么样?

小结:乌龟有圆圆的头、短短的脖子,背上有硬硬的壳,有四条腿,有一条小小的尾巴。

3. 观看实验或视频,了解乌龟的生活习性。

(1) 触碰乌龟,观察乌龟的反应。

指导语:为什么小乌龟要把头、腿、尾缩进壳里?

小结:如果发现有危险了,小乌龟就会把头和腿缩进乌龟壳里。我们学一学。

(2) 将乌龟四脚朝天,观察乌龟的反应。

指导语:这只乌龟怎么啦?它能翻过身来吗?

(3) 将乌龟放入水中,观察乌龟的活动。

指导语:如果将乌龟放到水里,乌龟会怎么样呢?

(4) 欣赏视频,了解乌龟的生活习性。

指导语:乌龟有什么本领?它喜欢吃什么?

4. 讨论照顾乌龟的方法,激发关爱之情。

指导语:小乌龟是我们的好朋友,我们要把它放到自然角,大家可以怎么照顾它?

附

【小百科】

乌　龟

　　乌龟属水陆两栖类爬行动物,主要栖息于江河、湖泊、水库、池塘及其他水域。白天多陷居水中,夏日炎热时,便成群地寻找陆地的荫凉处。乌龟性情温和,遇到危险或受惊吓时,会把头、四肢和尾缩入壳内。

　　乌龟是杂食性动物,爱吃肉,以动物性的昆虫、蠕虫、小鱼、虾、螺、蚌,以及植物性的嫩叶、浮萍、瓜皮、麦粒、稻谷、杂草种子等为食。耐饥饿能力强,数月不食也不致饿死。

　　乌龟为变温动物。水温降到10℃以下时,即静卧在水底淤泥或有覆盖物的松土中冬眠,冬眠期一般从1月到4月初;当水温上升到15℃时,出穴活动;水温达到18℃—20℃时,开始觅食。

　　乌龟生长较慢,寿命较长。

活动四　小乌龟上山坡

活动目标

1. 熟悉歌曲旋律,感受小乌龟上山坡游玩的乐趣。
2. 尝试跟随音乐,有节奏地边唱边做动作。
3. 体验和小朋友一起边唱边玩的快乐。

活动准备

1. 经验准备。

幼儿对甜、酸的食物有初步的了解。

2. 物质准备。

(1) 手偶小乌龟,歌曲《小乌龟》。

(2) 制作的山坡,糖果、葡萄、面包。

活动过程

1. 谈话,导入活动。

指导语：这是什么地方？谁来了？（和小乌龟打招呼）

2. 通过故事情境，学习副歌部分。

指导语：小乌龟要上山坡了，它会怎么上山坡呢？（嘿嘿哟，嘿嘿哟）我们一起来帮小乌龟加油吧。（重点学唱副歌部分，教师操纵小乌龟爬山坡）

3. 尝试随音乐有节奏地玩上山坡的游戏。

（1）出示面包和糖果，教师范唱歌曲。

指导语：小乌龟爬上山坡时带上了什么东西呢？我们一起来听一听。

（2）教师范唱第二遍，引导幼儿体会小乌龟的心情。

指导语：小乌龟爬上山坡时心情怎么样？

（3）幼儿学唱歌曲。

指导语：小乌龟爬上山坡真开心，我们一起来唱一唱。

你们开心的时候，会做什么样的动作和表情呢？大家做一做。

4. 尝试边唱歌边游戏。

（1）幼儿用身体做小坡，小手在身体上游戏。

指导语：我们的身体就是山坡，小手就是小乌龟，我们一起来学乌龟爬山坡。（引导幼儿用小手从大腿处慢慢随乐爬到头顶后，做一个开心的表情）

（2）创编吃到酸、甜食品时的表情和动作。

指导语：小乌龟上山坡的时候带了很多吃的东西，有甜甜的糖果、酸酸的葡萄。

吃到甜糖果做什么表情和动作？吃到酸葡萄做什么表情和动作？我们来试一试。（讨论后，请幼儿听教师指令，做出相应的表情和动作）

（3）散点演唱歌曲，边唱歌边做动作。

指导语：请小乌龟们找一个空地方站好，我们一起来爬山坡，把糖果和面包送到我们的好朋友家去。

附

【歌曲】

小乌龟

选自磁带《台湾小歌星》(3)
中国唱片广州公司出版印制发行

1=C 2/4

| 3 32 1 2 | 3 4 5 | 4 43 2 | 3 32 1 |
| 小 小 乌龟 爬山 坡， | 嗨嗨 哟， | 嗨嗨 哟， |

| 3 32 1 2 | 3 4 5 | 4 32 3 | 1 — |
| 带 着 面 包 和 糖 果， | 嗨 嗨 嗨 嗨 哟。|

活动五 大鸵鸟

活动目标

1. 感受歌曲轻快、活泼的旋律，尝试合乐模仿鸵鸟走路。
2. 观察图片，创编"哎哟哟哟哟哟……"部分的身体动作。
3. 体验模仿、创编的快乐。

活动准备

1. 木偶鸵鸟。
2. 一组鸵鸟图片。

活动过程

1. 节奏游戏"请你跟我这样做"。

（1）拍手游戏。

指导语：小朋友们，今天我们要来玩一个游戏"请你跟我这样做"。我拍几下手，小朋友们就要拍几下手；我拍得慢，你们就要拍得慢；我拍得快，你们就要拍得快。我们来试一试。（教师分别按节奏"| × × | × × |""| × × | × × |""| ×××× | ×××× |"和"| ×××× | × × |"带幼儿玩节奏游戏）

（2）声音游戏。

指导语：现在，我们要来用声音玩游戏了。我怎么说，小朋友就怎么学。我们来试一试。（教师分别按"哎哟哟哟哟哟""哎哟 哟哟 哟哟""哎哟哟哟 哟哟"带幼儿玩游戏）

2. 欣赏配乐木偶表演《大鸵鸟》。

（1）出示大鸵鸟木偶，丰富幼儿关于鸵鸟的经验。

指导语：这是谁？它会飞吗？它会怎样走路呢？

（2）欣赏配乐木偶表演，感受鸵鸟走路的特点。

指导语："大鸵鸟"想给大家表演一个节目，想不想看？（教师操纵大鸵鸟木偶表演）"大鸵鸟"是怎样走路的？像在干什么？

小结：大鸵鸟，翅膀小，不会飞来只会跑，走起路来迈大步哟，两脚就像踩高跷。

3. 尝试随乐模仿大鸵鸟走路。

（1）坐在座位上模仿。

指导语：你们会踩着高跷迈大步吗？我们来跟大鸵鸟学一学。（2—3遍）

（2）站立模仿大鸵鸟走路。

指导语：请小朋友们站在座位前，我们跟着大鸵鸟走一走。（2—3遍）

4. 在图片帮助下创编"哎哟哟哟哟哟"部分的动作。

（1）欣赏一群大鸵鸟的图片，模仿大鸵鸟的姿态。

指导语：大鸵鸟还有很多朋友呢！你们看，它们来了！这些大鸵鸟是什么样子的？你们能学一学吗？

（2）创编"哎哟哟哟哟哟"部分的动作。

指导语：在这首歌曲里有一句"哎哟哟哟哟哟"，可以做什么动作？你能想出两个不一样的动作吗？我们来试一试。

5. 完整地随乐表演《大鸵鸟》。

附

【歌曲】

大 鸵 鸟

1=D 2/4

延明 词
嘉评 曲

6 5 3 2 3	6 5 3 2	5 5 3 5 5 1	2 —

大鸵鸟哟 翅膀小， 不会飞来只会 跑，

3 2 7   6 6 | 3 2 7   6 6 | 6 1 2 3 2 1 6 | 5   5

走起路来 迈大步呀， 两脚就像踩高 跷 哟，

6 5 6 5 3 3 | 3 2 3 2 1 | 6 1 2 3 2 1 6 | 1   0

哎哟呦哟哟 哎哟呦哟哟， 两脚就像踩高 跷。

活动六 可爱的大白鹅

活动目标

1. 尝试通过手型拓印的方法表现大白鹅的主要特点。
2. 在欣赏、观察的基础上添画鹅的头、脚等。
3. 体验拓印和添画的快乐和成功。

活动准备

1. 经验准备。

幼儿有使用棉签绘画的经验。

2. 物质准备。

视频仪，白鹅图片一张，白鹅拓印画一组，黑色图画纸，装有白色颜料的盘子，擦手布，放有红、黄、蓝、白色颜料的调色盘和棉签。

活动过程

1. 欣赏白鹅图片,感知白鹅的外形。

指导语:这是谁?它是什么样子的?

小结:大白鹅有长长的脖子、扁扁的身体,下面有两只脚,样子真可爱。

2. 欣赏手型拓印画,模仿鹅的姿态。

指导语:这只白鹅在干什么?它的脖子是什么样子的?嘴巴在哪里?我们一起来学一学。(引导幼儿用手臂模仿鹅的脖子动态)

3. 了解手型拓印画的方法,激发绘画兴趣。

(1)感受手形与白鹅的关系。

指导语:这些画都是小朋友的小手变出来的,是怎样变出来的呢?谁来试一试。

(请一名幼儿尝试将手按作品的轮廓放在鹅的身体上,感受手形与画的关系;其他幼儿同时模仿相应的手型)

(2)示范手型拓印画的方法。

指导语:小朋友在用手拓印画大白鹅时,要先让小手的整个手掌蘸上颜料,然后再将小手紧紧按在图画纸上。印好后要用擦手布将手擦干净。谁来试一试?(请1—2个小朋友尝试)

大白鹅是怎么变出来的?我们的手掌变成了白鹅的什么?大拇指变成了白鹅的什么?

大白鹅的身体印好后,我们还可以为白鹅添上眼睛、嘴巴、小脚。(教师示范用棉签添画)

4. 幼儿尝试手型拓印画,教师巡回指导。

> **指导重点**:印画时手按在作业纸上后不动;印画后及时擦手,避免将颜料弄到身上;用棉签添画,丰富画面内容。

5. 欣赏作品,体验成功。

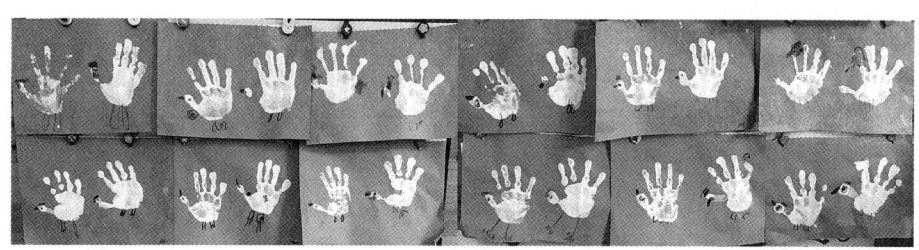

附

【教学图片】

活动七 鹅鹅鹅

活动目标

1. 在熟悉古诗《咏鹅》和歌曲旋律的基础上,学习歌表演。
2. 通过观察模仿等,学习合乐做白鹅走路、唱歌、浮水、划水等动作。
3. 体验模仿和结伴游戏的快乐。

活动准备

1. 音乐《咏鹅》,手腕花,老虎和白鹅头饰。
2. 幼儿熟悉古诗和歌曲旋律。

活动过程

1. 复习古诗《咏鹅》。

指导语: 小朋友,你们还记得古诗《咏鹅》吗？这首古诗里说的是什么小动物呀？

我们一起来念一念这首古诗。

2. 欣赏歌表演《鹅鹅鹅》。

(1) 教师边唱边做动作。

指导语: 可爱的大白鹅还喜欢唱着歌做游戏呢。它是怎么一边唱歌一边做游戏的呢? 请小朋友仔细看一看!

大白鹅唱的是什么歌呀? 它做了哪些动作呢?

(2) 教师再次边唱边表演。

指导语: 大白鹅先干什么,再干什么,然后干什么,最后干什么了呢? 请小朋友再仔细地看一看!

3. 学习歌表演《鹅鹅鹅》。

(1) 讨论并尝试合乐模仿大白鹅走路、唱歌、浮水、划水等动作。

指导语: 大白鹅是怎样走路的? 我们来学一学。(教师哼唱歌曲,带领幼儿模仿。重点:前两句摆好走路姿势,做好准备;后两句再模仿走路)

大白鹅是怎样唱歌的? 哪只手做白鹅的嘴巴? 我们来学一学。(以此类推,引导幼儿模仿大白鹅浮于水面、划水等动作)

(2) 尝试随乐模仿白鹅的一系列动作。

指导语: 现在,请小朋友跟着音乐玩一玩"鹅鹅鹅"的游戏。(2—3遍)

4. 学习结伴游戏。

(1) 两名教师示范。

指导语: 大白鹅还喜欢和好朋友一起玩游戏呢。它们会怎么做游戏呢? 请小朋友们仔细地看一看。

大白鹅和好朋友玩了什么游戏? 是怎么玩的? 我们来试一试。

(引导幼儿发现:第二段变为和好朋友"面对面、亲一亲",第三段变为和好朋友"背对背、碰一碰")

(2) 幼儿结伴游戏。

指导语: 我们也来试着和好朋友亲一亲、碰一碰。(教师加入预令:面对面、亲一亲,背对背、碰一碰,引导幼儿尝试结伴游戏)

5. 加入"老虎来了"的情境游戏。

指导语: 大白鹅的歌声吸引了很多的小动物,如果是朋友来了,大白鹅怎么办?

如果是大老虎来了,大白鹅又该怎么办? 我们来试一试。(在完整歌表演游戏后,由配班老师扮演白鹅和老虎,玩游戏1—2遍)

附

【歌曲】

咏 鹅

1=C 4/4

[唐]骆宾王 词
颂今 曲

天真可爱地 ♩=84

(3 6 5 3 2 | 2 3 5 6 1 6 | 6) ‖: 6 6 6 - | 5 3 5 1 6 - |
　　　　　　　　　　　　　　　鹅！鹅！鹅！　曲 项 向 天 歌。

3 6 5 3 2 | 1 6 2 4 3 - | 6 6 6 - | 5 3 5 1 6 - |
白 毛 浮 绿 水，红 掌 拨 清 波。　鹅！鹅！鹅！　曲 项 向 天 歌。

3 6 5 3 2 | 1 3 2 3 6 - :‖ 2. 3 5 6 1 | 6 - - 0 ‖
白 毛 浮 绿 水，红 掌 拨 清 波。　红　掌 拨 清　波。

【动作建议】

1. 幼儿独自表演动作建议。

第一段：前两句，两手放于体侧，掌心向下翘起，两腿膝盖向外微蹲；后两句，模仿大白鹅摇摇摆摆走路的模样。

第二段：前两句，戴有手腕花的手五指捏拢，手臂屈伸抬起，高于头部，另一手背于身后；后两句，抬起的手左右摇摆，模仿大白鹅唱歌。

第三段：前两句，身体前倾，两手放于体后，双腿并拢微蹲；后两句，模仿大白鹅摇动屁股。

第四段：前两句，两手五指张开，掌心朝前，双腿微蹲；后两句，双手从胸前向两侧划动，模仿大白鹅划水。

尾句：摆一个大白鹅的造型。

2. 幼儿结伴表演动作建议。

第一段：动作同独自表演。

第二段：前两句，动作同独自表演，与朋友面对面；后两句，用抬起的手做成嘴巴状，亲亲对方。

第三段:前两句,动作同独自表演,与朋友背对背;后两句,与好朋友碰碰屁股。

第四段:动作同独自表演。

活动八 小动物真爱玩

活动目标

1. 听信号模仿,向指定方向走、跑或跳。

2. 在老师的提醒下,念完儿歌后再出发。

3. 体验模仿小动物游戏的快乐。

活动准备

1. 音乐。

2. 场地布置图。菱形部分为器械或设施,中间的长方形部分为集合地点。

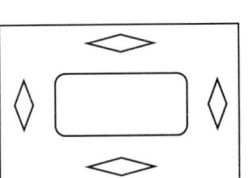

3. 检查幼儿服装、鞋以及场地上的大型运动器械。

4. 幼儿玩过游戏"小孩小孩真爱玩"。

活动过程

1. 开始部分:听音乐做热身运动。

指导语: 今天的天气真好,我们一起来运动运动吧。(活动身体各部位,重点活动腿部和脚部)

2. 基本部分:学习新游戏。

(1) 学习儿歌《小孩小孩真爱玩》。

指导语: 今天,老师要和小朋友一起玩一个游戏,名字就叫"小孩小孩真爱玩"。我们先来学一学儿歌。(儿歌内容:小孩小孩真爱玩,摸摸这,摸摸那,摸摸××跑回来)

(2) 尝试听信号游戏。

指导语: 操场周围有些什么呀?(引导幼儿辨别一些大型器械或设施)

现在,请小朋友和我一起念儿歌,听清楚要摸的东西,念完儿歌后再跑,摸后就回来。(2—3遍)

(3) 模仿小兔听信号游戏。

指导语: 小朋友玩得真开心!把谁也引来了?小兔怎么走路?(出示小兔图片)

小兔也想跟大家一起玩游戏。我们把小兔编进儿歌里,该怎么说呢?

我们一起来扮小兔。儿歌说完后,跳过去摸,再跳回来。(2—3遍)

（4）模仿白鹅听信号游戏。

指导语：谁来了？它怎么走路？（出示白鹅图片）

我们把白鹅编进儿歌里，该怎么说？

儿歌说完后，我们一起来学白鹅。摇摇摆摆走去摸，再摇摇摆摆走回来。

3. 结束部分：听音乐进行放松活动。

指导语：今天我们模仿小兔、白鹅玩了好玩的游戏，真开心！我们一起听音乐放松放松身体吧。

附

【儿歌】

小动物真爱玩

小动物，真爱玩，摸摸这，摸摸那，摸摸××跑回来。

小兔小兔真爱玩，摸摸这，摸摸那，摸摸××跳回来。

白鹅白鹅真爱玩，摸摸这，摸摸那，摸摸××走回来。

【游戏玩法】

师幼共同念儿歌，儿歌念完后，小朋友按照儿歌中说的走路方式，向指定的器械或设施方向走（跳、跑），摸一摸该器械后再回来。

活动九 小兔跳跳跳

活动目标

1. 感受歌曲欢快的旋律，尝试随乐合拍做小兔跳的动作。
2. 通过观察、讨论，明确在每一句的结束处邀请朋友。
3. 遵守游戏规则，体验人数逐渐增多带来的乐趣。

活动准备

1. 音乐《小兔跳跳跳》。
2. 大灰狼头饰。

活动过程

1. 欣赏歌曲《小兔跳跳跳》。

指导语：今天，老师带来了一首歌曲，名字就叫《小兔跳跳跳》。我们一起来听一听。

2. 尝试跟随音乐有节奏地做跳的动作。

（1）在教师带领下尝试有节奏地用上肢动作模拟小兔跳。

指导语：歌曲里面的小兔子在干什么？你们会学小兔跳吗？我们一起来试一试。

唱"一二""三四""前后""左边右边"时，小兔子不要跳，我们再来试一试。（1—2遍）

（2）在教师带领下尝试在座位前有节奏地随乐做动作。

指导语：请小兔子们轻轻地站在椅子前，竖起长耳朵，我们跟着音乐一起跳一跳。（2—3遍。重点：唱"一二""三四""前后""左边右边"时不跳）

3. 教师用邀请舞方式带领幼儿游戏，自己用歌声伴唱。

（1）教师扮兔妈妈，邀请小兔一起游戏。

指导语：小兔子们的耳朵很灵，能跟着音乐有节奏地跳！现在，"兔妈妈"要请"小兔"出来游戏了。请大家仔细地看一看，我是怎样找到"小兔"做朋友的。（哼唱第一乐句）

我找到了谁？现在，我们是几只小兔子了？我们要一起出去找朋友了。（哼唱第二、第三乐句）

我们找到了谁？现在，我们是几只小兔子了？我们要一起游戏了。（哼唱第四、五、六乐句）

（2）教师继续邀请"小兔"游戏，哼唱第五、六乐句时提醒全体"小兔"一起跳。

指导语：刚才，我是怎样邀请"小兔"的？我们再来试一试。（引导幼儿发现每一乐句的最后两拍要拉住"小兔"的手）

（教师带领幼儿游戏，用歌声伴唱；第四乐句唱完后，提醒全体"小兔"起立，做跳的动作）

4. 幼儿扮兔妈妈带领小朋友游戏。（完整游戏2—3遍）

5. 游戏"小兔和虎"。

指导语:树林里有只大老虎,如果它突然出现了,我们该怎么办？我们来试一试。

小朋友们玩的时候可要小心,如果音乐突然停了,就表示大老虎来了,大家要赶快逃回家。(完整游戏数遍)

附

【歌曲】

小兔跳跳跳

$1=F \dfrac{2}{4}$

3．1 2 3	5 5 3 0	2．2 2 3	2 3 2 7 5	3．1 2 3	5 5 3．1 1
一只兔子	跳跳跳,	请问萝卜	要到哪里找。	两只兔子	跳跳跳,只会

2 4 3 2	1 0 0	3．1 2 3	5 5 3 0	2．2 2 3	2 3 2 7 5
傻笑学猫	叫喵喵。	三只兔子	跳跳跳,	东张西望	排队排不好。

3．1 2 3	5 5 3．1 1	2 4 3 2	1 0 0	3 0 3 0	2 2 7
四只兔子	跳跳跳,萝卜	跑掉吃不	到哇哇。	一 二	跳跳跳,

4 0 4 0	3 3 2	5 0 5 0	4 4 3 2 1	2 4 3 2	1 1 1
三 四	跳跳跳。	前 后	跳跳跳,还有	左边 右边	跳跳跳。

【游戏玩法】

[1—4]小节:一只小兔跳着找朋友,最后找到一位朋友。

[5—8]小节:找到的朋友跟小兔一起向前跳,最后找到一位朋友。

[9—12]小节:找到的朋友跟两只小兔一起向前跳,最后找到一位朋友。

[13—16]小节:找到的朋友跟三只小兔一起向前跳,最后找到一位朋友。

[17—24]小节:前两拍拍手,后两拍跳三下。

活动十 漂亮的乌龟壳

活动目标

1. 初步尝试用各种不同形状的积木在乌龟壳上有序进行印画,装饰乌龟壳。
2. 体验装饰"乌龟壳"的乐趣。

活动准备

1. 装饰好的乌龟壳一组。
2. 已装好松紧带的泡沫垫人手一个(做乌龟壳)。
3. 每组两个托盘,每个托盘里面放两种水粉颜料,每种颜料上放一块积木。

活动过程

1. 欣赏不同图案的乌龟壳。

(1) 欣赏一只有图案的乌龟壳。

指导语: 前几天,我们讲了一个故事《一步一步走呀走》,里面有一个小动物,走路时慢慢爬。它是谁呀?乌龟的背上有什么呀?

老师做了表演小乌龟的道具,看看乌龟壳上的图案是什么样的?它们是怎么排列的?有些什么颜色?

小结: 乌龟壳边上用一种形状一个接着一个排成了一圈,龟壳中间换成了另外一种颜色和形状。

(2) 欣赏另外两只有图案的乌龟壳。

指导语: 这两只乌龟壳旁边一圈是什么形状?什么颜色的?中间呢?

2. 观察操作材料,学习印画的方法。

指导语: 这只乌龟壳没有漂亮的花衣服,谁可以帮它变漂亮?

(出示颜料和印具)这是什么呀?怎样用它们把乌龟壳变漂亮呢?我们来看一看。(教师边念儿歌边示范印画的方法——小印章,手中拿,蘸一蘸,印一印,用完把它送回家)

它们是怎样把乌龟壳变漂亮的?谁来试一试?(请一个小朋友上来在乌龟壳上进行印画,其他小朋友边说儿歌边徒手练习)

小结: 用一种形状的积木蘸着颜色,沿着乌龟壳的一圈进行印画,然后再换一种颜色进行印画。

3. 幼儿装饰乌龟壳,教师巡回指导。

指导语: 小朋友们,我们的戏剧马上就要开演了,可是小乌龟们还没有表演的服装呢。请你用印画的方法,给乌龟壳穿上漂亮的衣服吧!装饰好乌龟壳后,请小朋友将材料放回原处。

4. 游戏"小小乌龟上山坡"。

指导语: 请小朋友们背上自己制作的乌龟壳,向大家展示一下。

小乌龟们,我们一起来玩"小小乌龟上山坡"的游戏吧!

活动十一 谁会……

活动目标

1. 学习用问答形式演唱歌曲。
2. 尝试替换动物和动物的行走方式,进行仿编。
3. 体验与老师和同伴有问有答的情趣。

活动准备

小鸟、乌龟、兔子等小动物图片。

活动过程

1. 谈话,导入活动。

指导语: 小朋友们,谁会飞? 鸟儿鸟儿怎样飞?

我们一起来学一学小鸟"拍拍翅膀飞呀飞"。

2. 学习歌曲《谁会飞》。

(1) 欣赏教师范唱。

指导语: 刚才我们说的儿歌,还是一首好听的歌曲呢。我们来听一听。

这首歌曲里问了些什么呀? 又是怎么回答的呢? 我们再来听一听。

(2) 尝试一问一答演唱。

指导语: 现在,我来唱着问,请小朋友们一起唱着回答。(2—3遍)

哪些小朋友想来唱着问大家? 请你们到前面来,其他小朋友唱着回答。(教师可视幼儿学习人数决定参与"问"或"答"的队伍)

(3) 完整演唱歌曲。

3. 尝试替换动物演唱。

指导语: 今天,还来了一些小动物呢,我们把它们一起编进歌里问一问、唱一唱。

谁会爬?乌龟乌龟怎样爬?我们一起来有节奏唱一唱。(建议教师可先带领幼儿尝试在旋律伴奏下有节奏地念一念创编的内容,然后再尝试合着旋律演唱,歌词可为"谁会爬?乌龟会爬。乌龟乌龟怎样爬?慢慢悠悠爬呀爬。")

谁会跳?小兔小兔怎样跳?我们一起唱一唱。(建议教学方法参照乌龟段,歌词可为"谁会跳?小兔会跳。小兔小兔怎样跳?一蹦一蹦跳呀跳。")

4. 完整演唱歌曲。

附

【歌曲】

谁会飞

《小喇叭》编词
潘振声 曲

1=C 2/4

(i· 6 | i· 6 | 5· 6 5 3 | 2· 3 ‖: 5 5 3 5 |

6 i 3 2 | i 1 2 | 1 —)| 3 5 i 6 | 5· 6 |
　　　　　　　　　　　　　　谁　会　　　飞?
　　　　　　　　　　　　　　谁　会　　　爬?
　　　　　　　　　　　　　　谁　会　　　跳?

i 2 i 6 | 5 — | i· 6 | i· 6 | 5 6 5 3 |
鸟　会　　飞。　　　　鸟　儿　鸟　儿　怎　样
乌　龟　会　爬。　　　乌　龟　乌　龟　怎　样
小　兔　会　跳。　　　小　兔　小　兔　怎　样

2 — | 5 5 6 i | 3 5 3 2 | 1· 2 1 0 :‖
飞?　　拍 拍 翅 膀　飞　呀　飞。
爬?　　慢 慢 悠 悠　爬　呀　爬。
跳?　　一 蹦 一 蹦　跳　呀　跳。

活动十二　戏剧排演（一）

活动目标

1. 明确自己的表演角色，熟悉各个角色的出场顺序。
2. 尝试在提示下进行排演，知道表演时要面向观众。
3. 体验有序进行戏剧表演的乐趣。

活动准备

1. 故事《一步一步，走啊走》PPT。
2. 演员表。
3. 戏剧表演录音。
4. 表演场地上贴好标记。

活动过程

1. 观察演员表，明确自己的表演角色。

指导语：这是我们班《一步一步，走啊走》的演员表，你们表演的是戏剧中的什么角色？大家都记住自己的角色了吗？

2. 借助 PPT，了解故事中各角色的出场顺序。

指导语：故事《一步一步，走啊走》中，第一个上场的是谁？娃娃先看到了谁？然后呢……请小演员们按照顺序排好队。

> 指导重点：引导小演员们进一步明确自己的表演角色和出场顺序。

3. 观察表演舞台，熟悉表演和候场的位置。

指导语：表演前，小演员们在哪里准备上场表演？表演时，小演员们又该站在哪里？面向哪里？有哪些标志能帮助我们找到表演和候场的位置？

4. 尝试有序表演，表演时知道面向观众。

指导语：表演时，小演员们应该面向哪里？请小演员们做好准备，我们跟着录音来试一试。

> 指导重点：提醒幼儿有序上场、退场，注意表演位置，候场时保持安静，不影响别人表演。

活动十三　戏剧排演（二）

活动目标

1. 能跟随录音，进行戏剧的完整排演。
2. 表演时能面向观众，边唱边表演。
3. 体验与家长共同进行戏剧表演的乐趣。

活动准备

1. 戏剧表演录音。
2. 邀请一名家长参与表演，扮演老虎角色。
3. 摄像机。

活动过程

1. 介绍家长志愿者，激发表演兴趣。

指导语：今天，我们班来了一位嘉宾，是谁呀？一起打个招呼吧。

×××家长要在我们班的戏剧表演中担任一个重要角色，是什么角色呢？想不想和他一起游戏？

2. 进一步熟悉出场顺序，明确表演要求。

指导语："大老虎"第一次参加我们的表演，他不太清楚表演时的出场顺序。谁愿意向他介绍一下我们先表演什么？然后呢？……表演时要注意什么？

指导语："大老虎"应该在什么时候才出现？它出现时大家该怎么做？我们来试一试。

3. 随录音完整排演，体验与家长同台表演的乐趣。

指导语：请演员们做好准备。表演时，要面向观众，边唱歌边表演。

4. 欣赏排演录像，进一步激发表演的欲望。

指导语：这是我们刚才排演的录像，我们一起来看一看。你们觉得自己表演得怎么样？请"大老虎"评价一下小演员们的表演，给我们提提建议。

活动十四　演出啦

活动目标

1. 了解戏剧节活动对演员和观众的基本要求。
2. 乐意参与戏剧节表演前的准备工作。

活动准备

1. 戏剧节海报。
2. 戏剧表演服饰。

活动过程

1. 欣赏幼儿园戏剧节海报。

指导语：这里有一张图片，你们见过吗？在哪里见过？这张海报告诉了大家什么事？

这张是幼儿园要举办戏剧节的海报，上面有戏剧节的时间、表演内容、表演地点等。我们的戏剧就要正式演给全园的小朋友和小朋友的爸爸妈妈们看啦！

2. 了解戏剧节的基本要求。

指导语：一个班在台上表演时，其他班的小朋友在做什么？观众在观看表演时要注意些什么呢？

演员们在表演的时候，观众要怎么做？演员表演结束谢幕时，观众又该怎么做？我们来试一试。

3. 选择表演服饰。

指导语：再过几天，我们就要正式表演啦！这里有许多服装和道具，请小朋友仔细地看一看、选一选，小乌龟（大白鹅、大鸵鸟、小兔、大老虎）可以穿什么服装表演？请小朋友们穿上表演服装。

4. 欣赏表演服饰。

指导语：我们先请表演××的小朋友到前面来，每个人摆出一个造型，大家觉得他们的服装看起来怎么样？（逐一请各种角色到前面来展示服装）

小演员们，穿上服装表演感觉怎么样？怎样表演才能赢得观众们更加热烈的掌声？

附

【表演剧本】

第一幕　小朋友走啊走

角　色	台　词	动　作
旁白	小朋友,你们会走路吗?你们会怎样走路呢?	
娃娃	几个小娃娃,出门去玩耍。一步又一步,走啊走啊走。一二一、一二一、一二一、一二一……立定!	几个小朋友排着整齐的队伍,边念儿歌边有节奏地走上场。
娃娃	朋友们,玩游戏喽!	游戏"拉个圆圈走走"。

第二幕　小动物走啊走

角　色	台　词	动　作
旁白	小朋友一步一步走啊走,看见了可爱的小动物,小动物是怎么走的呢?小朋友会怎么做呢?	
小乌龟		在《小小乌龟上山坡》的音乐声中,排着整齐的队伍做爬的动作上场。
娃娃	小乌龟,你们好!你们爬呀爬的样子真可爱,我们也想学一学。	扬起手,跟小乌龟打招呼。
小乌龟	好呀好呀,大家一起爬呀爬。	向小朋友招手。
娃娃、小乌龟		在《小小乌龟上山坡》的音乐声中,大家排着整齐的队伍做爬的动作。
大白鹅		在《鹅鹅鹅》的音乐声中,大家排着整齐的队伍做摇摇摆摆的动作上场,进行歌表演。
娃娃、小乌龟	大白鹅,你们好!你们走路的样子真可爱,我们也想学一学。	扬起手,跟大白鹅打招呼。
大白鹅	好呀好呀,大家一起摇呀摇。	向小朋友、小乌龟招手。
娃娃、小乌龟、大白鹅		在《鹅鹅鹅》的音乐声中,大家排着整齐的队伍做动作。
小白兔		在《小兔跳跳跳》的音乐声中,大家排着整齐的队伍做跳的动作上场。

续表

角 色	台 词	动 作
娃娃、小乌龟、大白鹅	小白兔,你们好!你们蹦蹦跳跳的样子真可爱,我们也想学一学。	扬起手,跟小白兔打招呼。
小白兔	好呀好呀,大家一起跳呀跳。	向小朋友、小乌龟、大白鹅招手。
娃娃、小乌龟、大白鹅、小白兔		在《小兔跳跳跳》的音乐声中,大家排着整齐的队伍做跳的动作上场。
大鸵鸟		在《大鸵鸟》的音乐声中,大家排着整齐的队伍做跨的动作上场。
娃娃、小乌龟、大白鹅、小白兔	大鸵鸟,你们好!你们跨大步的样子真可爱,我们也想学一学。	扬起手,跟大鸵鸟打招呼。
大鸵鸟	好呀好呀,大家一起跨呀跨。	向小朋友、小乌龟、大白鹅、小白兔招手。
娃娃、小乌龟、大白鹅、小白兔、鸵鸟		在《大鸵鸟》的音乐声中,大家排着整齐的队伍做跨的动作上场。

尾 声

角 色	台 词	动 作
旁白	大家一起玩啊玩,突然,听到了一声吼叫,不好!老虎来啦!	
老虎	嗷呜——	大吼数声后,张牙舞爪地上场。
娃娃、小乌龟、大白鹅、小白兔、鸵鸟	不好!快逃啊——	大家加快做走的动作,迅速四散逃走躲藏起来。
老虎	啊,这里没有食物,我到别处去找吧。	绕场地四处张望着寻找一圈后,吼叫着离开。
娃娃	老虎走啦!大家快来玩吧!	从藏身地站起,向大家招手。
小乌龟、大白鹅、小白兔、鸵鸟	来啦!	开心地从藏身处站起挥手。
娃娃、小乌龟、大白鹅、小白兔、鸵鸟		在《谁会飞》的音乐声中,大家轮流出场,集体演唱歌曲,谢幕。

（二）小鸭找朋友

☞ 设计思考

对于初入园的小班幼儿来说，周围的环境和人都是陌生的，他们需要认识身边的一切。只有学习如何与家人以外的老师、同伴交往，感受和朋友在一起的快乐，才能更好地适应幼儿园的集体生活。

《小鸭找朋友》讲述了小鸭独自游泳觉得很孤单，它想找一个朋友一起游泳，小鸭看见了小兔、小鸟……可是，它们都不会游泳。最后，小鸭找到了小乌龟，它们一起在池塘里游泳、游戏的故事。这个故事内容浅显易懂、情节简单重复，渗透了科学认知、社会情感等多方面的价值，比较适合初入园的小班幼儿理解与学习，也能让幼儿感受到和朋友一起玩是最开心的事。所以，我们选择这个故事作为小班戏剧表演的题材。

根据小班幼儿的年龄特点，我们保留了故事的情节线索，以"朋友多，真快乐"为主题，对故事的结尾进行了改编："最后，小鸟、小兔虽然没有和小鸭在池塘里游泳，但它们在岸上看着小乌龟和小鸭一起游泳，还为它们加油……"

我们设计了"小鸭嘎嘎""可爱邻居""快乐游戏"三幕剧情。第一幕"小鸭嘎嘎"主要表现小鸭们一起出游的快乐场景；第二幕"可爱邻居"主要表现小鸭的邻居们先后出场，秀出自己的本领与特点；第三幕"快乐游戏"表现的是小鸭子先后邀请小兔、小鸟、小乌龟一起游泳，发现邻居朋友有各自的本领，大家一起愉快游玩的故事。

针对小班幼儿喜爱歌舞游戏，但缺语言连贯表达的特点，我们将故事中的对话简化为重复、简单的台词，穿插了《小鸭嘎嘎》《快乐的小池塘》《可爱的小动物》《找朋友》等集体表演的歌唱、律动和舞蹈，增强了游戏性与趣味性，使之更易于小班幼儿表达、表现。

为了帮助幼儿更好地用语言、动作开放性地表达自己对故事和角色的理解，我们设计了以"戏剧表演"为核心的集体教学活动和一系列区域游戏活动，引导幼儿在丰富的活动中充分感受和朋友在一起的愉悦，得到情感、认知、能力等多方面的成长与发展。

☞ 主题活动目标

1. 熟悉故事的主要内容与主要角色，初步感受作品表达的情绪、情感，初步体验"朋友多,真快乐"。

2. 丰富关于小鸭、小乌龟、小鸟、小兔等的认知经验,了解它们的本领与明显特征,能用肢体动作和语言大胆地表现、表达。

3. 能在教师指导下熟悉自己所表演的角色及戏剧中简短的儿歌、童谣、对话等,尝试进行戏剧表演。

4. 乐意选择自己喜欢的材料进行角色装扮或场景布置,体验和朋友一起做做、玩玩、说说、演演的快乐。

☞ **主题网络**

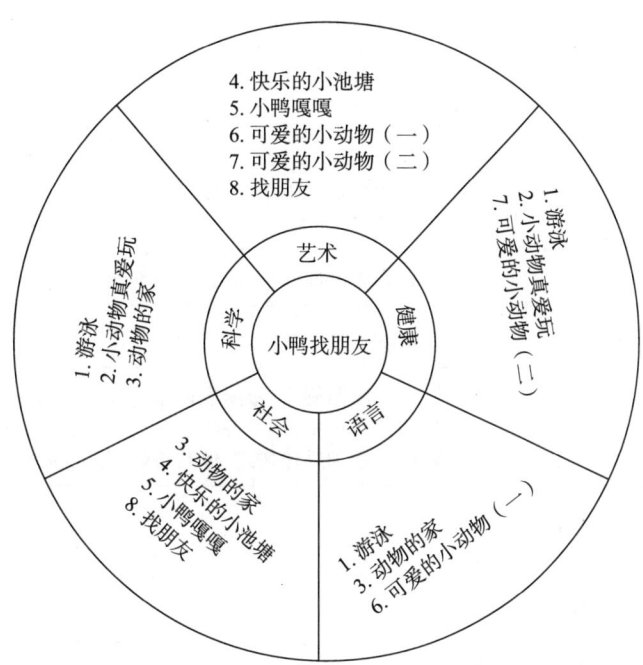

☞ **主要教学活动一览表**

序号	活动名称	主要涉及领域	活动目标
1	游泳	语言、科学、健康	1. 观看课件,倾听故事,感知、理解故事内容 2. 通过观察、讨论、表演等,学说短句:"你能和我一起游泳吗?"、"对不起,我不会游泳,你去找别的朋友吧" 3. 尝试分角色表演,体验表演所带来的快乐

续表

序号	活动名称	主要涉及领域	活动目标
2	小动物真爱玩	健康、科学	1. 能按信号向指定方向走、"飞"、跳 2. 初步学习在活动中要相互观察,避免发生碰撞 3. 能遵守游戏规则,感受参加集体活动的乐趣
3	动物的家	科学、社会、语言	1. 通过观察,知道不同的小动物有不同的活动场所 2. 迁移经验,初步学习将动物按活动场所进行分类 3. 初步萌发爱护小动物、爱护大自然的情感
4	快乐的小池塘	艺术、社会	1. 欣赏池塘里水波荡漾的画面,尝试用身体动作表现池塘水面的波纹 2. 在观察、讨论的基础上,学习向不同的方向行进、移动 3. 体验并享受与同伴一起合作、游戏的快乐
5	小鸭嘎嘎	艺术、社会	1. 熟悉音乐旋律,能用动作表现歌曲内容 2. 通过观察、模仿,尝试用动作表现小鸭子走路、游水等的可爱形象 3. 感受和同伴共同表现的快乐
6	可爱的小动物(一)	艺术、语言	1. 熟悉歌曲旋律,尝试在图片的帮助下学唱歌曲 2. 吐字清晰,能用自然的声音演唱 3. 喜欢参加歌唱活动,感受演唱涉及不同小动物的歌谣带来的乐趣
7	可爱的小动物(二)	艺术、健康	1. 在熟悉歌曲的基础上,学习歌表演动作 2. 用自然的声音唱歌,根据小动物的特点,合拍地进行表演 3. 喜欢参加表演活动,感受与同伴共同表现的乐趣
8	找朋友	艺术、社会	1. 熟悉歌曲旋律,根据歌词做相应动作 2. 在前奏声中,创编各种亲热动作:抱一抱、拉拉手、碰碰脸 3. 愿意参加结伴舞蹈,体验与同伴共同游戏的快乐

☞ 主题环境创设

1. 主题墙

以"小鸭找朋友"为主题,以池塘、大树、草地为背景,将主题墙分为三个板块。

(1)板块一:小鸭找朋友。教师以图片的形式呈现《小鸭找朋友》中的主要角色和主要内容,主要角色旁可附上幼儿对该角色的一些看法、想法等。

(2)板块二:瞧!我们的活动。这个板块主要呈现幼儿在主题活动中欣赏故事、开展游戏、自选角色等方面的活动照片、作品等,展示幼儿学习与发展的历程和轨迹。

(3)板块三:演出开始啦。展示幼儿参与制作的演出海报,幼儿排演和表演的剧照,家长、教师、同伴对幼儿表演的评价等内容,让幼儿体验表演的乐趣。

2. 主题资源展示

将师幼共同搜集的动物图片布置成展板或投放到区角,丰富区域游戏环境。

3. 区域活动

区域名称	投放材料及指导要点
美工区	1. 提供小动物头饰、油画棒、彩纸等,供幼儿进行装饰头饰活动 2. 提供油画棒及画有大树、池塘等背景的画纸等,让幼儿尝试涂色
语言区	1. 提供图书、CD 等,供幼儿进一步熟悉故事内容 2. 投放故事盒、立体的小动物图片或指偶等,让幼儿边操作,边讲述故事
表演区	1. 提供音乐《快乐的小池塘》《找朋友》等,让幼儿听音乐唱唱跳跳,自由表演 2. 提供动物头饰、故事录音,布置表演场景,引导幼儿根据故事内容进行简单的角色扮演游戏
科学区	1. 提供鸭子、小兔子、青蛙、小鸟拼图,引导幼儿根据动物的不同特征拼出小动物 2. 提供"小动物找家"的操作单(左边是小动物,右边是树、池塘、草地等不同场景),让小朋友为动物找家,将小动物和它们的家用线连起来,和好朋友说一说 3. 提供鸭子、小兔子、青蛙、小鸟连连看图,供幼儿连线

美术区

表演区

科学区

☞ 家园共育

1. 请家长和幼儿一起搜集动物图片和反映动物生活习性的视频,以及角色服饰、道具制作所需要的材料。

2. 邀请部分家长志愿者参与表演背景的制作、道具物品的加工等。

3. 和孩子一起进行亲子阅读。

☞ 主要教学活动方案

活动一　游泳

活动目标

1. 观看课件、倾听故事,感知、理解故事内容。

2. 通过观察、讨论、表演等,学说短句:"你能和我一起游泳吗?"、"对不起,我不会游泳,你去找别的朋友吧"。

3. 尝试分角色表演,体验表演所带来的快乐。

活动准备

1.《小鸭找朋友》课件。

2. 小鸭、小鸟、小兔、小乌龟的头饰。

活动过程

1. 出示小鸭图片,导入活动。

指导语:(教师出示小鸭图片,并模仿小鸭"嘎、嘎、嘎"的叫声)小朋友们,你们好,知道我是谁吗? 你们知道我有什么本领吗?

今天,小鸭要去找朋友一起游泳,你们猜猜它会去找谁呢?

2. 观看课件,欣赏故事。

(1) 第一次观看课件,初步感知、理解故事内容。

指导语:小鸭会去找哪些朋友呢? 我们一起来看一看、听一听。(教师播放课件)

故事的名字叫什么? 小鸭去找了哪些小动物朋友呀? (随幼儿的回答出示相应的小动物头饰)

(2) 再次观看课件,学习小鸭和小动物的对话。

指导语:小鸭想找朋友跟它一起干什么? 它是怎么对朋友说的? 小动物们又是怎么回答小鸭的呢? 我们再来看一看。

• 观看第一段,学说小鸭和小鸟的对话。

指导语:小鸭对小鸟说了什么? (学说:"小鸟,你能和我一起游泳吗?")

小鸟会游泳吗? 它是怎样回答小鸭的? (学说:"对不起,我不会游泳,你找别的朋友吧!")

现在,我来当小鸭,你们当小鸟,我们来演一演小鸭找小鸟的故事。(师幼分角色合作表演,可视情况交换角色表演)

- 观看第二段、第三段,学说小鸭和小兔、小乌龟的对话。

指导语: 小鸭找到了谁?它会怎么对小兔(小乌龟)说呢?

小兔(小乌龟)会游泳吗?它会怎样回答小鸭呢?

(3)回顾故事的主要内容,增进对故事中角色特点的了解。

指导语: 小鸭去找了哪些朋友一起游泳?谁能跟它一起游泳?为什么?

小鸭和小乌龟游泳时,小鸟和小兔可以在一边干什么呢?

3. 分角色表演故事,体验表演所带来的快乐。

(1)分角色表演。

指导语: 我们一起来演一演这个好听的故事。谁想演小鸭(小鸟、小兔、小乌龟)?(请幼儿戴上头饰,分角色集中在一起)

我是鸭妈妈,要和小鸭去游泳了……(师幼共同讲述故事,按照故事的顺序进行表演、对话)

(2)交流表演感受。

指导语: 你们表演得怎么样?开心吗?

除了小乌龟可以陪小鸭子游泳外,还有哪些小动物也可以陪小鸭子游泳呀?以后我们可以把它们也编进故事里去讲一讲、说一说。

附

【故事】

小鸭找朋友

改编自故事《小鸭找朋友》

佚名/文

石幼/改编

一天,小鸭到池塘去游泳,游呀游呀,它觉得一个人太孤单啦!它想去找一个好朋友陪它一起游泳!

找呀找,小鸭找到了小鸟!小鸭说:"小鸟,你能和我一起游泳吗?"小鸟说:"对不起,我不会游泳,你找别的朋友吧!"

小鸭子又去找朋友,它找到了小兔。小鸭说:"小兔,你能和我一起游泳吗?"小兔说:"对不起,我不会游泳,你找别的朋友吧!"

小鸭继续去找朋友,它找到了小乌龟。小鸭说:"小乌龟,你能和我一起游泳吗?"小乌龟说:"好啊,我和你一起去游泳!"

扑通、扑通,它们一起跳下了水,高高兴兴地游起泳来。小鸟飞来了,小兔跳来了,它们在岸上为小鸭、小乌龟加油。大家一起玩,真快乐呀!

活动二 小动物真爱玩

活动目标

1. 能按信号向指定方向走、跳。
2. 初步学习在活动中相互观察,避免发生碰撞。
3. 能遵守游戏规则,感受参加集体活动的乐趣。

活动准备

1. 在场地四周分别布置小鸭、小兔、小鸟、青蛙的家(在小动物家的上面分别贴上相应小动物的标记)。
2. 音乐。
3. 幼儿熟悉小动物的走路姿态。

活动过程

1. 准备活动。

指导语: 今天天气真好,我们一起来做运动吧!(播放音乐,教师带幼儿随音乐一起做热身操,活动头、肩、腰、腿、脚等)

2. 基本活动。

(1) 观察场地四周小动物的家。

指导语: 今天,森林里的小动物要邀请我们去它们家玩,你们想去吗?我们一起来看看,小动物们的家都在哪里呢?

(2) 自由模仿小动物走路的姿态。

指导语: 这些小动物都是怎么走路的呀?请小朋友学一学、做一做。(幼儿自由模仿不同小动物的走路姿态,教师注意观察并引导幼儿模仿四种小动物走路时的姿态)

(3) 了解游戏规则及玩法。

指导语: 小动物要求我们学着它们走路的动作到它们家去做客。我们到什么小动物家做客时,就要模仿这个小动物走路的样子走过去。走到小动物家时,还要大声说"××,你好!我们来玩了",谁来试一试?(请一幼儿到指定的小动物家做客,示范游戏玩法和规则)

(4) 自由游戏。

指导语: 你想到哪个小动物家去做客,就模仿这个小动物走路的样子走过去。小朋友要

争取每个小动物家都玩到,玩的时候要注意不要碰撞别人。(教师注意观察幼儿的游戏情况,提醒幼儿注意动作,避免碰撞)

(5)集体游戏。

指导语:现在,我们要来玩一个"小动物真爱玩"的游戏。老师说儿歌"小动物,真爱玩,摸摸××家再回来"。老师说到什么小动物家,大家就要学这个小动物走路的动作走到它家,摸摸它的家再回来。听清楚了吗?我们来玩一玩。(提醒幼儿听清楚老师说的小动物,做出相应的动作到该小动物家,注意避免与其他小朋友发生碰撞。反复游戏数遍)

3. 放松活动。

指导语:今天,我们玩了什么游戏?大家学了哪些小动物走路?心情怎么样?

我们听着音乐一起放松放松身体吧。(玩音乐游戏"拉拉手",让幼儿在音乐活动中放松身心,继续体验集体活动的乐趣)

活动三 动物的家

活动目标

1. 通过观察,知道不同的小动物有不同的活动场所。
2. 迁移经验,初步学习将动物按活动场所进行分类。
3. 初步萌发爱护小动物、爱护大自然的情感。

活动准备

1. 多媒体课件《动物的家》。
2. 绘有山林、土壤、草丛、水等的背景图。
3. 各种小动物的图片。

活动过程

1. 回忆故事内容,导入活动。

指导语:《小鸭找朋友》中,有哪些小动物?它们有什么本领?喜欢干什么?

2. 观看课件,了解小动物的名称及居住的地方。

指导语:不同的小动物有不同的活动场所。今天,我带来了一个课件,说的就是小动物们的故事,我们一起来看一看。这是谁?它喜欢在哪里活动?(播放课件,边看边议)

你看到了哪些小动物?这些小动物喜欢在哪里活动?它们的家在哪里?

3. 游戏"送小动物回家",尝试按活动场所给小动物分类。

(1)观察背景图,认识相关的活动场所。

指导语：在这幅图上你看到了什么？（树林、小河、蓝天……）

蓝蓝的天空可能是谁的家？为什么？

绿绿的草地会是谁的家？为什么？

……

（2）观察小动物图片，按动物的居住场所送动物回家。

指导语：这里有一些小动物的图片，都有哪些小动物呀？（逐一出示小动物的图片，引导幼儿说出小动物的名称）

这些小动物想找自己的家。它们的家在哪里呢？你们能把它们送回家吗？你们一边送还要一边说，"我把××送回家，它的家在××"。

这是谁？它的家在哪里？谁能把它送回家的？（请个别幼儿上前送小动物回家，一边送一边说）

小朋友送得对不对？为什么？

这里还有许多小动物也想回家，请小朋友们帮帮它们吧。（幼儿送小动物们回家，教师注意观察，提醒幼儿一边送一边说）

（3）检查操作情况，师幼共同小结。

指导语：小动物们都回到自己的家了吗？（师幼共同检查）

蓝蓝的天空是哪些小动物的家？绿绿的草地是哪些小动物的家？……

小结：小动物也有自己的家，天空是××的家，草地是××的家，小河是××的家……

4. 欣赏儿歌《小动物的家》，使幼儿萌发爱护小动物和大自然的情感。

指导语：把我们刚才说的连起来，还是一首好听的儿歌呢，名字就叫《小动物的家》。我们来听一听。（教师指图，师幼共同朗诵儿歌）

如果小动物们失去了家，会怎么样？我们应该怎么做？

我们要保护大自然，保护小动物们的家，让生活更加美好。

附

【教学图片】

活动四　快乐的小池塘

活动目标

1. 欣赏池塘里水波荡漾的画面,尝试用身体动作表现池塘水面的波纹。
2. 在观察、讨论的基础上,学习向不同的方向行进移动。
3. 体验并享受与同伴合作游戏的快乐。

活动准备

1. 经验准备。

幼儿已熟悉音乐。

2. 物质准备。

编辑过的音乐。

活动过程

1. 欣赏乐曲《小河》,导入活动。

指导语: 今天,老师带来了一首曲子,我们一起来听一听。(播放音乐)

你们听过这首曲子吗? 它的名字叫什么? 里面唱了些什么?

2. 欣赏教师示范,感受"池塘水"的动态美。

(1) 欣赏律动故事。

指导语: 池塘里有什么呀? 风儿吹来,池塘里的水会怎样唱歌、跳舞呢?

池塘里的水一边唱歌,一边流动;一会儿升高,一会儿落下……可快乐呢!

(2) 欣赏教师示范。

指导语: 今天,老师就是池塘里的水。我要听着音乐唱歌、跳舞了。请小朋友仔细地看一看、学一学哟。(教师扮演池塘里的水,表演舞蹈)

池塘里的水是怎么唱歌、跳舞的?

3. 随乐律动,尝试表现水的动态。

指导语: 水是怎么流动的? 我们一起学一学、做一做。(引导幼儿学习向旁边、中间、后面行进移动)

水是怎么升高和落下的? 我们一起学一学、做一做。(重点学习:双手侧上举和落下的动作)

我们一起听着音乐来做一做、玩一玩。

幼儿园创造性戏剧活动

4. 站成单圈,随音乐开展游戏。

指导语:请小朋友们站成一圈,围成一个小池塘,我们一起变成池塘里的水。

现在,我们这些水该怎样向旁边流动呀?水升高和落下时,我们又该怎么做呢?(教师哼唱,幼儿练习)

我们一起听着音乐来走一走、流一流吧。(随音乐完整游戏数遍)

附

【歌曲】

小 河

1=C 2/4

佚 名 词曲

1 1　2 | 3　5 | 6 6 5 | 0　0 | 6. 1 | 5　3 |
小河　　小河　哗啦啦,　　　　　鱼 儿　留 在

2 3 2 | 0　0 | 1 1　2 | 3　5 | 6 5 6 | 0　0 |
山脚 下,　　　　小河　　小河　哗啦 啦,

5. 6 | 5　1 | 3　2 | 1　0 | 6 6　6 | 4　6 |
鱼　儿　留 在　山　脚　上,　小河 里 有 鱼,

5 5 5 6 | 5　0 | 6 6　1 | 5　3 | 2 2 2 3 | 2　0 |
小河里有 虾,　小河 里 有　鹅,　小河里有 鸭,

1 1　2 | 3　5 | 6 5 6 0 | 5 5　6 | 5　1 | 3　2 | 1　0 ‖
小河　　小河　真快乐,　它是　山 村　一 幅　画。

【动作建议】

前奏:走成大圆圈,围成小池塘。

[1—16]小节:两手叉腰,原地走两步后小碎步跑,重复一次。

[19—20]小节:双手位于身体两侧并下蹲,然后,双手上举并站立一次。

[21—22]小节:重复上一句动作。

[23—24]小节:手指圆心两次,然后拍手三次。

[25—28]小节:手指圆心两次,双手从身体两侧向上打开后斜上举。

活动五　小鸭嘎嘎

活动目标

1. 熟悉音乐旋律,能用动作表现歌曲内容。
2. 通过观察、模仿,尝试用动作表现小鸭子走路、游水等的可爱形象。
3. 感受和同伴共同表现的快乐。

活动准备

1. 小池塘场景。
2. 歌曲《小鸭嘎嘎》,小鸭头饰人手一份。

活动过程

1. 创设情境,导入活动。

指导语:瞧,这是什么地方啊?(引导幼儿观察小池塘,激发活动兴趣)

谁爱到小池塘里玩耍、游戏呢?

2. 欣赏歌曲,初步感受歌词与旋律。

指导语:今天,我带来了一首好听的歌曲,叫《小鸭嘎嘎》,我们来听一听。(欣赏歌曲)

小鸭子怎么啦?它是怎么走下河的呢?它想到河里去干什么?

3. 学唱歌曲,尝试边做动作边表演。

指导语:小鸭子是什么样子的?可以用什么动作来表现?

小鸭子肚子饿了,不喊爹、不喊妈,摇摇摆摆走下河,自己去捉小虾虾。真可爱!我们来学一学。(教师带领幼儿边做动作边学唱歌曲)

4. 情境游戏,体验边唱边玩的快乐。

(1) 模仿小鸭子走路的姿态。

指导语:小鸭子会怎么走到河边呢?

我们一起听着前奏,学一学小鸭走路走到河边。(教师带领幼儿,边听前奏边有节奏地学小鸭子走路的动作)

(2) 模仿小鸭子游水、捉虾的情景。

指导语:小鸭子到河里去干什么呀?它会怎么去游水、捉虾呢?我们来学一学。(教师带领幼儿边听音乐,边做游水、捉虾的动作)

5. 跟随音乐,边唱边玩游戏。

指导语:小鸭子真可爱,我们也来学它们,走一走、唱一唱、游一游吧。(听音乐游戏数遍)

附

【歌曲】

小鸭嘎嘎

1=F 2/4

中速 天真地

王致铨 词
张 烈 曲

(4 4 4.6 | 3 3 3.5 | 2 2 2.4 | 3 2 3 3 | 4 4 4.6 |

3 3 3.5 | 2 2 2.4 | 3 2 1) ‖: 5 1 1 3 | 1 1 | 3 1 1 3 |
　　　　　　　　　　　　　　　　小鸭 小鸭 嘎 嘎, 肚皮 饿了

5   5 | 4 4 4.6 | 3 3 3.5 | 2 2 2.4 | 3 2 3 | 4 4 4.6 |
呱　 呱, 不 喊 爹, 不 喊 妈, 摇摇 摆 摆 走下 河, 摇摇 摆摆

3 3 3.5 | 2 2 2.4 | 3 2 1 | X↑ - | X↑ - ‖ 1. (4.6 3.5
走 下 河, 自己 去 捉 小 虾 虾, 嘎　　 嘎!

2.4 7.2 | 5724 32 | 1 1) :‖ 2. 3 2 | 1 (1 1 1 0) ‖
　　　　　　　　　　　　　　　 小 虾 虾!

【动作建议】

前奏:模仿小鸭走路的姿态。

第一遍歌曲:

[1—2]小节:双手提腕垂手,肘部夹于身体两侧,保持双膝直立的状态,左右移动重心,带动身体左右摇摆各两次。

[3—4]小节:双手拍打肚子四次。

[5—6]小节:双手掌心向前做摇手状,于身体左右两侧各一次。

[7—8]小节:重复[1—2]小节动作。

[9—10]小节:自转一圈。

[11—12]小节:摆一个造型,双手做鸭嘴巴上下开合两次。

间奏:模仿小鸭走路的姿态。

第二遍歌曲:

模仿小鸭在池塘里游水、捉虾的动作。

活动六　可爱的小动物（一）

活动目标

1. 熟悉歌曲旋律,尝试在图片的帮助下学唱歌曲。
2. 吐字清晰,能用自然的声音演唱。
3. 喜欢参加歌唱活动,感受演唱涉及不同小动物的歌谣带来的乐趣。

活动准备

小鸟、小兔和小乌龟图片,歌曲《可爱的动物》。

活动过程

1. 观察小动物图片,激发活动兴趣。

指导语:今天,我们班上来了一群可爱的小动物,它们是谁呢? 一起来看一看。

有哪些可爱的小动物呀? 我们跟它们问个好吧!（引导幼儿跟小动物打招呼）

小鸟是什么样子的? 它会干什么呀?

小兔是什么样子的? 走起路来怎么样? 爱吃什么呢?

小乌龟是什么样子的? 走起路来怎么样? 还会干什么呀?

2. 欣赏歌曲,学唱歌曲第一段。

（1）欣赏教师范唱。

指导语:今天,老师带来了一首关于小动物的歌曲,请小朋友听一听。（教师范唱歌曲）

这首歌曲唱的是谁?歌曲里唱了些什么?(引导幼儿熟悉歌词内容,感受小鸟快乐的情绪)

(2)学唱歌曲。

指导语:小鸟飞飞飞,真快乐。我们一起跟着音乐来唱一唱小鸟的歌。(教师带领幼儿一边唱歌,一边做动作)

3. 在熟悉歌曲旋律的基础上,学唱歌曲第二段、第三段。

指导语:小兔(小乌龟)会怎样唱歌呢?请小朋友仔细地听一听。(教师范唱)

小兔(小乌龟)唱了些什么呀?小兔(小乌龟)的歌与小鸟的歌是一样的,但是歌词有了一些变化,我们试着来唱一唱。

4. 完整演唱歌曲,体验动物歌曲的乐趣。

指导语:你们能把三种小动物的歌曲连起来唱一唱吗?我们来试一试。

5. 尝试分角色进行演唱,体验唱唱玩玩的快乐。

(1)观察游戏环境,自选动物角色。

指导语:小动物想和我们小朋友一起玩游戏呢。你们瞧!小鸟在哪里呀?小兔在哪里?小乌龟呢?

你想和什么小动物一起唱歌?请小朋友想好后,站到这个小动物的身边。

(2)分角色进行演唱,体验表演的快乐。

指导语:小动物们要轮流演唱歌曲了。你们准备好了吗?

"可爱的小动物"演唱会正式开始。首先,请小鸟们进行表演……(小朋友根据教师的提示,轮流上场演唱歌曲)

附

【歌曲】

可爱的小动物

曲选自《布丁甩甩舞》
石 幼 填词

$1=F$ $\dfrac{2}{4}$

‖: 5 5 5 | 4 4 4 | 3 3 3 | 2 0 | 6 1 1 1 | 5 1 1 1 |

飞飞飞, 飞飞飞, 飞飞飞, 飞, 飞一飞呀, 飞一飞呀,
跳跳跳, 跳跳跳, 跳跳跳, 跳, 跳一跳呀, 跳一跳呀,
爬爬爬, 爬爬爬, 爬爬爬, 爬, 爬一爬呀, 爬一爬呀,

```
3 2 3 | 1 - | 3 3 2 3 0 | 4 2 3 0 0 | 4 4 4 |
```

我是 小 鸟， 小鸟 小 鸟， 飞 呀 飞， 小鸟 小
我是 小 兔， 小兔 小 兔， 长 耳 朵， 小兔 小
我是 乌 龟， 乌龟 乌 龟， 慢 吞 吞， 乌龟 乌

```
3  0  | 2 0 3 0 | 2 0  0 2 2 3 4 | 5 5 0 1 | 1 0 :||
```

鸟， 飞 呀 飞， 我是 快 乐 小 小 鸟。
兔， 吃 萝 卜， 我是 快 乐 小 小 兔。
龟， 会 游 泳， 我是 快 乐 小 乌 龟。

活动七 可爱的小动物（二）

活动目标

1. 在熟悉歌曲的基础上，学习歌表演动作。
2. 用自然的声音唱歌，根据小动物的特点合拍地进行表演。
3. 喜欢参加表演活动，感受与同伴共同表现的乐趣。

活动准备

1. 经验准备。

幼儿已熟悉歌曲《可爱的小动物》。

2. 物质准备。

小鸟、小兔、小乌龟头饰。

活动过程

1. 复习歌曲，用自然的声音演唱。

指导语：前几天，我们学过一首歌曲《可爱的小动物》，歌曲里唱到了哪些小动物呀？我们一起来唱一唱！（复习歌曲，提醒幼儿用自然的声音演唱）

2. 根据小动物的特点创编动作，边唱边用动作表现。

（1）创编小鸟的动作，边唱边跳。

指导语：小鸟是什么样子的？我们可以做什么动作表示小鸟在唱歌？我们一起学一学。

小鸟会怎样飞？

快乐的小鸟还会做什么动作呢？

把这些动作连起来，就是一段好看的小鸟舞呢。你们看！（老师将动作串成一段舞蹈，

边唱边跳)

小鸟边唱边跳,真快乐!我们一起来学快乐的小鸟,一边唱一边跳吧。

(2)创编小兔、小乌龟的动作,边唱边跳。(方法同"小鸟")

(3)尝试将三段连起来,边唱边表演。

指导语:现在,我们要听着音乐把三段连起来,唱一唱、演一演。

3. 分角色进行表演,体验边唱边跳的快乐。

指导语:请小朋友从椅子后取出自己的头饰,看一看,你是什么可爱的小动物?

一会儿,小动物要按照顺序给大家表演。第一个出来的是谁?第二个是谁?最后出场的是谁?请小动物们做好准备,要一边唱歌,一边做动作。

小鸟表演得怎么样?小兔呢?小乌龟呢?给大家表演时,你们的心情怎么样?

附

【动作建议】

第一段歌曲(可爱的小鸟)

[1—4]小节:双手食指伸出做鸟嘴,做啄的动作四次,脚原地走四步。

[5—8]小节:双手张开,在身体两侧做鸟飞状,共三次。

[9—12]小节:双手张开,在身体两侧做鸟飞状两次,原地转一圈。

[13—16]小节:同上。

[17—20]小节:双脚分开与肩同宽,双手掌放胸前,身体向左右两边各摇动一次。

第二段歌曲(可爱的小兔)

[1—4]小节:双手食指、中指呈V形,做兔耳,双脚并拢原地跳四次。

[5—8]小节:双脚并拢跳着原地转一圈。

[9—12]小节:双手做的"兔耳"向左、右各摇晃一次,举过头顶。

[13—16]小节:双手做的"兔耳"向左、右各摇晃一次,放嘴前做吃状。

[17—20]小节:双脚分开与肩同宽,双手掌放胸前,身体左右各摇动一次。

第三段歌曲(可爱的小乌龟)

[1—4]小节:双手掌左右交替做往前爬状四次,脚原地走四步。

[5—8]小节:原地做爬的动作转一圈。

[9—12]小节:双手掌左右交替做往前爬状两次,脚不动。

[13—16]小节:双手掌同时往前伸直,再向两侧打开做游泳状。

[17—20]小节:双脚分开与肩同宽,双手掌放胸前,身体向左右两边各摇动一次。

活动八　找朋友

活动目标

1. 熟悉歌曲旋律,能根据歌词做相应动作。
2. 在前奏声中,能创编各种亲热动作,如抱一抱、拉拉手、碰碰脸。
3. 愿意参加结伴舞蹈,体验与同伴共同游戏的快乐。

活动准备

1. 幼儿有与同伴结伴游戏的经验。
2. 歌曲《找朋友》。

活动过程

1. 倾听歌曲,熟悉旋律与歌词。

指导语: 小朋友,你们喜欢和好朋友一起玩吗?你们喜欢跟好朋友一起玩什么呀?

有一首歌曲,唱的就是找朋友的事情。我们一起来听一听。(教师范唱歌曲)

歌里唱了些什么?找到朋友以后,小朋友做了什么动作?我们一起来学一学、做一做。

2. 欣赏教师示范,了解游戏的玩法。

指导语: 我要来找朋友玩游戏了。请小朋友仔细地看一看,我是怎么找朋友的。(两位教师合作示范,一名教师当邀请者,另一名当被邀请者,边唱歌边游戏)

我是怎样去找朋友的?唱到哪句时要找到朋友?(引导幼儿明确唱到"找到一个好朋友"时,要找到朋友,与朋友面对面站好)

找到朋友,又做了些什么?

我们两个人还说了什么?

3. 两名教师当邀请者,和小朋友一起玩游戏。

指导语: 现在,我们两个人要去找朋友了,这次,我们会找到谁当好朋友呢?被我们找到的朋友应该和我们一起做什么呢?请小朋友仔细地看一看。(边唱边玩游戏,提醒幼儿被邀请时与老师面对面站好,共同游戏)

4. 师幼继续玩"找朋友"的游戏。

指导语: 唱完"你是我的好朋友"以后,两个好朋友可以做些什么动作表示友好呢?我们

来试一试。(引导幼儿在音乐前奏和朋友一起做拥抱等友好的动作)

请小朋友们听着音乐玩"找朋友"的游戏。(教师注意提醒幼儿在第4小节结束时,找到朋友,并与好朋友面对面站好,继续按歌词做敬礼、拥抱等动作)

5. 活动延伸:鼓励幼儿在其他活动中主动找朋友一起玩。

附

【歌曲】

找 朋 友

韩德常 曲

【动作建议】

幼儿围成一圈,圈内中间站一些小朋友做邀请者。

[1—2]小节:边唱边拍手踏步走到所要邀请的幼儿前。

[3—4]小节:邀请者站到一位被邀请者面前,与其手拉手。

[5—6]小节:两人相互敬礼、握手。

[7—8]小节:两人手拉手互换位置,邀请者坐在被邀请者的座位上,被邀请者成为邀请者,游戏继续。

【表演剧本】

第一幕：小鸭嘎嘎

角 色	台 词	动作或表情
旁白	这是一个夏天的午后,风柔柔地吹着,水静静地流着。	音乐起,"湖水"上场,表演《快乐的小池塘》,然后随音乐退回至舞台"池塘"的位置坐下(圆形)。小鸭随鸭妈妈上场。
鸭妈妈	天气真热,宝贝们,我们到池塘里游泳吧!	右手指天空,双手做游泳状。
鸭宝宝	好呀好呀!我们最喜欢游泳啦!	做拍手状,双手做游泳状。
鸭妈妈、鸭宝宝		共同表演《小鸭嘎嘎》。
鸭宝宝	妈妈,我们请好朋友一起游泳吧。	对着妈妈说。
鸭妈妈	妈妈带你们去找好朋友吧!	退场。

第二幕：可爱邻居

角 色	台 词	动作或表情
旁白	小池塘旁,还住着许多可爱的小动物。你们看,他们来啦!	
鸟妈妈、鸟宝宝	我们是小鸟一家,最爱在蓝天上飞翔。	小鸟飞上场后,飞着自转一圈,面向观众介绍自己,表演《可爱的动物》的小鸟部分,然后飞到"池塘"的一侧。
兔妈妈、兔宝宝	我们是小兔一家,最爱在草地上蹦跳。	小兔跳上场后,面向观众介绍自己,表演《可爱的动物》的小兔部分,然后跳到"池塘"的一侧。
乌龟妈妈、乌龟宝宝	我们是小乌龟一家,最爱在池塘里游泳。	乌龟爬或游着上场后,面向观众介绍自己,表演《可爱的动物》的小乌龟部分,然后爬或游到"池塘"的一侧。

第三幕：快乐游戏

角 色	台 词	动作或表情
旁白	鸭妈妈带着宝宝们来到小鸟身边。	
鸭妈妈、鸭宝宝	小鸟,小鸟,请你和我一起游泳吧!	单手指"池塘"方向。

续表

角 色	台 词	动作或表情
鸟妈妈、鸟宝宝	谢谢你！我不会游泳！你去问问小兔吧！	摇手,指小兔。
旁白	鸭妈妈带着宝宝们来到小兔身边。	
鸭妈妈、鸭宝宝	小兔,小兔,请你和我一起游泳吧！	单手指"池塘"方向。
兔妈妈、兔宝宝	谢谢你！我不会游泳！你去问问小乌龟吧！	摇手,指小乌龟。
旁白	鸭妈妈带着宝宝们来到小乌龟身边。	
鸭妈妈、鸭宝宝	小乌龟,小乌龟,请你和我一起游泳吧！	单手指"池塘"方向。
乌龟妈妈、乌龟宝宝	好呀,好呀,我们最喜欢游泳啦！	拍手。
众鸭、众乌龟	小兔、小鸟,快来看我们游泳哦！	招手。
小鸟、小兔	来喽！	
旁白	扑通扑通,小鸭和乌龟跳进了池塘！游呀游呀,小兔和小鸟开心地鼓掌。	小鸭和小乌龟跳进"池塘"里游泳,小鸟、小兔在岸边加油、鼓掌或模仿游泳动作。
旁白	小鸭和乌龟回到了岸上,小兔、小鸟开心地围上来,大家跳起了快乐的舞蹈。	围成圆圈,共同表演舞蹈。

（三）萝卜回来了

☞ 设计思考

幼儿期是个体健康情绪和基础情感形成的关键期,也是情感教育的最佳期。从小让孩子学会关爱自己、关爱他人是我们一直较为关心的话题。如何对小班幼儿进行关爱他人、关爱同伴的教育呢？

《萝卜回来了》是一个中国传统故事,讲述了小动物们相互关心的故事。冬天到了,天越来越冷,雪越下越大,小兔肚子饿了,到外面去找吃的东西。小兔找呀找,找到了几只萝卜！

小兔开心地吃起了萝卜。这时,它想到了好朋友小猴,它的肚子一定也很饿,于是决定把大萝卜送给小猴吃。可是,小猴不在家,小兔就把萝卜放在小猴家门口。小猴回家看到了萝卜,心想:一定是好朋友送来的!小熊肯定也很饿,我把萝卜送给小熊吧!……小兔一觉醒来,看见门口有一个大大的、红红的萝卜。原来,萝卜又回来啦!

故事以一种情节不断重复、角色却不断变化的结构吸引着孩子们不断往下猜测:萝卜被送到了谁家,可能会被谁吃掉……小兔拔出的萝卜最后又被送回到小兔家,故事的结尾让人感到既新奇又合情合理。故事中,小动物们送出的不仅仅是一个红红的大萝卜,更有他们对朋友的一份关心和爱,同时,他们也收获了来自朋友对自己的关心和爱。

这个故事主题鲜明,情节简短重复,充满了童趣,能让幼儿在学说对话、理解故事的过程中,体验到朋友之间相互关心的美好情感。考虑到小班幼儿的年龄特点,我们对故事进行了调整和修改:原故事中角色较多,我们删去了故事中对幼儿来说表演相对有困难的小鹿角色;根据故事发展的线索,将整个剧情设置为"雪地寻萝卜""踏雪送萝卜""萝卜回来了"三个剧幕。第一幕"雪地寻萝卜",以"雪花舞"开场,着重表现漫天飘雪、天寒地冻中,小兔寻找食物的不容易;第二幕"踏雪送萝卜",着重表现小动物们初见萝卜时的开心、想到同伴时的担心,以及给小伙伴送萝卜时的快乐;第三幕"萝卜回来了",着重表现的是一个美好的大团圆式的结局——想到别人的小兔,也被同伴关心着。最后,大家围着萝卜跳起了欢快的集体舞,共同分享大萝卜……

我们将在班级开展一系列戏剧活动,通过语言、音乐、美术等集体教育活动、区角游戏活动等,让幼儿逐步了解故事中的角色、情节,尝试用简单的动作、语言表达自己的理解和认识,享受模仿、创作和扮演活动的快乐,获得情感、认知、能力等多方面的发展。

☞ 主题活动目标

1. 了解故事的主要情节、主要角色等,初步感受故事所表达的情绪、情感,懂得好朋友间要相互关心、相互帮助。

2. 熟悉戏剧中简短的儿歌、对话等,在教师指导下明确自己的角色,想象角色的典型特征和行为,尝试用语言、动作、表情等大胆表现、表演。

3. 愿意参与戏剧表演,能在教师指导下从提供的材料中选择自己喜欢的材料进行角色装扮、道具制作或场景布置等,体验做做玩玩的快乐。

☞ 主题网络

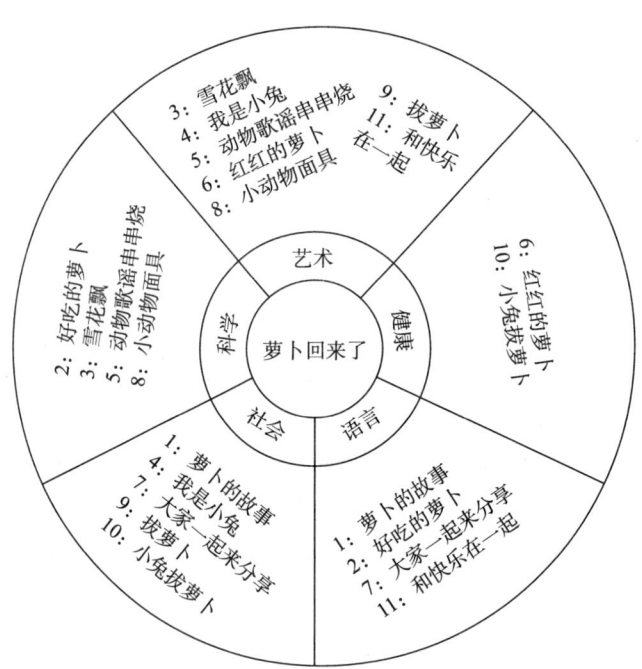

☞ 主要教学活动一览表

序号	活动名称	主要涉及领域	活动目标
1	萝卜的故事	语言、社会	1. 初步了解故事内容，知道故事的主要角色及发展线索 2. 在图片、动作的提示下，学说角色的主要对话 3. 感受小动物之间相互关心、愿意分享的情感
2	好吃的萝卜	科学、语言	1. 通过观察、操作、交流、游戏等，感知萝卜的外形特征和主要用途 2. 尝试通过看、摸、尝等多种方式，有序地进行观察 3. 愿意在集体面前大胆表达自己的想法
3	雪花飘	艺术、科学	1. 欣赏冬天雪花飞舞的景象，尝试用动作加以表现 2. 在观察、模仿的基础上，学习旋转和单、双手交替做雪花飞舞的动作 3. 愿意与同伴合作，体验结伴游戏的快乐

续表

序号	活动名称	主要涉及领域	活动目标
4	我是小兔	艺术、社会	1. 熟悉歌谣内容,学唱歌曲,尝试边唱边用动作表现 2. 吐字清晰,能用自然的声音演唱,大胆地表现童谣动作 3. 喜欢参加表演活动,感受与同伴共同表现的乐趣
5	动物歌谣串串烧	艺术、科学	1. 在熟悉动物歌谣内容和歌曲第一段的基础上,学唱歌曲第二段、第三段 2. 能用自然的声音演唱,边唱边用动作表现歌词内容 3. 喜欢参加表演活动,感受与同伴共同表演的乐趣
6	红红的萝卜	艺术、健康	1. 初步尝试用水粉笔蘸颜料,给萝卜形状的纸进行涂色 2. 愿意参与活动,体验玩色的乐趣
7	大家一起来分享	社会、语言	1. 通过讨论、欣赏视频、游戏活动,学习分享的方法 2. 愿意与同伴分享物品,体验与同伴分享物品所带来的快乐
8	小动物面具	艺术、科学	1. 欣赏小兔、小猴、小熊的面部特征,尝试制作动物头饰 2. 通过观察、讨论等,选择合适的五官图案粘贴在动物面具上 3. 能积极参与活动,体验与同伴共同制作的乐趣
9	拔萝卜	艺术、社会	1. 熟悉歌曲的旋律和内容,初步学习合拍地做拔萝卜、邀请同伴帮忙的动作 2. 体验齐心协力拔萝卜的快乐,初步感受人多力量大
10	小兔拔萝卜	健康、社会	1. 学习双脚连续向前行进跳,掌握前脚掌轻轻落地的技能,锻炼腿部力量 2. 懂得遵守游戏规则,感受参加集体活动的乐趣
11	和快乐在一起	艺术、语言	1. 熟悉音乐旋律,感受乐曲欢快活泼的特点 2. 乐意用身体动作表现歌曲情绪,体验和同伴共同舞蹈的快乐

☞ 主题环境创设

1. 主题墙

以"萝卜回来了"为主题,主题墙下方以幼儿绘画的大大小小的萝卜作为背景,中间以三个小动物的头部轮廓为三个版块的底版,主要呈现以下内容。

(1)版块一:宝宝听故事。主要呈现表现故事内容的图片或图文并茂的剧本,展示欣赏故事后对故事内容、故事中主要角色典型特征和行为的理解等。

(2)版块二:宝宝学本领。主要呈现幼儿参与欣赏故事、观察探究、制作道具等活动的过程,呈现幼儿在活动中获得的新经验等。

(3)版块三:宝宝爱表演。主要呈现幼儿在表演区游戏、戏剧排演、戏剧演出等活动中的一些照片等。

2. 主题资源展示

利用墙面、玩具柜、区角等展示各类主题活动资源,如:家长与幼儿共同收集的与主题相关的图片、图书、CD 等,家长带幼儿到菜场等进行调查活动的照片、调查表,秋游活动照片及亲子"拔萝卜"的场景……

3. 区域活动

区域名称	投放材料及指导要点
美工区	1. 投放油画棒、彩纸、双面胶等,供幼儿通过涂色、撕贴等活动,装饰小动物头饰、萝卜 2. 投放油泥、纸黏土等,供幼儿捏塑萝卜 3. 投放大树、房子等场景图以及棉花、白色雪花片等,供幼儿表现冬天的雪景
语言区	1. 投放《萝卜回来了》的挂图、图书、CD 等,让幼儿阅读、理解故事 2. 提供配套的指偶等,帮助幼儿在玩玩说说中进一步熟悉故事
表演区	1. 提供《雪花飘》《欢乐在一起》等音乐 CD,让幼儿唱唱跳跳,自由表演 2. 布置故事场景,提供动物头饰、录音等,引导幼儿根据故事内容开展表演游戏
科学区	1. 提供不同大小、颜色的萝卜图片,引导幼儿按标记给萝卜分类 2. 提供萝卜拼图,引导幼儿根据图例,拼出不同的萝卜图
种植区	种植萝卜,引导幼儿观察萝卜的生长过程

表演区

阅读区　　　　　　　　　　　美工区

🖙 家园共育

1. 通过家长会、家长园地、网站、QQ 群等发放"致家长的一封信",简介《萝卜回来了》的故事、主题活动实施的目的及思路、需家长配合的活动内容等,征询家长的意见、建议。

2. 创设与戏剧主题相关的教育环境,有计划地开展集体教学和与戏剧相关的区域游戏活动等,及时向家长反馈主题活动进展情况,请家长根据班级开展戏剧游戏的需要,和幼儿一起进行调查活动,丰富幼儿关于冬天、萝卜、动物特征等方面的经验,共同做好角色选择、服饰制作、表演等准备工作。必要时,可邀请部分家长志愿者参与表演背景的制作、道具物品的加工等。

3. 通过家长开放日等活动,向家长展示主题戏剧活动成果,分享主题活动带给幼儿的成长快乐。

🖙 主要教学活动方案

活动一　萝卜的故事

活动目标

1. 初步了解故事内容,知道故事的主要角色及发展线索。
2. 在图片、动作的提示下,学说角色的主要对话。
3. 感受小动物之间相互关心、愿意分享的情感。

活动准备

1. 剪辑过的动画片《萝卜回来了》。
2. 《萝卜回来了》PPT。

3. 萝卜、小白兔、小猴、小熊的图片。

活动过程

1. 欣赏动画片,初步感知故事的主要内容和角色。

指导语:冬天到了,天气真冷呀,小动物都出去找吃的东西,找呀找,找到了什么吃的?中间又发生了什么故事?我们一起来欣赏动画片《萝卜回来了》。

2. 集体回顾故事,感知故事中送萝卜的过程。

指导语:天真冷呀,小兔在雪地里找到了什么吃的?它把萝卜送给了谁?

小鹿把萝卜送给了谁?小熊又把萝卜送给了谁?

3. 欣赏PPT,理解并学习故事中的对话。

指导语:这是谁?它在干什么?

小兔是怎么拔萝卜的?拔出了一个什么样子的萝卜?

小兔把萝卜送给了谁?它是怎么说的?

小鹿在家吗?那怎么办?

小鹿回家看见了什么?什么样的萝卜?它说了什么?

小熊不在家,怎么办?

小熊回家看到了一个大大的萝卜,说了什么?

小结:小兔在家睡大觉呢,它醒来看见萝卜,说:"萝卜回来了!"

4. 师幼共同进行情景表演,感受小动物之间相互关心、相互爱护的情感。

(1) 教师带领孩子共同认识表演场景。

(2) 教师一边讲故事一边带领幼儿进行角色表演。

小结:萝卜回来了,小兔会怎么做呢?

好朋友之间要相互关心,相互帮助,让我们喊好朋友一起来吃萝卜吧!

附

【故事】

萝卜的故事

改编自童话故事《萝卜回来了》

方轶群/文

石幼/改编

雪这么大,天气这么冷,地里、山上都盖满了雪。小白兔没有东西吃,饿得很。

小白兔跑出门去找东西吃,找呀找呀,发现雪地里有两个萝卜,心里真高兴呀!

小白兔拔出萝卜,心里想:"雪这么大,天气这么冷,小猴一定也很饿。我去和它一起吃吧!"

小白兔抱着萝卜,跑到小猴家。小白兔敲敲门:"小猴在家吗?"

小猴不在家,出去找东西吃了。

小白兔吃掉了小萝卜,把大萝卜留给了小猴。

小猴在雪地里找呀找,找到了几颗花生,心里真高兴呀!小猴回到家,发现了萝卜,高兴地说:"哇!大萝卜!一定是好朋友送来的!"

小猴想:"雪这么大,天气这么冷,小熊一定也很饿。我去和它一起吃吧!"

小猴抱着萝卜,跑到小熊家。小猴敲敲门:"小熊在家吗?"

小熊不在家,出去找东西吃了。

小猴吃掉了花生,把大萝卜留给了小熊。

小熊在雪地里找呀找,找到了一只红薯,心里真高兴呀!小熊回到家,发现了萝卜,高兴地说:"哇!大萝卜!一定是好朋友送来的!"

小熊想:"雪这么大,天气这么冷,小兔一定也很饿。我去和它一起吃吧!"

小熊抱着萝卜,跑到小兔家。小兔吃饱了,睡得正香哩。小熊不愿吵醒它,吃掉了红薯,把大萝卜留给了小兔。

小兔醒来,睁开眼睛一看:"咦?萝卜回来了!一定是好朋友送来的!"

活动二 好吃的萝卜

活动目标

1. 通过观察、操作、交流、游戏等,感知萝卜的外形特征和主要用途。

2. 尝试通过看、摸、尝等多种方式,有序地进行观察。

3. 愿意在集体面前大胆表达自己的想法。

活动准备

1. 小布袋、萝卜人手一个,切开的萝卜若干,切成小块的萝卜若干。

2. 萝卜的不同吃法的图片。

3. 萝卜生长的录像。

活动过程

1. 出示布袋,引发幼儿的兴趣。

指导语: 布袋里装了一样东西,是什么呢?请小朋友用手摸一摸,有什么感觉?猜一猜,可能是什么?

布袋里面装的是什么呢?我们一起来看看。(取出萝卜)

2. 运用多种感官感知萝卜,了解萝卜的外部特征。

指导语: 萝卜是什么样子的?请小朋友看一看、摸一摸、闻一闻、说一说。(自由观察)

萝卜是什么颜色的?

萝卜是什么形状的?

萝卜摸上去有什么感觉?

萝卜闻起来有什么味道?

小结: 萝卜……(从萝卜的颜色、外形、触感等方面进行小结)

3. 切开萝卜,感知萝卜的内部特征。

指导语: 萝卜里面是什么样子的?怎样才能知道?

这里有切开的萝卜,大家看一看,萝卜里面有什么?是什么样子的?(引导幼儿观察萝卜皮、萝卜肉等)

小结: 切开萝卜,我们看到了萝卜皮……(对萝卜的皮、肉等进行小结)

4. 品尝萝卜,了解萝卜的不同吃法。

指导语: 请小朋友们取一小块萝卜放进嘴巴里尝一尝。萝卜吃起来有什么感觉?(每组提供1—2盘切成小块的萝卜,供幼儿品尝)

萝卜还可以怎么吃呢?(引导幼儿迁移生活经验回答)

小结: 萝卜有很多种吃法……(借助图片小结)

5. 观看录像,了解萝卜的生长过程。

指导语: 你们知道萝卜是长在哪里的吗?它是怎样长大的呢?我们一起来看一看。

活动三 雪花飘

活动目标

1. 欣赏冬天雪花飞舞的景象,尝试用动作加以表现。
2. 在观察、模仿的基础上,学习旋转和单、双手交替做雪花飞舞的动作。
3. 愿意与同伴合作,体验结伴游戏的快乐。

活动准备

1. 经验准备。

幼儿已熟悉音乐《雪花飘》。

2. 物质准备。

多媒体课件、编辑过的音乐。

活动过程

1. 迁移生活经验,导入活动。

指导语: 冬天到了,天气怎么样?

冬天里,我们有时会看到一位特别的朋友,它会从天上飘落下来,把大树、大地、房子……都变成白色的世界,这位朋友是谁呀?

2. 欣赏课件,感受雪花飞舞的美景。

指导语: 雪花是什么样子的?(播放课件)

它是怎样从空中飘落下来的?(幼儿模仿雪花飘舞的场景)

3. 观察模仿,学习雪花飞舞的基本动作。

指导语: 小雪花飘呀飘,好像在跳舞呢。小雪花是怎么跳舞的呢?请大家看一看、学一学。(教师示范,引导幼儿学习单、双手交替做雪花飞舞的动作,提醒幼儿动作要轻一些、慢一些)

4. 播放音乐,随第一段音乐表现雪花飞舞。

(1)坐在座位上听第一段音乐做上肢动作。

指导语: 我们听着音乐,坐在座位上来学一学小雪花跳舞的样子。(引导幼儿跟随音乐,有节奏地单、双手交替做雪花飞舞的动作)

(2)散点站立,听第一段音乐做上肢和下肢的联合动作。

指导语: 我们站起来,学一学小雪花跳舞,看一看谁是最美丽的小雪花。

小雪花有的时候还会转圈跳舞呢。我们找个空位置,站起来学一学雪花转圈跳舞的样子。(引导幼儿学习原地转圈表现雪花飞舞的动作)

我们听着音乐跳一跳《雪花飘》的舞蹈。如果忘记动作了,可以看一看老师或旁边的小朋友是怎么做的。

（3）自由结伴，表现雪花飞舞。

指导语：小雪花喜欢和朋友一起跳舞，可以两朵雪花一起跳，也可以三朵雪花一起跳，还可以许多雪花一起跳，请小雪花们和好朋友一起听着音乐跳一跳。

5. 跟随第二段音乐，表现冬天的场景。

指导语：小雪花跳舞的时候，发现燕子和松鼠都不见了。它们到哪里去了呀？

燕子飞去南方了，是怎样飞的呢？我们来学一学。（引导幼儿模仿燕子飞）

松鼠冬眠在睡觉，会怎样睡觉呢？我们来学一学。（引导幼儿模仿松鼠睡觉）

燕子飞去南方了，松鼠冬眠在睡觉，它们不会被冻坏。小雪花放心了，它继续跳起了舞，我们来学一学。（引导幼儿迁移经验，表现雪花飞舞）

我们听着第二段音乐，学一学燕子飞走、松鼠睡觉和雪花跳舞的动作。（引导幼儿跟随第二段音乐做动作）

6. 加入队形变化，进行练习。

指导语：小雪花是从不同的地方飘来的。我们分成两队，学小雪花从两边向中间慢慢地飞到一起。老师唱，你们来试一试。（幼儿分成两队，跟随前奏音乐分别从两边用小碎步飞到中间，成两横排）

7. 随音乐完整表现雪花飞舞的场景。

指导语：小雪花轻轻地飞呀飞，真美丽！我们听着音乐，完整地学一学小雪花跳舞吧。

附

【歌曲】

雪 花 飘

1=D 3/4 2/4

露　珠　词
大山的儿子　曲

♩=69

($\underline{1\ 7}$ $\underline{5\ 3}$ | 3 — | $\underline{1\ 7}$ $\underline{6\ 3}$ | 3 — | $\underline{2\ 2}$ $\underline{2\ 3}$ | $\underline{5\ 2}$ 1 | 1 — | 1 —)

$\underline{5\ 6}$ $\underline{6\ 5}$ | 5. $\underline{3}$ | $\underline{6\ 1}$ $\underline{1\ 6}$ | 5 — | $\underline{6\ 6}$ $\underline{6\ 5}$ | $\underline{5\ 3}$ 3 | 5. $\underline{3}$ |

雪　花　飘，　雪　花　飘，　雪花飘飘冬来到　冬　来
雪　花　飘，　雪　花　飘，　雪花飘飘冬来到　冬　来

```
2 -  | 3 5  5 6 | 5. 3  2 3 3 1 | 6 -  | 2 2 2 3 | 5 6 5 |
```
到。　小燕子，　　不见　了，　　只有麻雀　枝头　叫
到。　小松鼠，　　不见　了，　　只见野兔　蹦蹦跳

```
5 2 0 1 | 1 - | 1 7 6 3. | 5 7 6 - | 6 5 6 3 5 | 5 3 2 - | 3 5 5 3 5 |
```
枝头　　叫。　燕子飞去　南方了，　松鼠冬眠　在睡觉。　等到春天
蹦蹦　　跳。

　　　　　　　　　　　　　　　　　　结束句
```
5 3 0 7 6 | 1 6 3 2 0 | 2 2 1 - ‖ 1 6 3 2. | 2 2 1 - | 1 - 1 0 ‖
```
冰雪　消，它们　就会　出现了！　它们　就会　出现了！

【动作建议】

准备：幼儿排成前后两横排，蹲在场地上，低头，手抱膝盖。

前奏：幼儿抬头，缓缓站起，同时将双手从头顶向两边打开至身体两侧后，双手抖动。

第一段：

[1—4]小节：左手向上抬起，落下，随后右手向上抬起，落下。

[5—8]小节：双手同时缓缓从体侧向上方抬起并上举，然后抖动手腕。

[9—12]小节：左手向上抬起，落下，随后右手向上抬起，落下。

[13—16]小节：双手同时缓缓从体侧向上方抬起并上举，然后抖动手腕。

[17—18]小节：双手在身体两侧上下飞舞一次。

[19—20]小节：双手合拢放在脸颊边，做睡觉姿态。

[21—22]小节：双手在身体两侧上下飞舞一次，同时身体自转一圈。

[23—24]小节：双手上举，并抖动手腕。

间奏：

前排幼儿与后排幼儿小碎步交换位置。

第二段：

重复第一段动作。

活动四　我是小兔

活动目标

1. 熟悉歌谣内容，学唱歌曲，尝试边唱边用动作表现。

2. 吐字清晰,能用自然的声音演唱,大胆地表现童谣动作。

3. 喜欢参加表演活动,感受与同伴共同表现的乐趣。

活动准备

小兔手偶、大灰狼头饰。

活动过程

1. 出示小兔手偶,导入活动。

指导语:今天我们班来了一位动物朋友,你们看它是谁呀?

小兔喜欢吃什么?怎么吃的?

小结:我是小兔,喜欢吃萝卜!今天我给小朋友们带来一首歌曲,请你们仔细听听歌里唱了什么。

2. 倾听歌曲,初步感知歌词内容。

(1) 欣赏教师范唱歌曲。

指导语:歌里唱了什么?(教师范唱后,幼儿自由回答)

歌里还唱了什么?小兔最爱干什么?我们再来听一听!(教师再次范唱,引导幼儿进一步了解歌词内容)

(2) 教师带着幼儿有节奏地朗诵歌词。

指导语:这首歌的名字就叫《我是小兔》,我们一起跟着音乐来说一说儿歌。

3. 学唱歌曲,根据歌曲内容边唱边做动作。

(1) 学唱歌曲。

指导语:我们一起来唱一唱这首歌曲吧!(学唱歌曲2—3遍)

(2) 创编动作并演唱。

指导语:唱歌的时候还可以做动作呢!小兔用什么动作告诉大家"我是小兔"?用什么动作表示"喜欢吃萝卜"?用什么动作表示"最爱蹦蹦跳"?小兔唱歌时的心情怎么样?快乐的小兔会用什么动作表示自己很快乐呢?(引导幼儿根据歌词内容逐句创编动作,提取几个典型动作引导全体幼儿学习、模仿)

小兔一边唱歌一边做动作,真可爱。我们也来边唱边做动作吧。

4. 游戏活动。

(1) 师幼共同听音乐玩"我是小兔"的游戏。

指导语:今天的天气真好呀,我们一起去地里拔萝卜吧!

(2) 增加大灰狼角色,开展游戏。

指导语：谁来啦？我们该怎么办？大家赶紧跳回家吧！

（3）再次游戏。

指导语：大灰狼走喽，我们出来唱歌玩游戏吧！

附

【歌曲】

我是小兔

曲选自《我是巧虎》
石 幼 填词

$1=C$ $\frac{2}{4}$

| 1. 2 3 1 | 3. 4 5 6 5 | 2 4 7 2 | 1 3 5 | 2 4 7 2 |

我 是 小 兔， 我 是 小 兔， 喜 欢 吃 萝 卜， 最 爱

| 1 6 5 | 1 3 | 5 6 5 4 | 3 2 | 1 — ‖

蹦 蹦 跳， 我 是 快 乐 的 小 兔 子。

【动作建议】

[1—4]小节：两手食指和中指竖起，在头的两侧，随音乐摆动四次。

[5—6]小节：两手半握拳放嘴边，做吃的动作两次。

[7—8]小节：两手食指和中指竖起做耳朵状，随音乐跳两次。

[9—12]小节：摆出快乐的小兔造型。

活动五　动物歌谣串串烧

活动目标

1. 在熟悉动物歌谣内容和歌曲第一段的基础上,学唱歌曲第二段、第三段。

2. 能用自然的声音演唱,边唱边用动作表现歌词内容。

3. 喜欢参加表演活动,感受与同伴共同表演的乐趣。

活动准备

1. 经验准备。

幼儿已熟悉歌曲内容。

2. 物质准备。

小兔、小猴、小熊的图片,音乐。

活动过程

1. 复习歌曲第一段。

指导语:《我是小兔》这首歌大家还记得吗?我们跟着音乐唱一唱。

2. 迁移经验,学唱歌曲第二、三段。

(1) 复习儿歌。

指导语:这是谁?小猴喜欢吃什么、干什么?我们一起说一说儿歌里的小猴。

小熊喜欢吃什么、干什么?我们一起说一说儿歌里的小熊。

(2) 学唱歌曲第二段、第三段。

指导语:我们还可以跟着歌曲中"我是小兔"的部分唱一唱"我是小猴""我是小熊"的部分呢。我们来试一试吧。(引导幼儿迁移经验,尝试随音乐演唱歌曲中"我是小猴""我是小熊"的部分)

3. 自由创编动作,边唱边用动作表现。

(1) 尝试根据第二段歌词创编动作并演唱。

指导语:我们用什么动作来表示小猴?我们一起来学一学。

小猴用什么动作告诉大家"我是小猴"?用什么动作表示"喜欢吃香蕉"?用什么动作表示"最爱爬树"?小猴唱歌时的心情怎么样?快乐的小猴会用什么动作表示自己很快乐呢?(引导幼儿根据歌词内容逐句创编动作,提取几个典型动作引导全体幼儿学习、模仿)

小猴一边唱歌一边做动作,真可爱。我们也来边唱边做动作吧。

(2) 尝试根据第三段歌词创编动作并演唱。

指导语:小熊也想边唱歌边做动作呢。我们也为它编一编表演的动作吧。(引导幼儿迁

移"我是小猴"的动作创编经验,根据歌词内容创编动作)

4. 用自然的声音演唱歌曲,分角色进行歌表演。

（1）完整演唱歌曲。

指导语:现在,我们要听着音乐完整地边唱歌边表演动作。（提醒幼儿用自然的声音演唱歌曲）

（2）分角色进行表演。

指导语:你们想表演小兔、小猴,还是小熊?（根据幼儿的意愿,将幼儿分成三组）

第一段是什么小动物上台表演?第二个是谁?第三个呢?请小动物们做好准备,演唱时要一边唱一边做动作。

（3）激发继续表演的兴趣。

指导语:小动物们一边唱一边做动作,真可爱!我们可以在表演区继续边唱边表演,还可以演给爸爸妈妈看。

附

【歌曲】

动物歌谣串串烧

曲选自《我是巧虎》
石 幼 填词

$1=C$ $\frac{2}{4}$

| 1.2 3 1 | 3.4 5 6 5 | 2 4 7 2 | 1 3 5 | 2 4 7 2 |

我 是 小 兔, 我 是 小 兔, 喜 欢 吃 萝 卜, 最 爱
我 是 小 猴, 我 是 小 猴, 喜 欢 吃 香 蕉, 最 爱
我 是 小 熊, 我 是 小 熊, 喜 欢 吃 蜂 蜜, 最 爱

| 1 6 5 | 1 3 | 5 6 5 4 | 3 2 | 1 — ‖

蹦 蹦 跳, 我 是 快 乐 的 小 兔 子。
爬 树, 我 是 快 乐 的 小 猴 子。
睡 懒 觉, 我 是 快 乐 的 小 熊。

【动作建议】

第一段:"我是小兔"部分。

[1—4]小节:两手食指和中指竖起,在头的两侧,随音乐摆动四次。

[5—6]小节:两手半握拳放嘴边,做吃的动作两次。

[7—8]小节:两手食指和中指竖起做耳朵状,随音乐跳两次。

[9—12]小节:摆出快乐的小兔造型。

第二段:"我是小猴"部分。

[1—4]小节:单手五指并拢举至额部,掌心向下,随音乐晃动四次。

[5—6]小节:两手半握拳放嘴边,做吃的动作两次。

[7—8]小节:双手做爬树状。

[9—12]小节:摆出快乐的小猴造型。

第三段:"我是小熊"部分。

[1—4]小节:两手五指张开成爪状,随音乐晃动四次。

[5—6]小节:两手半握拳放嘴边,做吃的动作两次。

[7—8]小节:双手合拢放脸旁。

[9—12]小节:摆出快乐的小熊造型。

活动六 红红的萝卜

活动目标

1. 初步尝试用水粉笔蘸颜料,给萝卜形状的纸进行平涂。
2. 愿意参与活动,体验玩色的乐趣。

活动准备

1. 颜料(红),盘子,水粉笔,抹布,红萝卜图片PPT,兔子布偶等。
2. 大大小小的萝卜形状的纸(数量多于幼儿人数)。
3. 场景布置:小兔子的家。

活动过程

1. 出示兔子布偶,激发幼儿的绘画兴趣。

指导语:大家好,我是谁呀?我最爱吃什么?你们见过什么样的萝卜?

我想吃红萝卜。红萝卜是什么样子的?(播放PPT,引导幼儿发现红萝卜有大有小,有长有圆,有红红的身体、绿绿的叶子……)

2. 学习用水粉平涂的方法装饰萝卜。

（1）观察材料，了解制作方法。

指导语：（出示没有制作好的萝卜）小兔子想吃红萝卜，我们帮帮它，好不好？我们要请谁来帮忙呀？

（2）借助儿歌，示范水粉平涂的方法。

指导语：今天我们用水粉笔、颜料来给小萝卜涂色。涂的时候一只手扶好萝卜下面的小棒子，一只手拿排笔，怎么涂呢？我要边说儿歌边涂色，请你们仔细听一听，看一看。（教师一边说儿歌，一边示范。儿歌内容：小排笔，手中拿。蘸一蘸，舔一舔。从头开始慢慢走，走到最后再回头……可爱的萝卜做好啦！）

（3）尝试边念儿歌边书空练习。

指导语：准备好了吗？我们一起空手试一试，要一边涂色一边念儿歌。

没有颜料怎么办？（提醒幼儿再蘸一蘸，舔一舔）

后面的涂不到怎么办？（引导幼儿顺着一个方向涂，每个地方都要涂上颜色，先找一找还有哪里有白色的颜料，再涂一涂）

（4）个别幼儿示范。

指导语：请一个小朋友上前来试一试。大家帮他一起念儿歌。（个别幼儿示范后，将涂好色的红萝卜送到小兔家）

3. 幼儿绘画，教师巡回指导。

指导语：后面还有很多小萝卜想穿上漂亮的红衣服呢，我们一起去试试吧。做好萝卜后，可以请老师帮忙把它贴在纸筒上，然后把萝卜送到兔子家。

指导重点：鼓励幼儿大胆作画，注意保持画面和身体的整洁。

4. 作品展示，体验水粉涂色的快乐。

指导语：小兔家的萝卜可真多呀，这些萝卜是什么样子的？你们是怎样帮萝卜穿上漂亮的红衣服的?

小白兔真开心呀!它想谢谢你们,想请你们一起来跳舞呢!(引导幼儿边说儿歌边表演)

活动七 大家一起来分享

活动目标

1. 通过讨论、欣赏视频、游戏活动,学习分享的方法。

2. 愿意与同伴分享物品,体验与同伴分享物品所带来的快乐。

活动准备

1. 幼儿带来的玩具。

2. 大班幼儿分享物品的视频及幼儿平时分享食物、玩具的照片。

活动过程

1. 自由玩耍自带的玩具,感受游戏的快乐。

(1) 个别幼儿介绍自己的玩具。

指导语:今天,每个小朋友都带来了自己喜欢的玩具。你带来的是什么玩具?可以怎么玩?怎么玩最好玩?

(2) 自由玩玩具。

指导语:小朋友在教室里玩一玩你带来的玩具。(教师注意观察幼儿玩玩具的情况,捕捉合作、分享的镜头)

2. 通过讨论、欣赏视频,学习分享的方法。

(1) 交流自由玩玩具的情况。

指导语:你刚才玩了什么玩具?

我发现××小朋友不仅玩了自己的玩具,还玩了别人的玩具。你是怎么做到的?(请个别幼儿介绍自己的方法与做法)

(2) 讨论与同伴分享的方法。

指导语:××小朋友是怎样做的?

我们可以怎样跟别人分享自己的玩具?

我们想玩别人的玩具时,可以怎么说?

(3) 播放视频,幼儿了解更多的分享方法及交往语言。

● 视频一:轮流玩。

明明(男)带来一辆小汽车,边走边说:"这是妈妈给我买的遥控玩具。真好玩!"乐乐(女)走上前说:"明明,你把玩具借给我玩一会,好吗?"明明说:"好的,乐乐。你玩一会儿,我玩一会儿。"乐乐和明明一起玩起了小汽车。乐乐玩一会儿后给明明玩,明明玩一会儿后再给乐乐玩……真开心呀!

指导语:乐乐想玩明明的玩具时,是怎么说的?我们一起学一学。

明明是怎么回答乐乐的?我们学一学。

他们是怎么玩玩具的?

小结:想玩别人的玩具时,要有礼貌地向别人发出请求,玩过后要把玩具还给别人。大家都想玩同一件玩具时,可以轮流玩,你玩一会儿,我玩一会儿。

● 视频二:交换玩。

午餐后,琪琪拿着新图书说:"这是我爸爸送给我的新图书,真好看。"琪琪看完后,牛牛走过来,说:"这是我妈妈新买给我的图书,我们交换看吧。"琪琪说:"好的,我们交换着看吧。"

指导语:哥哥和姐姐是怎么交换图书的?

如果我们想看别人的书(想玩别人的玩具),我们可以怎么做?

师幼共同小结。

● 视频三:合作玩。

游戏中,瑞瑞在玩皮球,妮妮也想玩皮球,她对瑞瑞说:"瑞瑞,你能把皮球给我玩吗?"瑞瑞说:"不行,皮球只有一个,我也想玩。"妮妮说:"我们一起滚球玩吧,你把球滚给我,我再把球滚给你。"两人一起滚球玩,玩得真开心。

指导语:哥哥姐姐是怎么玩皮球的?

两个人一起玩一件玩具,除了轮流玩,还可以怎样玩?

师幼共同小结。

3. 运用新经验,开展分享玩具的实践。

指导语:玩玩具时,大家可以一个人玩,也可以轮流玩、交换玩、合作玩……小朋友可以试着用一用哥哥姐姐分享图书、玩具的好方法,让自己玩到更多的玩具。

4. 欣赏分享食物、玩具等的照片,体验分享的乐趣。

指导语:这是谁啊?你们在做什么?你们的心情怎么样?

跟好朋友一起分享玩具、图书、食品,是一件快乐的事情。

活动八 小动物面具

活动目标

1. 欣赏小兔、小猴、小熊的面部特征,尝试制作动物头饰。
2. 通过观察、讨论等,选择合适的五官粘贴在动物面具上。
3. 能积极参与活动,体验与同伴共同制作的乐趣。

活动准备

1. 经验准备。

对兔、猴、熊的外形特征有初步的了解。

2. 物质准备。

（1）小兔、小猴、小熊的面具底板(上面画有浅色的五官底纹),不同外形的眼睛、耳朵、嘴巴等五官。

（2）油画棒、胶棒。

活动过程

1. 回忆故事内容,激发活动兴趣。

指导语: 故事《萝卜回来了》里面有哪些小动物呀？这些小动物是什么样子的？

2. 欣赏小动物头饰,感受五官的不同。

指导语: 小兔是什么样子的？它的耳朵是什么样子的？眼睛和嘴巴呢？

小猴是什么样子的？它的耳朵是什么样子的？眼睛呢？嘴巴呢？

小熊是什么样子的？它的耳朵是什么样子的？眼睛呢？嘴巴呢？

师幼共同小结: 小兔子的耳朵长长的,眼睛红红的,嘴巴是三瓣嘴。

小猴的耳朵是半圆形,嘴巴宽宽的。

小熊的耳朵是小三角,眼睛圆圆的,嘴巴嘟嘟的。

3. 观察五官图片,尝试制作小兔头饰。

指导语: 这里有一些耳朵、眼睛、嘴巴,你能帮小白兔找到自己的眼睛、耳朵和嘴巴吗？(引导幼儿观察后,选出合适的五官)

小白兔的眼睛、耳朵和嘴巴是什么样子的？应该贴在哪里呢？谁来试一试。(引导幼儿关注底板上的五官底纹,将选出的五官贴在合适的位置)

4. 幼儿制作动物头饰,教师巡回指导。

（1）明确制作步骤与要求。

指导语: 我们是怎么制作小兔头饰的？先干什么？再干什么？

如果我们要制作小猴、小熊的头饰,该怎么做?

在粘贴五官时,我们要注意什么?

小结:在制作动物头饰时,我们要先找出合适的耳朵和眼睛、嘴巴,然后把它们贴在底板上的合适位置……

(2)自选操作材料,制作小动物头饰。

5. 戴上头饰,进行表演。

指导语:你做的是什么小动物的头饰?它的耳朵、眼睛、嘴巴是什么样子的?

请小朋友们将自己的头饰戴起来。我们一起来看一看,小白兔在哪里?小猴呢?小熊呢?

我们一起跟着音乐,唱一唱小动物的歌吧。

活动九　拔萝卜

活动目标

1. 熟悉歌曲的旋律和内容,初步学习合拍地做拔萝卜、邀请同伴帮忙的动作。
2. 体验齐心协力拔萝卜的快乐,初步感受人多力量大的道理。

活动准备

1. 经验准备。

幼儿熟悉故事《萝卜回来了》和歌曲《拔萝卜》,已掌握小兔跳的动作。

2. 物质准备。

歌曲图片,歌曲《拔萝卜》,角色(萝卜、兔爸爸、兔妈妈、兔宝宝)胸饰。

活动过程

1. 回忆故事内容,激发活动兴趣。

指导语:在《萝卜回来了》的故事中,是谁在雪地里找到了萝卜?它找到了几只萝卜?

其中,有一只大萝卜,兔爸爸一个人拔萝卜,拔呀拔呀拔不动,它是怎么办的?请了谁来帮忙?(教师随幼儿回答出示相应的图片)

2. 复习歌曲,进一步熟悉旋律及歌词。

指导语: 谁先去拔萝卜的?它喊了谁来帮忙?兔妈妈又喊了谁来帮忙呢?(按角色出现的顺序调整图片)

小兔一家拔萝卜时还唱着好听的歌呢。它们是怎么唱的?我们一起唱一唱。(提醒幼儿用自然的声音唱歌)

3. 根据歌词创编动作,尝试边唱边表演。

(1)根据第一段歌词创编动作,尝试边唱边表演。

指导语: 兔爸爸是怎么拔萝卜的?(鼓励幼儿大胆创编动作)

我们一起跟着音乐拔萝卜。(教师清唱歌曲至"拔不动",提醒幼儿有节奏地做拔萝卜的动作)

兔爸爸请谁来帮忙?它会做什么动作请兔妈妈帮忙呢?我们一起试一试。(鼓励幼儿创编动作,教师清唱歌曲的后半部分,幼儿有节奏地做呼喊的动作)

我们一起把兔爸爸拔萝卜的故事唱一唱、演一演。(师幼共同边唱边表演)

(2)创编多人拔萝卜的动作,完整演唱歌曲。

指导语: 大家一起拔萝卜,我们可以怎么做?我们试一试。(引导幼儿坐在椅子上,向同一个方向侧身,双手抓住前面小朋友的衣服,连成一排。提醒幼儿关注自身动作幅度,不影响身边同伴的动作)

大家一起请别人帮忙,我们可以怎么做?(引导幼儿一只手拉住前面小朋友的衣服,另一只手伸向身后招手)

兔爸爸一个人拔萝卜时,我们可以自己一个人做拔和喊的动作。兔妈妈、兔宝宝跟兔爸爸一起拔萝卜时,我们双手抓住前面小朋友的衣服,大家一起做拔和喊的动作。我们一起跟着音乐唱一唱、玩一玩。(完整演唱歌曲,提醒幼儿有节奏地做动作)

4. 明确自己的角色,分角色边唱边游戏。

(1)讨论角色上场的动作。

指导语: 小兔是怎么走路的?兔爸爸、兔妈妈、兔宝宝要跳着出来拔萝卜。我们试一试。

(2)观察胸饰和座位安排,明确自己的角色。

指导语: 参加拔萝卜的有兔爸爸、兔妈妈、兔宝宝。想当兔爸爸的小朋友坐在这里,想当兔妈妈的坐在那里,想当兔宝宝的坐在另一边。

谁是兔爸爸(兔妈妈、兔宝宝)?兔爸爸(兔妈妈、兔宝宝)很多,上场拔萝卜时该怎么做?(提醒幼儿一个跟着一个跳上场)

(3)师幼合作边唱边游戏。

指导语: 我们请××老师当萝卜,大家一起一边唱一边拔萝卜吧!(要注意"萝卜"的位

置,保证幼儿有足够的空间"拔萝卜"。最后,"萝卜"站起来表示被拔出来了)

附

【歌曲】

拔 萝 卜

包恩珠 词曲

【动作建议】

第一段:

[1—8]小节:双脚自然分开,双手握拳,一前一后,身体随音乐有节奏地前后摆动,做拔萝卜的动作。

[9—12]小节:单手斜上举,朝后做招手的动作。

[13—14]小节:兔妈妈做小兔跳的动作上场。

第二段：

[1—12]小节：动作同第一段。

[13—14]小节：兔宝宝做小兔跳的动作上场。

第三段：

[1—7]小节：双脚自然分开，双手握拳，一前一后，身体随音乐有节奏地前后摆动，做拔萝卜的动作。

[8]小节：萝卜站起来，小兔拍手跳跃。

活动十　小兔拔萝卜

活动目标

1. 学习双脚连续向前行进跳，掌握前脚掌轻轻落地的技能，锻炼腿部力量。

2. 懂得遵守游戏规则，感受参加集体活动的乐趣。

活动准备

1. 兔妈妈头饰一个、兔宝宝头饰人手一个。

2. 萝卜地（里面有红、白萝卜若干），篮子若干。

3. 轻快的音乐。

活动过程

1. 准备活动。

教师以"兔妈妈"的身份，激发幼儿活动的兴趣，做热身操。

指导语：今天天气真好，兔宝宝们，跟妈妈一起来做运动吧！

热身操（动作建议：活动头、肩、腰、腿、脚等）。

2. 基本活动。

（1）创设情境，自由尝试跳到萝卜地。

指导语：兔宝宝们，你们最爱吃什么呀？那里有一块萝卜地，里面的萝卜长大了吗？你们跳过去看一看，再跳回来告诉我吧。（幼儿自由练习跳到萝卜地，教师注意观察）

萝卜长大了吗？你们是怎么到萝卜地的？谁愿意做给大家看看？（幼儿跳回指定位置后，请个别幼儿示范兔跳动作）

（2）了解连续行进跳的要求，学习基本动作。

指导语：这只小兔真聪明，两腿并拢，膝盖弯曲，两脚一起跳，前脚掌轻轻落地。我们也来试一试。（幼儿原地自由练习，教师注意观察并指导，提醒幼儿前脚掌轻轻落地）

兔宝宝们，你们能用刚才的方法，双脚连续向前跳吗？请小朋友找一个空地方试一试，跳的

时候要注意安全,别碰撞到其他小兔。(幼儿分散练习连续行进跳,教师注意观察并指导)

(3) 游戏:小兔拔萝卜。

指导语:现在,妈妈要请兔宝宝们去拔萝卜了。兔宝宝们跳的时候要双脚并拢,轻轻向前跳到萝卜地去拔萝卜,一次只能拔一个。然后带着你拔出的萝卜跳回家,将萝卜放进篮子里。(幼儿跳到萝卜地去拔萝卜,教师注意观察并指导)

兔宝宝们都拔到萝卜了吗?刚才拔萝卜时,妈妈发现很多兔宝宝都是跳着到萝卜地的,有的兔宝宝……(针对游戏情况,提出注意事项与要求)

萝卜地里还有很多萝卜没拔完,请兔宝宝们帮妈妈把它们都拔出来,好吗?记住,兔宝宝要跳着到萝卜地,一次只能拔一个,拔出萝卜要跳回家,把它放到篮子里。(再次游戏,教师注意观察并指导)

3. 放松活动。

指导语:宝宝们,今天我们是怎么去拔萝卜的呀?(师幼共同回顾动作要领)

我们拔了这么多的萝卜,开不开心?我们一起听着音乐来放松放松吧。(教师带领幼儿边念儿歌边放松身体:小手摆一摆,小脚踢一踢,小腰扭一扭,小腿拍一拍……)

活动十一 和快乐在一起

活动目标

1. 熟悉音乐旋律,感受乐曲活泼欢快的特点。
2. 乐意用身体动作表现歌曲情绪,体验和同伴共同舞蹈的快乐。

活动准备

1. 萝卜道具。
2. 小兔、小猴、小熊动物头饰。
3. 音乐《和快乐在一起》。

活动过程

1. 回忆故事情节,体验分享的快乐。

指导语:故事《萝卜回来了》中,最后谁吃了大萝卜?

大家在一起分享食物快乐吗?快乐的时候我们可以做什么?

2. 欣赏音乐,感受歌曲的旋律与情绪。

(1) 初次欣赏音乐,感受歌曲的情绪。

指导语:今天,老师带来了一首歌曲,请小朋友仔细地听一听,歌曲里说了什么?听起来感觉怎么样?

(2) 再次欣赏音乐,尝试用动作表现快乐。

指导语:这首歌曲名字就叫《和快乐在一起》。我们可以做什么动作表示自己很快乐呢?我们再来听一听歌曲,听的时候小朋友可以跟着音乐轻轻地晃动身体,表达自己的快乐心情。

3. 观察教师示范,学习基本动作。

(1) 观察教师示范。

指导语:快乐的小朋友看看这边,看看那边;张开双臂,欣赏美丽的景色;举起双手,召唤朋友,一起快乐地游戏……现在,老师就是快乐的小朋友。请大家仔细地看一看,快乐的小朋友听着音乐做了什么动作?(教师坐在椅子上,随音乐示范动作)

(2) 学习上肢动作。

指导语:刚才我做了哪些动作?这是小朋友在干什么?我们一起来学一学。(教师清唱歌曲,放慢速度,引导幼儿学习上肢动作)

现在,我们就是这群快乐的小朋友,我们一起听着音乐来做一做动作。(引导幼儿跟随音乐做上肢动作)

(3) 学习下肢动作。

指导语:快乐的小朋友还想站起来跳舞呢。他是怎么跳的呢?我们再来看一看。(教师站起来,随音乐示范动作)

小朋友的脚做了哪些动作?我们一起来学一学。(教师清唱歌曲,放慢速度,引导幼儿学习下肢动作)

4. 跟随音乐旋律,快乐舞蹈。

指导语:现在,我们听着音乐,一起跳舞吧。

附

【歌曲】

和快乐在一起

1=G 4/4

佚 名 词曲

(5 6 5 6.5 | 5 565 56 | 4 5 4 5.5 | 0 5 - - |)

‖: 5 3.3 3.3 | 4 6 5 - | 5.5 3 3 5.5 3 3 | 4 6 7 - |

你和我我和你在 一 起, 寻寻觅觅在这童话世界里,
在这里在那里在 心 里, 蓝蓝的天白白的云多美丽,

【动作建议】

前奏:站立,双手叉腰,身体随音乐有节奏地左右晃动。

[1—2]小节:一只脚不动,另一只脚向前伸出,脚跟点地,然后收回;一只手叉腰,另一只手由胸前向外打开,掌心向上,然后收回、叉腰。

[3—4]小节:动作同[1—2]小节,两只手和两只脚交换动作。

[5—16]小节:动作同[1—4]小节。

[17—18]小节:双手由胸前打开做侧平举。

[19—20]小节:双手拍手4次,双脚原地踏步走。

[21—24]小节:动作同[17—20]小节。

[25—26]小节:双手向上做召唤动作,左右各两次。

[27—28]小节:双手大拇指伸出,做出很棒的表情。

[29—32]小节:双手打开,在两侧摇晃,双脚原地踏步走。

[33—36]小节:动作同[25—28]小节。

[37—40]小节:动作同[29—32]小节。

附

【表演剧本】

第一幕:踏雪寻萝卜

角色	台词	动作或表情
旁白	这是一个寒冷的冬天,鹅毛大雪漫天飞舞,地里、山上都盖满了雪……	音乐起,小雪花们上场,表演《雪花舞》。最后随音乐退场。同时,小兔一家手拉手上场,表演歌表演《我是小兔》。
兔妈妈	哇!好大的雪呀!	双手绕一圈,做惊讶状。
兔宝宝	妈妈,我好饿。	拍拍肚子。
兔爸爸	我们去找点吃的吧!	边说边摸小兔子的头。 随后,小兔一家绕场一圈,做寻找状。
兔宝宝	哇——好大的萝卜呀!	指着大萝卜,做惊呼状。 随后,小兔一家排成一队,表演歌舞《拔萝卜》。
兔宝宝、兔妈妈、兔爸爸	萝卜拔出来喽——,萝卜拔出来喽——。	围着萝卜,做欢呼状。
兔宝宝	萝卜真好吃。	手举着萝卜。
兔爸爸	雪这么大,天这么冷,还有一个萝卜,我们送给小猴吧。	边说边用手指小猴的家。
兔宝宝、兔妈妈	好的,好的!	拍手,欢呼。 小兔一家抬着萝卜随《找朋友》音乐向小猴家走去。

第二幕:踏雪送萝卜

角色	台词	动作或表情
旁白	小兔一家来到了小猴家门口,轻轻地敲门。	小兔一家走到小猴家门口。

续表

角　色	台　词	动作或表情
小兔一家	小猴,小猴,在家吗?快开门。	边敲门,边喊。
兔妈妈	小猴不在家,萝卜就放在门口吧。	放好萝卜,小兔一家轻轻地退场。萝卜在小猴家门口蹲着。
小猴一家		小猴一家上场,边走边进行歌表演《我是小猴》。
猴宝宝	哇!大萝卜!	手指萝卜,做高兴状。
猴妈妈	雪这么大,天气这么冷,小熊一定很饿,大萝卜送给他们吃吧!	边说边手指小熊的家。
猴宝宝、猴爸爸	好的,好的!	拍手,欢呼。 三人抬着萝卜随《找朋友》音乐向小熊家走去。
旁白	小猴一家来到了小熊家门口,轻轻地敲门。	小猴一家走到小熊家门口。
小猴一家	小熊,小熊在家吗?快开门。	边敲门,边喊。
猴妈妈	小熊不在家,萝卜就放在门口吧。	放好萝卜,小猴一家轻轻地退场。萝卜在小熊家门口蹲着。
小熊一家		小熊一家上场,边走边进行歌表演《我是小熊》。
熊宝宝	哇!大萝卜!	手指萝卜,做高兴状。
熊妈妈	雪这么大,天这么冷,小兔一定很饿,把大萝卜送给它们吃吧!	边说边用手指小兔的家。
熊宝宝、熊爸爸	好的,好的!	拍手,欢呼。 三人抬着萝卜随《找朋友》音乐向小兔家走去。
旁白	小熊一家来到了小兔家门口,轻轻地敲门。	小熊一家走到小兔家门口。
小熊一家	小兔,小兔在家吗?快开门。	边敲门边喊。
熊妈妈	小兔不在家,萝卜就放在门口吧。	放好萝卜,小熊一家轻轻地退场。萝卜在小兔家门口蹲着。

第三幕：萝卜回来了

角　色	台　词	动作或表情
旁白	到了傍晚,小兔一家回来了,兔宝宝一眼就看到了放在家门口的大萝卜。	
兔宝宝	萝卜,萝卜回来啦!	手指萝卜,大声惊呼。

续表

角 色	台 词	动作或表情
兔爸爸、兔妈妈	一定是好朋友送回来的。快喊大家一起来吃萝卜吧!	边说边相互点头。
兔宝宝、兔爸爸、兔妈妈	小猴——,小熊——,快来吃萝卜喽!	朝着小猴与小熊家的方向大声呼喊。
小猴一家、小熊一家	哎——,我们来啦!	边说边走上场,围成一个大圆圈。
所有角色		围成圆圈,共同表演舞蹈《和快乐在一起》。

中班

(一)想吃苹果的鼠小弟

☞ 设计思考

"高高的树上长着可爱的红苹果。鼠小弟好想吃。要是像鸟儿一样能飞,像猴子一样会爬树,像大象一样有长长的鼻子,像……多好啊!"看到其他的动物一个个使出自己的本领摘走了苹果,鼠小弟羡慕地想。它学小鸟、学猴子、学大象……可是,都没有成功。海狮虽然没有其他动物那样的本领,可是,当它用顶球的绝活把鼠小弟抛到树上时,两个人合作摘到了苹果,分享了苹果……这就是《想吃苹果的鼠小弟》为我们呈现的一个有趣的故事。故事的结果是出人意料的,又是令人愉快的。在笑声中,孩子们感受到了合作和分享的快乐。

故事中,每个动物都有其可爱之处、独特之处。孩子们翻开一页一页的图画,观察着画面,会随着故事的发展去猜测:下一个上场的会是谁呢?鼠小弟吃到苹果了吗?鼠小弟怎样才能吃到苹果呢?……小小的悬念牵引着孩子们去探索,当看到鼠小弟被海狮高高地抛到空中的画面时,孩子们会发出满足的笑声。噢,原来如此!

在设计主题戏剧活动方案时,我们对故事进行了一些改编,增加了一个大团圆式的结局:小猴、小鸟、大象等小动物发现了小老鼠想吃苹果却摘不到,大家都愿意帮助小老鼠……在创编剧本时,我们根据故事发展的线索,将整个剧情设置为"鼠小弟种苹果""小动物摘苹果""好吃的苹果"三个剧幕,以音乐剧的形式,将语言、音乐、游戏等有机串联起来。第一幕"鼠小弟种苹果",通过鼠小弟种苹果的舞蹈表现一个个很可爱的苹果的模型;第二幕"小动物摘苹果",每个小动物用自己的特长摘到了苹果,鼠小弟非常羡慕;第三幕"好吃的苹果",则是一个美好的大团圆式的结局;在海狮和鼠小弟的合作下,鼠小弟终于摘到了苹果,它和海狮一起分享了甜甜的苹果。其他小动物也赶来了,要帮助鼠小弟摘苹果,大家一起跳起了欢快的集体舞。我们设计了一系列的集体活动、区域活动等,让幼儿在丰富多样的活动中建构戏剧经验,获得身心等多方面的发展。

☞ 主题活动目标

1. 了解戏剧中情节的发展和角色的主要特点,乐意介绍戏剧的主要内容与自己喜欢的角色,积极参与角色装扮、场景布置等活动,感受合作的力量。

2. 初步了解剧本的作用,在教师指导下,参与部分剧本的创编,尝试用语言、绘画等方式表达自己的想法,随着情节的发展产生着急、喜悦等相应的情绪反应。

3. 熟悉自己所表演角色的出场顺序、表演内容等,表演时声音较清楚,肢体动作和表情较为丰富、鲜明,有助于他人理解自己所表演角色的典型特征、情绪变化等。

☞ 主题网络

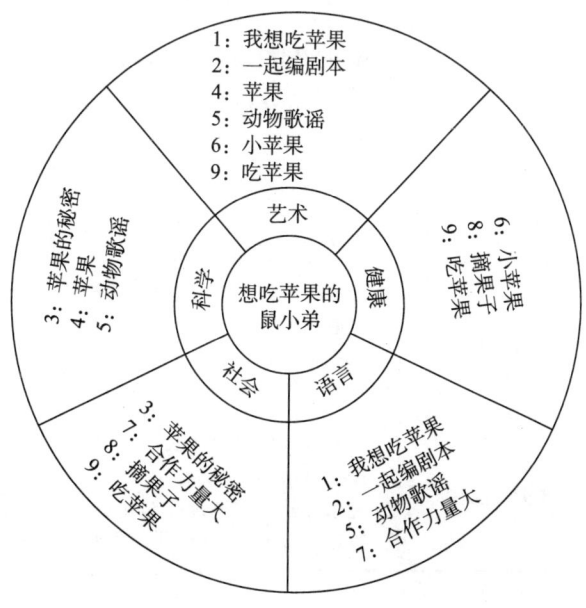

☞ 主要教学活动一览表

序号	活动名称	主要涉及领域	活动目标
1	我想吃苹果	语言、艺术	1. 阅读课件和图书，理解故事的主要情节，能用较连贯的语言讲述 2. 在教师的提示下，尝试表演鼠小弟与小动物吃苹果的情节 3. 乐于在集体中表达自己的想法，体验故事表演的快乐
2	一起编剧本	语言、艺术	1. 知道剧本由角色、台词等组成，尝试将故事《想吃苹果的鼠小弟》转化为剧本 2. 大胆设计故事中角色的部分台词，在教师帮助下尝试用图配文形式加以表现 3. 体验共同制作和阅读图配文剧本带来的快乐
3	苹果的秘密	科学、社会	1. 观察、感知苹果的外部和内部特征，发现苹果的种子 2. 通过观看PPT、讨论等，了解种子的作用及苹果的生长过程 3. 乐意记录并分享自己的发现，有良好的操作习惯
4	苹果	艺术、科学	1. 欣赏苹果的外形与色彩，能用语言、动作表现苹果和苹果树的特点 2. 综合运用团、捏、搓、插等方法，用纸黏土制作苹果 3. 在做做玩玩的过程中，体验做苹果的乐趣
5	动物歌谣	艺术、语言、科学	1. 在熟悉音乐旋律的基础上，创编简短的动物歌谣 2. 能根据歌谣内容，配上动作，大胆表演 3. 体验与同伴共同表演小动物的乐趣
6	小苹果	艺术、健康	1. 熟悉音乐旋律，能合着音乐的节拍走模特步并摆出自己的造型 2. 通过观看视频、交流讨论等，尝试创编小苹果们可爱的走路动作和造型 3. 乐意参加走秀活动，能有序地展示自己的创意
7	合作力量大	社会、语言	1. 知道协调好与同伴合作关系的重要性，懂得合作才能更好地完成任务 2. 通过交流、讨论、实践等，学习简单的合作方法 3. 激发合作意识，感受合作的乐趣
8	摘果子	健康、社会	1. 学习助跑跨跳过一定宽度或一定高度物体，发展身体动作的灵敏性、协调性 2. 大多数幼儿掌握助跑跨跳的动作要领，动作协调 3. 遵守游戏规则，体验纵跳触物后的快乐和成功

续表

序号	活动名称	主要涉及领域	活动目标
9	吃苹果	艺术、社会、健康	1. 在熟悉歌词内容的基础上,学习游戏"吃苹果" 2. 创编游戏动作,表现小动物吃苹果时的情景及与苹果之间的互动状态 3. 结伴游戏时能注意动作、表情的互动,体验和同伴共同游戏的乐趣

☞ 主题环境创设

1. 主题墙

以苹果树作为背景,以"想吃苹果的鼠小弟"为主题布置主题墙,分为以下三个版块。

(1)版块一:苹果里的秘密。主要呈现幼儿的调查表、分享幼儿探究苹果后的发现与收获等。

(2)版块二:书中的故事。以图文并茂的方式,展示幼儿欣赏故事、参与制作表演剧本等活动的照片以及幼儿参与制作的大游戏本或表演剧本。

(3)版块三:表演的故事。主要呈现角色选择与分配情况、幼儿进行戏剧排演和表演的照片等。

2. 主题资源展示

(1)将幼儿和家长一起收集的种植苹果的图片、不同种类苹果图片布置成"苹果多又多"展板,帮助幼儿观察、了解苹果的生长条件、环境以及不同品种。

(2)利用社区资源,组织幼儿到附近的超市参观水果铺,了解苹果的不同种类等。

(3)将幼儿在主题活动中设计、制作的服饰、道具、背景等以悬挂或陈列方式展出。如:让"小动物模特"穿上孩子们设计的帽子或服装,陈列幼儿用各类废旧材料制作的苹果树等。

(4)将幼儿和家长收集的与故事相关的图片、CD等陈列出来,供幼儿自主阅读、介绍。

3. 区域活动

区域名称	投放材料及指导要点
语言区	1. 提供图书、CD,供幼儿自由欣赏、阅读,进一步加深对故事内容的理解 2. 提供幼儿游戏本半成品和配套材料,引导幼儿参照故事及大剧本,自制表演游戏本,尝试按剧情有序地模仿角色对话并表演 3. 提供小动物手偶和背景图,引导幼儿自由操作、复述故事
科学区	1. 提供不同颜色、形状和大小的苹果图片,引导幼儿进行二维分类 2. 提供不同果树的图片,让幼儿进行观察、比较,发现它们的异同
美工区	1. 提供折纸步骤图、纸张、油画棒等,引导幼儿学习折苹果树 2. 提供一次性小碗、卡纸、剪刀、双面胶等,供幼儿制作苹果帽、小动物头饰 3. 提供绘画纸、颜料、皱纹纸等,供幼儿绘画苹果园
建筑区	提供一些树林小屋的图片以及积木、小树、花草等,引导幼儿大胆设计、拼搭、布置"树林里的房子",并将幼儿的作品拍成照片进行展示
表演区	1. 张贴宣传海报、表演剧本,布置有房子、花草树木、栅栏的表演场景,创设表演情境 2. 提供配乐故事(或音乐CD)以及小动物头饰、小花篮、纱巾、扇子等,供幼儿装扮自己进行表演

表演区:苹果秀

语言区

☞ 家园共育

1. 请家长和孩子一起观察、收集一些和苹果相关的图片,引导幼儿了解苹果的生长环境、种类、用途等,丰富相关经验。

2. 请家长跟孩子一起收集一些与故事相关的卡通形象装扮图片,推荐一种小动物表演服的设计方案。

3. 在班级网站或QQ群中公开配套的音乐CD和表演剧本,供家长和幼儿一起欣赏并尝试合作表演。

☞ **集体教学活动**

活动一　我想吃苹果

活动目标

1. 阅读课件和图书,理解故事的主要情节,能用较连贯的语言讲述。
2. 在教师的提示下,尝试表演鼠小弟与小动物吃苹果的情节。
3. 乐于在集体中表达自己的想法,体验故事表演的快乐。

活动准备

1.《想吃苹果的鼠小弟》课件。
2.《想吃苹果的鼠小弟》图书。

活动过程

1. 观察课件,了解故事的背景与角色。

指导语:图上有什么？苹果树是什么样子的？（出示苹果树图片,引导幼儿观察、讲述）

有许多小动物想吃苹果,看一看,谁来啦？（依次出示小动物,帮助幼儿认识故事中的主要角色）

2. 自主阅读图书,了解故事内容。

指导语:这么高的苹果树,谁会吃到苹果呢？它怎么做才能吃到苹果呢？（引导幼儿猜测,猜测后播放课件）

谁吃到了苹果？是怎么吃到苹果的？（个别幼儿在集体中交流）

3. 逐幅观察画面,讲述小动物吃苹果的故事。

指导语：小鸟（小猴、小象、犀牛）是怎么吃到苹果的？我们来学一学。（重点引导幼儿观察小动物的动态并模仿动作，想象小动物的心情、语言）

小动物们吃到了苹果，鼠小弟在干什么？它会想什么、说什么？说这句话的时候语气会怎样？我们来学一学。

4. 完整欣赏故事，尝试分角色表演。

指导语：我们一起来表演这个有趣的故事。你们想表演谁呢？

请小朋友们记住自己的角色，轮到谁摘苹果，谁就上台来一边说一边表演。不表演的时候，我们一起说旁白，并注意观看小演员们表演。

附

【故事】

我想吃苹果

改编自绘本《想吃苹果的鼠小弟》

［日］中江嘉男/文

石幼/改编

一棵高高的苹果树上，有许多红苹果。

小鸟飞来了，飞到树上，吃了一个红苹果。鼠小弟说："我也想吃红苹果。"它学着小鸟飞呀飞，可是，飞不上去，只好离开了。

小猴子跑来了，爬到树上，吃了一个红苹果。鼠小弟说："我也想吃红苹果。"它学着小猴来爬树，可是，爬不上去，只好离开了。

大象走来了，用长鼻子轻轻一卷，吃了一个红苹果。鼠小弟说："我也想吃红苹果。"它学着大象吸呀吸，可是，摘不到苹果，只好离开了。

犀牛走来了,用尖尖的角使劲地撞苹果树,苹果掉了下来,它吃了一个红苹果。鼠小弟说:"我也想吃红苹果。"它学着犀牛顶呀顶,可是,还是吃不到苹果。

鼠小弟心里真难过呀。这时,海狮走来了,对鼠小弟说:"我来帮助你!"海狮像顶皮球一样把鼠小弟顶到苹果树上。鼠小弟摘了两个红苹果,一个给海狮,一个给自己。真开心呀!

活动二 一起编剧本

活动目标

1. 知道剧本由角色、台词等组成,尝试将故事《想吃苹果的鼠小弟》转化为剧本。
2. 大胆设计故事中角色的部分台词,在教师帮助下尝试用图配文形式加以表现。
3. 体验共同制作和阅读图配文剧本带来的快乐。

活动准备

1. 电脑课件。
2. 半开放大剧本、贴纸、笔等。
3. 小鸟、小猴、大象、海狮、鼠小弟的头饰若干。

活动过程

1. 观察半开放式大剧本,了解剧本的基本构成与作用。

(1) 欣赏半开放式大剧本(第一幕),尝试进行表演。

指导语:今天,老师带来了一张图,我们一起来看一看。你看到了什么?它表示什么意思?(引导幼儿理解"角色"和"台词"的含义)

鼠小弟在干什么?你是怎么知道的?他会说一些什么话呢?(引导幼儿细致观察图中内容)

鼠妈妈说了什么?你们能把它们的话表演出来吗?

你们想演鼠小弟还是鼠妈妈?那老师来当××,我们一起表演。(师幼合作表演)

(2) 交流表演经验,了解剧本的组成与作用。

指导语:你觉得刚刚我们表演得怎么样?你们是怎么知道什么时候表演什么内容的?你觉得这张图对表演有什么作用?

小结:这张图叫作"剧本"。它画出了我们要表演的角色,还有这些角色说的话和表演的动作。有了剧本,我们就可以知道怎样进行表演了。比如,小动物们谁先说?说什么?谁后说?说什么?……

2. 根据故事内容,尝试设计台词并在剧本上进行记录。

(1) 播放动画片,师幼共同讨论第二幕的角色及台词,完成第二幕剧本制作。

指导语：动画中有哪些角色？

小鸟跟爸爸妈妈说了什么？它是怎么吃到苹果的？我们一起来学一学。

看到小鸟吃到了红苹果，鼠小弟说了些什么、做了些什么呢？它的心情是怎样的？

（师幼共同讨论，教师用简笔画或贴图的方式记录幼儿创编的台词。"小猴吃苹果"和"大象吃苹果"部分同"小鸟吃苹果"部分）

（2）结合故事动画，讨论第三幕的角色及台词，完成第三幕剧本制作。

指导语：谁来了？它会对鼠小弟说什么呢？

它们是怎样合作摘苹果的？鼠小弟怎么分苹果的？它们的心情怎么样？

3. 欣赏剧本，体验合作完成剧本和分角色表演的快乐。

指导语：这就是我们小朋友自己创作的《想吃苹果的鼠小弟》的表演剧本，你们想不想看着剧本来演一演？

剧本中有很多的角色，你们想表演哪个角色？

请小朋友们记住自己的角色，我们一起看着剧本，根据小动物表演的顺序来说一说、演一演。（教师指剧本，提示幼儿有序地说台词、表演）

活动三　苹果的秘密

活动目标

1. 观察、感知苹果的外部和内部特征，发现苹果的种子。
2. 通过观看PPT、讨论等，了解种子的作用及苹果的生长过程。
3. 乐意记录并分享自己的发现，有良好的操作习惯。

活动准备

1. 苹果、塑料刀、餐盘、牙签、湿巾等。
2. 记录单。
3. PPT。

活动过程

1. 出示苹果，观察苹果的外部特征。

指导语：这是什么？它是什么样子的？你还见过什么样的苹果？

结合已有经验，猜想苹果的内部特征。

指导语：苹果的里面有什么？它们是什么样子的？（将幼儿的猜想记录在集体记录单上）

苹果的里面到底是什么样子的？你们想不想切开看一看？

我们用什么方法把苹果切开？

在切的时候大家要注意些什么？（引导幼儿从安全、卫生的角度讨论，知道动手前将小手擦干净，用小刀的时候手要拿着刀柄，注意安全）

2. 切开苹果，观察苹果的内部特征。

（1）自由观察并记录自己的发现。

指导语：请小朋友们切开苹果，看一看里面有什么？它们是什么样子的？把你的发现记录在记录单上。

（2）借助记录单交流讨论。

指导语：切开的苹果是什么样子的？看起来像什么？（引导幼儿发现横切和竖切的不同）

苹果里面有些什么？（引导幼儿分别观察果皮、果肉、果核）

苹果的种子藏在哪里？你的苹果有几颗种子？是什么样子的？

苹果种子有什么作用？

（3）师幼共同小结。

3. 欣赏PPT，增进对种子用途及苹果生长过程的了解。

指导语：苹果从哪里来？种子有什么作用？请小朋友仔细地看一看、听一听、说一说。（播放PPT，边看边议）

苹果种子埋在土里，先长出了什么？再怎么样呢？然后呢？最后呢？

4. 品尝苹果，激发进一步探究的兴趣。

指导语：你喜欢吃苹果吗？为什么？（引导幼儿结合苹果的营养价值进行交流）

今天，老师带来了不同品种的苹果，我们一起来尝一尝吧！（幼儿品尝苹果）

苹果含有大量的维生素，营养价值比较高，能够促进我们的成长，提高我们的身体免疫力。人们还用苹果制成了不同的食品呢，小朋友回去后找一找，把这些用苹果做的食品拍下来，与老师、小朋友分享。

活动四 苹果

活动目标

1. 欣赏苹果的外形与色彩,能用语言、动作表现苹果和苹果树的特点。
2. 综合运用团、捏、搓、插等方法,用纸黏土制作苹果。
3. 在做做玩玩的过程中,体验做苹果的乐趣。

活动准备

1. PPT。
2. 纸黏土、小树枝、盘子、泥工板等。
3. 轻音乐。

活动过程

1. 观看 PPT,欣赏苹果的外形、色彩与丰收的景象。

（1）欣赏苹果的外形与色彩。

指导语:这是什么树？它是什么样子的？你能学一学它的样子吗？

苹果长在哪里？它是什么样子的？看起来感觉怎么样？

小结:苹果是圆圆的,有红、黄、绿等不同的颜色,苹果上面和下面都有一个小坑,苹果上面还有苹果把子和叶子。

（2）欣赏苹果丰收的景象。

指导语:苹果成熟了,苹果树的枝条都被苹果压得怎么样了？我们一起用动作来学一学苹果树枝干的样子。

苹果熟了,大家都来干什么？他们是怎样摘苹果的？表情怎么样？我们来学一学他们摘苹果的表情和动作。

2. 讨论制作苹果的方法。

指导语:今天,老师准备了不同颜色的纸黏土,请小朋友制作苹果,合作表现苹果丰收的景象。你准备怎样制作出漂亮的苹果呢？（教师引导幼儿迁移玩纸黏土的经验,了解制作的方法、步骤:取泥、分泥—团圆纸黏土—捏出苹果上的小坑—捏出椭圆形的绿叶、插上苹果把子—将做好

的苹果插在苹果树上)

3. 幼儿操作,教师指导。

教师巡视幼儿操作情况,适时地提供帮助和指导。

4. 分享自己的做法,体验成功的快乐。

指导语:今天我们小朋友做了这么多漂亮的苹果,你们是怎么做的?

我们的苹果丰收了,你们的心情怎么样?我们围着苹果树来跳舞吧!(播放音乐,师幼共同围着苹果树舞蹈)

活动五 动物歌谣

活动目标

1. 在熟悉音乐旋律的基础上,创编简短的动物歌谣。
2. 能根据歌谣内容,配上动作,大胆表演。
3. 体验与同伴共同表演小动物的乐趣。

活动准备

1. 经验准备。

幼儿熟悉音乐旋律,对大象、小鸟、小猴、鼠小弟、海狮的典型特征有所了解。

2. 物质准备。

教学图谱。

活动过程

1. 在熟悉旋律的基础上,学习歌曲第一段。

(1) 复习歌曲《小小蛋儿把门开》。

指导语:我们学过一首好听的歌曲《小小蛋儿把门开》,你们还记得吗?我们一起来唱一唱。

(2) 欣赏歌曲第一段。

指导语:老师将这首歌曲填上了新的歌词。我们来听一听,谁来了?它唱了些什么呢?(教师范唱歌曲)

(3) 在图谱帮助下了解歌词结构。

指导语:歌里唱了些什么?谁来了?它的心情怎么样?它是怎么介绍自己的?

第一句唱的是什么?第二句、第三句、第四句呢?(引导幼儿观察图谱,了解歌词的结构:第一句唱的是"谁"怎样走上来,第二句唱的是小动物的心情,第三句唱的是小动物的特征,最后唱的是小动物在唱歌)

（4）学唱歌曲第一段。

指导语：我们一起来唱一唱小老鼠的歌。（学唱数遍）

2. 迁移第一段的歌词经验，创编小鸟的歌谣。

（1）观察小鸟图片。

指导语：这是谁？它会怎样走路？它有什么特点？

（2）迁移经验创编歌词。

指导语：它也想象小老鼠那样唱着歌上来呢。你们能帮它编一首歌吗？你能像唱小老鼠那样把它们也编进歌曲里吗？

这是我们为小鸟创编的歌谣，我们一起跟着音乐来念一念。

（3）看图谱演唱小鸟歌谣。

指导语：我们一起来唱一唱小鸟的歌吧。

3. 迁移经验，创编小猴、大象、海狮的歌谣。

指导语：在故事《想吃苹果的鼠小弟》里，还有哪些小动物？（随幼儿回答并出示相应小动物的图片）

这些小动物是怎么走路的？你们能帮它们也编一首歌吗？（引导幼儿根据小动物走路的特点和外部特征，替换部分歌词创编歌词）

我们一起看着图谱，唱一唱小猴、小象、海狮的歌吧。

4. 根据图谱顺序，完整演唱动物歌谣。

指导语：小朋友们真能干，能帮这么多的小动物编自己的歌！我们一起随着音乐，完整地唱一唱小动物们的歌吧！

5. 自选动物角色,根据歌词创编动作。

指导语:请每个小朋友选一个小动物,根据歌词想一想小动物唱歌时还可以做哪些动作。(播放音乐,幼儿自由创编,教师巡回指导)

6. 分组表演,分享经验与感受。

指导语:哪些小朋友扮演的是小老鼠(小鸟、小猴、小象、海狮)?请大家按照小动物的出场顺序做好准备,我们表演给大家看一看。

你们觉得自己表演得怎么样?

他们是怎样进行表演的?表演得怎么样?有什么更好的建议?(幼儿表演后,引导幼儿分享感受,提出建议)

附

【歌曲】

动物歌谣

曲选自《小小蛋儿把门开》
石 幼 填词

$1=\flat D$ $\frac{4}{4}$

| 1 | 3 | 1 | 3 | 1 | 0 5 | 5 | 0 | 3 | 5 | 3 | 5 | 3 | 0 2 | 2 | 0 |

小	小	老	鼠	跑	上	来,		转	个	圈	儿	乐	开	怀	
小	小	鸟	儿	飞	上	来,		转	个	圈	儿	乐	开	怀	
小	小	猴	儿	跑	上	来,		转	个	圈	儿	乐	开	怀	
小	小	象	儿	走	上	来,		转	个	圈	儿	乐	开	怀	
小	小	海	狮	游	上	来,		转	个	圈	儿	乐	开	怀	

| 1 | 1 | 1. | 3 | 5 | 4 | 4. | 0 | 5 5 | 3 3 | 4 4 | 2 2 | 7 5 | 6 7 | 1 | 0 |

毛	绒	绒	呀	尖	嘴	巴,		吱吱	吱吱	吱吱	吱吱	唱	起	来	
花	羽	毛	呀	真	可	爱,		喳喳	喳喳	喳喳	喳喳	唱	起	来	
长	尾	巴	呀	真	灵	巧,		啊啊	啊啊	啊啊	啊啊	唱	起	来	
长	鼻	子	呀	壮	又	壮,		啦啦	啦啦	啦啦	啦啦	唱	起	来	
圆	圆	身	体	胖	呼	呼,		咔咔	咔咔	咔咔	咔咔	唱	起	来	

【教学图谱】

活动六 小苹果

活动目标

1. 熟悉音乐旋律,能合着音乐的节拍走模特步并摆出自己的造型。
2. 通过观看视频、交流讨论等,尝试创编"小苹果们"可爱的走路动作和造型。
3. 乐意参加走秀活动,能有序地展示自己的创意。

活动准备

1.《小苹果》音乐。
2. 视频(内容一:《小苹果》广场舞;内容二:模特表演)。

活动过程

1. 欣赏乐曲,感受乐曲欢快的节奏与旋律。

指导语:今天,我带来了一首乐曲,我们来听一听。(播放乐曲)

你们听过这首曲子吗?在哪里听过?

这首曲子听起来感觉怎么样?

2. 观看视频一,从中选择部分动作组合成舞蹈。

指导语:人们还喜欢跟着乐曲跳广场舞呢。我们一起来看一看,大家也可以跟在后面学一学。(播放广场舞视频)

人们是怎样跟着乐曲跳广场舞的?你喜欢什么动作?我们来学一学。(从幼儿喜欢的动作中选择一些节奏感较强的动作,集体模仿学习)

把我们喜欢的这些动作串起来,就是我们班的"小苹果舞"了。这些动作中,你们想先做什么动作?再做什么动作?然后呢?(引导幼儿讨论确定动作的顺序)

我们听着音乐,把这些动作连起来做一做。(尝试跟随第一段音乐做动作,反复数遍,注意引导幼儿反思和调整动作的频率、幅度等)

3. 观看视频二,尝试表现"小苹果"进行模特走秀的情景。

指导语: "小苹果们"很想给大家展示自己的可爱。它们可以怎样展示自己?(幼儿自由讨论、交流)

模特儿们是怎样走秀的?我们看一看,学一学。(播放视频二,重点引导幼儿观察、模仿轮流上场走和造型的动作)

"小苹果们"可以像模特儿走秀一样,来秀一秀自己的可爱。我们可以怎样走、怎样摆造型呢?我们跟着音乐来试一试。(引导幼儿讨论、创编走和造型的动作,尝试合着音乐有节奏地做走、摆造型的动作)

我们这里有×个"小苹果",要分成四组上台,怎么办?什么时候大家做好走秀的准备?在哪里做好准备?(引导幼儿明确在音乐间奏时大家要走到相应的位置)

第一组什么时候走,什么时候回?第二组、第三组、第四组呢?

请小朋友们排好队,我们跟着音乐来试一试。

4. 完整表演"苹果秀"。

指导语: 今天,我们学习了舞蹈"苹果秀"。第一段音乐的时候,"小苹果们"跟着音乐欢快地跳舞;间奏时,"小苹果们"有节奏地走到相应的位置;第二段音乐的时候,"小苹果们"有序地走秀。我们听着音乐完整地跳一次吧。

附

【歌曲】

小苹果(略)

【动作建议】

前奏:幼儿原地踏步。

第一段:

[1—2]小节:左手叉腰,右手伸向前方,边转动手腕边向右打开,同时扭动胯部。

[3—4]小节:右手叉腰,左手伸向前方,边转动手腕边向左打开,同时扭动胯部。

[5—8]小节:同[1—4]小节。

[9]小节:右脚向右侧跨一步,双手打开伸平。

[10]小节:左脚并至右脚旁,双手抱臂。

[11—16]小节:同[9—10]小节。

[17]小节:右手上下屈伸两下。

[18]小节:左手上下屈伸两下。

[19—20]小节:双手摆爱心造型,同时双腿蹲两次。

[21—32]小节:同[17—20]小节。

间奏:幼儿走成一排站好。

第二段:

[1—4]小节:第一组走模特步上前。

[5—6]小节:摆造型。

[7—8]小节:第一组走回。

[9—12]小节:第二组走模特步上前。

[13—14]小节:摆造型。

[15—16]小节:第二组走回。

[17—20]小节:第三组走模特步上前。

[21—22]小节:摆造型。

[23—24]小节:第三组走回。

[25—28]小节:第四组走模特步上前。

[29—30]小节:摆造型。

[31—32]小节:第四组走回。

活动七 合作力量大

活动目标
1. 知道协调好与同伴合作关系的重要性,懂得合作才能更好地完成任务。
2. 通过交流、讨论、实践等,学习简单的合作方法。
3. 激发合作意识,感受合作的乐趣。

活动准备
1. 视频(视频一:一人搬运动器械;视频二:合作搬运动器械)。
2. 积木、积塑玩具等(每组一套)。

活动过程
1. 回忆海狮和鼠小弟合作摘苹果的情节。

指导语:在故事《想吃苹果的鼠小弟》里,鼠小弟最后是怎么吃到苹果的?

海狮没有翅膀,没有长长的鼻子,也不会爬树,如果仅仅靠它一个人的力量,它能吃到苹果吗?为什么?

海狮是怎么对鼠小弟说的?海狮和鼠小弟是怎样合作摘苹果的?(引导幼儿通过讨论,进一步了解为了摘到苹果,海狮负责将小老鼠顶高,小老鼠负责摘苹果的做法)

小结:鼠小弟和海狮一起努力,两人合作,才都吃到了苹果。

2. 谈论听过或看过的合作故事。

指导语:你们听过或看过哪些合作的故事?(自由交流)

小班时,我们听过《拔萝卜》的故事。大家是怎样合作拔出萝卜的?

3. 根据视频情境进行讨论。

(1) 观看视频一:一个人搬运动器械,搬不动。

指导语:他遇到什么困难了?怎么办?

好朋友一起搬运动器械时,怎样做比较好?

(2) 观看视频二:又来了三个小朋友,四个人一起将运动器械搬走。

指导语:几个小朋友合作搬运动器械,他们是怎么搬的?

小结:有的事情一个人完成不了,需要大家一起合作来完成。

(3) 交流自己的合作经历。

指导语:你和别人合作过吗?为什么合作?是怎样合作的?(请幼儿介绍自己在游戏等活动中与小朋友合作的故事,如:捉尾巴、两人三足行……)

大家一起合作完成了任务,心情怎么样?

小结:我们已经长大了,会做许多事情,可有时有些事情一个人无法完成,需要两个人甚至更多的人合作完成。

4. 实践活动:合作力量大。

(1) 明确合作任务,讨论合作事宜。

指导语:今天,我们要请每一组小朋友齐心协力完成一个任务——搭建一座有花、有草、有小桥的小花园,请每一组商量一下,你们准备怎样合作搭建?

(2) 合作搭建小花园,体验合作乐趣。

• 分组搭建小花园,教师计时。

• 请搭建又快又好的组分享经验与感受。

指导语:如何分工合作才会又快又好?

• 再次操作实践,教师计时。

指导语:这次小朋友搭建小花园用了××时间。比上次快了××分钟。大家的心情怎么样?这次为什么每一组都会快一些呢?(引导幼儿体会到分工合作的重要)

5. 拓展延伸。

指导语:在我们的生活中,还有哪些事需要大家共同努力、分工合作呢?我们应该怎么做?(引导幼儿进一步感受生活中合作的重要)

活动八 摘果子

活动目标

1. 学习助跑跨跳过一定宽度或一定高度物体,发展身体动作的灵敏性、协调性。

2. 大多数幼儿能掌握助跑跨跳的动作要领,动作协调。

3. 遵守游戏规则,体验纵跳触物后的快乐和成功。

活动准备

1. 经验准备。

幼儿有原地纵跳的经验。

2. 物质准备。

(1) 绳子、果子、篮子等。

（2）热身操及放松的音乐。

活动过程

1. 热身活动。

指导语：今天的天气真好呀，我们一起出去锻炼锻炼吧！

（1）绕操场跑步。

（2）热身操。

（3）专项准备：跑—跳。

2. 初步练习助跑跨跳。

（1）自由练习跨跳。

指导语：这里有一条小河，请小朋友找一个空地方试一试，跨跳到河对岸，再跨跳回来。（分散练习）

（2）示范动作要领。

- 个别幼儿示范。
- 学习动作要领（距小河一定距离，两手半握空拳，屈肘于身体两侧；跑到小河前，一只脚用力蹬地，另一条腿跨跳过小河，单脚落地，保持身体平衡）

（3）再次练习。

3. 游戏"越来越宽的小河"。

指导语：现在，"小河"比原来宽了，你们能跳过去吗？请小朋友试一试。

> **指导重点**：逐渐拉大"小河"的宽度，鼓励幼儿不断挑战，并提醒幼儿掌握动作要领。

4. 综合游戏"摘果子"。

指导语：今天，我们要把河对面的果子摘回来。请小朋友们助跑跨跳过"小河"，走过独木桥，纵跳摘果子。然后回来，每次只能摘一个果子。

> **指导重点**：遵守游戏规则，能用正确的方法跨跳过"小河"。

5. 放松、结束活动。

（1）放松腿部、拉伸。

（2）简单小结，回顾助跑跨跳的动作要领。

活动九　吃苹果

活动目标

1. 在熟悉歌词内容的基础上,学习游戏"吃苹果"。
2. 创编游戏动作,表现小动物吃苹果时的情景以及与苹果之间的互动状态。
3. 结伴游戏时能注意动作、表情的互动,体验和同伴共同游戏的乐趣。

活动准备

1. 经验准备。

熟悉儿歌《金苹果》的歌词内容。

2. 物质准备。

剪辑好的音乐。

活动过程

1. 复习游戏"金苹果"。

指导语:还记得我们曾经玩过一个"金苹果"的游戏吗?我们听着音乐再来玩一玩!

2. 学习游戏后半段,表现小动物吃苹果的情景。

(1) 欣赏故事,创编吃苹果的动作。

指导语:鼠小弟和妈妈种了一棵大大的苹果树,小动物们都来吃苹果啦!

小动物们会怎么吃苹果呢?(引导幼儿自由创编小动物吃苹果的动作)

(2) 倾听 B 段音乐,尝试随乐游戏。

● 跟随音乐表现小动物吃苹果的情景。

指导语:有一段音乐说的是小动物吃苹果的故事。小动物是怎样吃苹果的呢?我们跟着音乐来学一学、做一做!(引导幼儿跟着音乐做吃苹果的动作)

● 欣赏两名教师示范合作游戏。

指导语:小动物吃的是什么呀?小动物吃苹果时,苹果会发生什么变化呢?现在,我和×老师一人当小动物,一人当苹果。请小朋友们注意看看,我们是怎么玩的?(两名教师合作游戏)

我和×老师谁是小动物?谁是苹果?

小动物是怎么吃苹果的？吃了苹果的哪些地方？苹果有什么变化？

- 一对多游戏。

指导语：现在，我来当吃苹果的小动物，你们来当苹果，我们听着音乐来玩一玩。（教师与幼儿合作游戏，引导幼儿根据小动物吃的动作，表现苹果变小的过程）

- 两两结伴游戏。

指导语：请你和旁边的小朋友一起来玩玩这个游戏。你们先商量一下，谁是小动物，谁是苹果。（引导幼儿自主分配角色）

我们听着音乐玩一玩！（玩2—3遍，提醒幼儿注意变化吃的部位、注意表现苹果由大变小的过程）

3. 加入"金苹果"的游戏情节，完整地玩游戏。

（1）结合"金苹果"游戏，讨论角色分配规则。

指导语：在"金苹果"游戏的最后，小朋友们要玩一个什么游戏？

刚才我们合作游戏时角色是事先商量好的。如果我们想通过"包剪锤"游戏确定角色，可以怎么办？赢的人当谁？输的人呢？平局怎么办？（教师请一个小朋友合作玩"金苹果"的游戏，儿歌结束时，根据胜负情况快速确定角色）

我们谁是小动物？谁是苹果？为什么？请你们也来试一试，玩一玩。

（2）听音乐结伴玩游戏。

指导语：我们把"金苹果"游戏加到"小动物吃苹果"的游戏里，听着音乐来玩一玩。

附

【儿歌】

金 苹 果

佚名/文

金苹果，金苹果，金金金。
银苹果、银苹果，银银银。
上上下下、左左右右、前前后后，
咕噜咕噜包，咕噜咕噜剪，
咕噜咕噜锤，苹果最像谁？

啄木鸟
（节选）

1=D 2/4

意大利民歌

[乐谱略]

【动作建议】

儿歌《金苹果》部分：

（幼儿两两结伴游戏）

"金苹果,金苹果,金金金"：双手自拍手两下,再与同伴对拍手三下。

"银苹果、银苹果、银银银"：同上。

"上上下下、左左右右、前前后后"：在身体上下、左右、前后各拍手两下。

"咕噜咕噜包"：双手在胸前绕圈,伸手出"包"。

"咕噜咕噜剪"：双手在胸前绕圈,伸手出"剪"。

"咕噜咕噜锤"：双手在胸前绕圈,伸手出"锤"。

"苹果最像谁？"：双手在胸前绕圈，随意出包、剪或锤，以便与同伴快速确定谁当小动物、谁当苹果。

音乐部分：

[1—6]小节：幼儿快速确定谁当小动物，谁当苹果，"小动物"摆好准备吃苹果的姿势，"苹果"摆好造型，做好玩"吃苹果"游戏的准备。

[7—10]小节："小动物"在"苹果"身上挠痒痒。

[11—14]小节："小动物"换个位置在"苹果"身上挠痒痒。

[15—16]小节："小动物"做好"吃苹果"的准备。啄三下。

[17—22]小节："小动物"做"吃苹果"的动作，"苹果"随之逐渐变小。

[23—30]小节：同[7—14]小节。

[31—32]小节：同[15—16]小节。

[33—38]小节：同[17—22]小节。

【表演剧本】

第一幕：鼠小弟的心愿

角　色	台　　词	动作或表情
旁白	春天到了，花儿开了，小动物们都出来了……	
鼠小弟	我是鼠小弟，我最爱吃苹果。多吃苹果身体好。	唱着歌上场。
鼠小弟	妈妈，我想吃苹果。可是没有苹果，怎么办？	拽着妈妈的衣服。
鼠妈妈	鼠小弟，我们一起来种苹果树吧！	摸摸鼠小弟的头。
鼠小弟	哦，种苹果树喽！能吃到甜甜的苹果喽！	拍手欢呼。
鼠妈妈、鼠小弟		表演舞蹈《种苹果》。

第二幕：小动物摘苹果

角　色	台　　词	动作或表情
旁白	鼠小弟一家天天给苹果树浇水、除草、捉虫，苹果树一天天长大啦，结出了许多红红的苹果。	鼠小弟一家在苹果树下，看着苹果树。
鼠妈妈	苹果又大又圆，肯定很好吃。	看着苹果树说。

续表

角 色	台 词	动作或表情
鼠小弟	苹果树这么高,我们怎么摘呢?	鼠小弟用力往上跳,双手想要摘苹果,可是怎么也摘不到,很着急。
鸟宝宝、鸟妈妈、鸟爸爸	小小鸟儿飞上来,转个圈儿乐开怀,花羽毛呀真可爱,叽叽叽,唱起来。	小鸟一家飞上场,表演《我是小鸟》。
鸟宝宝	哇!好大的苹果树,我想吃苹果。	手指苹果树,做高兴状。
鸟爸爸、鸟妈妈	我们一起去摘苹果吃吧!	手指苹果说
鸟宝宝	好的,好的!	拍手,欢呼。
旁白	小鸟一家飞到了苹果树上,啄呀啄,摘到了苹果,开心地吃了起来。	
鸟宝宝、鸟妈妈、鸟爸爸		表演《吃苹果》,吃完后离开。
鼠小弟	我也想吃苹果。 我学小鸟,飞飞飞……唉!	看着苹果树,模仿小鸟飞,可是飞不起来,失望离开。
猴宝宝、猴妈妈、猴爸爸	小小猴儿跳上来,转个圈儿乐开怀,长尾巴呀真灵巧,啦啦啦,唱起来。	小猴一家上场,表演《我是小猴》。
猴宝宝	哇!好大的苹果树,我想吃苹果。	手指苹果树,做高兴状。
猴妈妈、猴爸爸	我们一起去摘苹果吃吧!	手指苹果说。
猴宝宝	好的!好的!	拍手,欢呼。
旁白	小猴一家爬爬爬,爬上了苹果树,摘到了苹果,开心地吃了起来。	
猴宝宝、猴妈妈、猴爸爸		表演《吃苹果》,吃完后离开。
鼠小弟	我也想吃苹果。 我学小猴,爬爬爬……唉!	看着苹果树,模仿小猴爬,可是爬不上去,失望离开。
象宝宝、象妈妈、象爸爸	小小象儿走上来,转个圈儿乐开怀,长鼻子呀壮又壮,啦啦啦,唱起来。	小象一家上场,表演《我是小象》。
象宝宝	哇!好大的苹果树,我想吃苹果。	手指苹果树,做高兴状。
象妈妈、象爸爸	我们一起去摘苹果吃吧!	手指苹果说。
象宝宝	好的!好的!	拍手,欢呼。

续表

角色	台词	动作或表情
旁白	小象一家走到了苹果树下,用长鼻子吸呀吸,摘到了苹果,开心地吃了起来。	表演《吃苹果》,吃完后离开。
鼠小弟	我也想吃苹果。 我学小象,吸吸吸……唉!	看着苹果树,模仿小象吸,可是够不着苹果,失望离开。

第三幕:好吃的苹果

角色	台词	动作或表情
旁白	鼠小弟摘不到苹果,心里很难过。小海狮走了过来……	小海狮上场。
海狮	鼠小弟,你别哭了,我来帮你吧!	看着鼠小弟说。
鼠小弟	真的?谢谢你!你没有翅膀,没有长长的鼻子,又不会爬树,怎么帮我呢?	抹抹脸上的泪水。
海狮	可是,我会顶球哎。来吧!	海狮把鼠小弟顶起来,鼠小弟摘到了苹果。
鼠小弟	谢谢你!请你吃一个大苹果。	递苹果给小海狮,一起吃苹果。
众动物	鼠小弟,我们也来帮助你!大家一起吃苹果!	表演《集体舞》。

(二)小猪噜噜

☞ 设计思考

本主题来源于上海美术电影制片厂制作、1988年上映的国产动画片《孤独的小猪》。动画片介绍的是一只小猪悠闲地住在木屋里,刺猬、山羊、小兔遇到困难请他帮忙时,都被它拒绝了。木屋、篱笆和大树见小猪太自私,在小猪被大野狼追逐时不愿帮助小猪,愤然离去。小兔、山羊、小刺猬不计前嫌,赶了过来,齐心协力,惩罚了大野狼,救出了小猪……小猪终于认识到了自己的错误,懂得了互相帮助的重要性。故事围绕"别人需要帮忙的时候是否要给予帮助"的主题展开,主要角色特征鲜明,情节生动有趣,生活气息浓厚,渗透了"团结与互助"的情感教育。

"乐意与人交往,学习互助合作和分享,有同情心"是幼儿园社会领域的教育目标之一。社会领域的教育具有潜移默化的特点,对幼儿社会态度和社会情感的培养应渗透在多种活动和一日生活的各个环节之中。在生活中,人人都可能需要别人的帮助,只是别人的帮助有时是隐形的、不易被察觉的,同时,人人也应该有关心和帮助别人的意识和行为。以戏剧这种形式来渗透这方面的教育,可以让幼儿的互助意识得到强化。针对创意戏剧的特点和中班幼儿的年龄特点,我们对动画片《孤独的小猪》的故事进行了如下改编。

一是对故事中的部分情节与角色语言进行了一些调整。如:原动画片中,小猪在躲避大野狼的过程中不断地找机会逃跑,几次成功脱逃。每次脱逃小猪都很得意地说,"我不要别人帮忙"……我们对这部分情节进行了删减,强化了小猪被追逐时的狼狈、慌张与呼救;突出了小动物们乐于助人的正面、积极的情感。同时,考虑到中班幼儿戏剧表演的需要,我们对小动物们智斗大野狼的场景也进行了一些调整,将戏剧推向了高潮。

二是对故事进行了更名。动画片的名字叫《孤独的小猪》,我们觉得这主要是基于小猪自私的一面命名的。鉴于故事中小动物们并未因小猪的自私而放弃帮助他,小猪也认识到了自己的错误,情感也发生了转变,所以我们将戏剧主题确定为"小猪噜噜"。

在此基础上,我们设计了表演剧本的框架和主题活动的框架,希望能通过一系列的活动促进幼儿感受与欣赏、表现与创造等多方面能力的发展。

☞ 主题目标

1. 理解"小猪噜噜"的主要情节与内容,知道朋友之间应该互相关心、互相帮助。

2. 感受故事中主要角色的形象特征与性格特点,能随着剧情的发展产生相应的不快、担忧、高兴等情绪。

3. 自主选择自己喜欢的角色,乐意用语言、动作、表情等表达自己对角色和表演的想象与理解。

4. 积极参与剧本创作、道具制作、戏剧表演等活动,乐于用自己喜欢的方式与同伴交流自己的意见和想法,体验分工、合作的快乐。

👉 主题网络

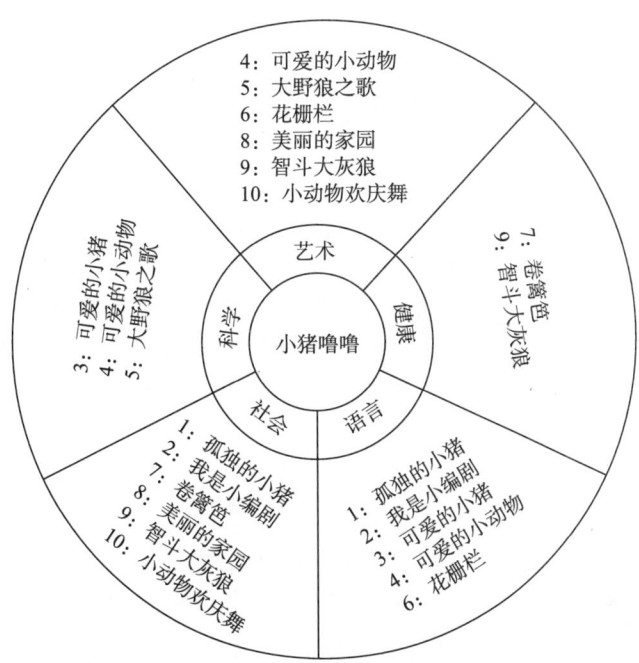

👉 主要教学活动一览表

序号	活动名称	主要涉及领域	活动目标
1	孤独的小猪	语言、社会	1. 在观察、理解图片的基础上，了解并尝试讲述小猪与小动物之间的故事 2. 学习用短句表述小动物如何寻求帮助以及小动物解救小猪的过程，丰富相应的动词经验，如：撒、卷、顶等 3. 知道朋友间要相互关心、相互帮助，体验与朋友友好相处的快乐
2	我是小编剧	语言、社会	1. 进一步熟悉剧本的结构与用途，尝试将故事《孤独的小猪》转化为剧本 2. 迁移小剧本制作经验，大胆设计故事中角色的出场顺序与部分台词。在教师的帮助下用图配文的形式完成大剧本的制作 3. 体验共同制作和阅读图配文剧本的快乐

续表

序号	活动名称	主要涉及领域	活动目标
3	可爱的小猪	科学、语言	1. 认识猪的外形特征，初步形成"家畜"的概念 2. 学习有序的观察方法，进一步感知猪的身体结构和特点 3. 激发关爱动物的情感
4	可爱的小动物	艺术、语言、科学	1. 在学唱歌曲第一段的基础上，学习根据小动物的特点编唱歌曲 2. 尝试用简单的动作表现小动物的特征，边唱歌边表演 3. 体验和同伴共同表演的乐趣
5	大野狼之歌	艺术、科学	1. 熟悉歌曲旋律，理解歌词内容，用自然的声音演唱歌曲 2. 迁移对狼的认知经验，创编表现大野狼的身体动作 3. 感受与教师、同伴一起歌唱与游戏的快乐
6	花栅栏	艺术、语言	1. 欣赏PPT，综合运用剪、折、画等方法制作纸杯花 2. 在步骤图的帮助下，了解制作纸杯花的方法 3. 体验用纸杯花装饰栅栏的成功与快乐
7	卷篱笆	健康、社会	1. 练习走螺旋队形，协调、自然地行进走或跑 2. 通过观察毛巾的变化和自己身体的变化，发现螺旋线的特征 3. 学习控制行进走时的空间距离，体验与同伴合作走螺旋队形的快乐
8	美丽的家园	艺术、社会	1. 初步熟悉乐曲旋律，感受音乐ABAC的结构特点和活泼、欢快的旋律风格 2. 大胆想象、创编，用不同的动作表现篱笆、房子、树 3. 体验篱笆、房子、树在一起游戏的快乐心情
9	智斗大灰狼	艺术、社会、健康	1. 感受乐曲的段落变化，并随乐进行律动 2. 尝试随乐自主表现比力气、比跳舞、比歌声的动作，创造性地表现"小动物智斗大灰狼"的游戏情节 3. 愿意加入到游戏中，感受与同伴互动游戏带来的快乐
10	小动物欢庆舞	艺术、社会	1. 在熟悉乐曲的基础上，学跳双圈集体舞，动作合拍、协调 2. 通过观察、模仿，在手腕花的提示下，学习结伴游戏 3. 舞蹈中能与同伴用目光、体态交流，情绪愉快

☞ **主题环境创设**

1. 主题墙

以"小猪噜噜"为主题，四周用幼儿制作的立体竹篱笆、房子、草、树等进行适当装饰，设计相应版块。

（1）版块一："我们的演出剧本"。这一版块以图文并茂的方式，展示幼儿参与制作的、大家能看懂的大剧本。

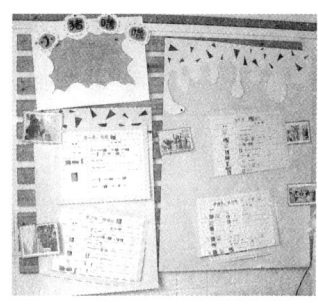

（2）版块二："有趣的戏剧活动"。这一版块可分为"快乐小演员""开心道具师"等版块，展示幼儿在集体教学活动、日常及区角游戏活动中的相关照片。在"开心道具师"部分还可增加一些服饰、道具类的制作步骤图。

（3）版块三："我们的表演"。这一版块呈现幼儿排演和演出时的精彩照片，用图文并茂的形式呈现幼儿、家长和老师对整台戏剧的理解等。

2. 主题资源展示

（1）将幼儿和家长一起搜集的关于剧中小动物的科学知识用"图文并茂"的形式呈现出来，供幼儿了解、学习各种小动物外形特征及生活习性，感受动物与人类的密切关系。

（2）将幼儿在主题活动中设计、制作的服饰、道具、背景等以悬挂或陈列方式展出（如：幼儿用各类纸盒制作的"房子""篱笆""大树"等立体装饰材料），让"小动物模特"穿上孩子们设计的帽子或服装。

（3）将幼儿和家长搜集的与故事相关的图片、CD、实物等展示在相关区域，供幼儿自主阅读、介绍。

3. 区域活动

区域名称	投放材料及指导要点
语言区	1. 提供图书、CD，供幼儿自由欣赏、阅读，进一步加深对故事内容的理解 2. 提供幼儿游戏本半成品和配套材料，引导幼儿参照故事及大剧本自制表演游戏本，尝试按剧情有序地模仿角色对话并表演
科学区	1. 将幼儿和家长一起搜集的关于小动物的科学知识用图文并茂的形式呈现出来，供幼儿了解学习各种小动物外形特征及生活习性，感受各种小动物与人类的密切关系 2. 设计迷宫图，引导幼儿尝试用磁铁引领故事中的角色穿越森林迷宫，进入"小猪的家"
美工区	1. 提供折纸步骤图、纸张、油画棒等，引导幼儿学习用角对角折的方法折房子，并进行简单的装饰 2. 提供油画棒、纸张、各类纸盒等，引导幼儿大胆设计、制作"竹篱笆" 3. 提供纸杯、剪刀、油画棒等，供幼儿自制纸杯花，继续装饰篱笆或栅栏

续表

区域名称	投放材料及指导要点
建筑区	提供一些树林小屋的图片以及积木、小树、花草等,引导幼儿大胆设计、拼搭、布置"小猪的房子",并将幼儿的作品拍成照片进行展示
表演区	1. 张贴宣传海报、表演剧本,创设表演情境,布置有房子、花草树木、栅栏的表演场景 2. 提供配乐故事(或音乐CD)、小动物头饰,以及房子、树、竹篱笆的装扮,供幼儿装扮进行表演

表演区

美术区

语言区

☞ 家园共育

1. 请家长和幼儿一起搜集关于剧中小动物的科普图书,帮助幼儿了解相关小动物的外形特征、生活习性等。

2. 请家长和孩子一起搜集一些与故事相关的卡通形象装扮图片,与幼儿一起选择喜欢的角色,共同设计该角色的表演服。

3. 借助班级网站、QQ 群,发布戏剧表演剧本、配套的音乐等,请家长和幼儿一起尝试开展表演活动。

☞ **主要教学活动方案**

活动一 孤独的小猪

活动目标

1. 在观察、理解图片的基础上,了解并尝试讲述小猪与小动物之间的故事。
2. 学习用短句表述小动物如何寻求帮助以及小动物解救小猪的过程,丰富相应的动词经验,如:撒、卷、顶等。
3. 知道朋友间要相互关心、相互帮助,体验与朋友友好相处的快乐。

活动准备

1. 动画片《孤独的小猪》片段(片段一:小动物遇到困难请小猪帮助;片段二:小猪遇到困难,小动物解救)。
2. 故事内容的相关图片(PPT)。

活动过程

1. 师幼欣赏故事,导入活动。

指导语:今天,老师带来了一个森林里的故事,我们一起来看一看!

2. 集体欣赏视频,了解、讲述故事内容。

(1) 欣赏视频片段一。

• 师幼讨论,了解故事主要角色。

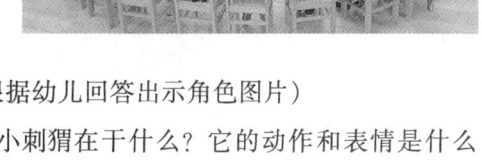

指导语:刚才动画片里都有哪些小动物?(根据幼儿回答出示角色图片)

小刺猬在干什么?它的动作和表情是什么样子的?

我们一起来学一学小刺猬是怎样背果子的。

山羊遇到了什么事儿?它的心情怎么样?

躲雨怎么躲?我们来学一学!

小兔遇到什么事情?

这只大灰狼看起来怎么样？小兔心里感觉……学学小兔紧张害怕的样子。（引导幼儿模仿小兔紧张害怕的样子）

- 讨论故事中的角色对话，并尝试用声音表现。

指导语：小刺猬、山羊、小兔它们想请谁帮忙？它们是怎么说的呢？

小猪有没有帮助它们？它是怎么说的？

- 师幼共同讲述。

指导语：原来，在森林里，有一只小刺猬……

指导语：你们觉得小猪这样做好不好，对不对？它应该怎么做？

（2）欣赏视频片段二。

- 引导幼儿猜测后面的故事内容。

指导语：如果小猪遇到麻烦，你们觉得其他小动物会不会来救它？

- 欣赏视频片段二。
- 师幼讨论、讲述片段二的内容。

指导语：小猪遇到了什么麻烦？

小动物们有没有帮助它？是怎么帮助它的？

- 根据幼儿回答，出示图片，丰富幼儿相关动词经验。

指导语：谁能把三只小动物帮助小猪的过程连起来说一说。

小兔怎么做的？山羊怎么做的？小刺猬是怎么做的？

小动物做得对不对，好不好？

3. 欣赏完整视频，并给故事进行配音。

指导语：刚才我们看的这个动画片是《孤独的小猪》。

我们一起再来看一看，大家也可以跟在后面说一说！

4. 情景模拟，体验相互帮助的乐趣。

指导语：你们觉得以后小动物们再遇到困难，小猪会怎么做呢？

老师扮演小刺猬、山羊、小兔，你们来演小猪，你们该怎么帮我？

附

【故事】

孤独的小猪

改编自动画片《孤独的小猪》

一天,一只小刺猬出去采果子。回来时,身上的果子取不下来了。它看到了小猪家,就站在篱笆外请求:"小猪,小猪,请你帮我把果子取下来,好吗?"小猪被吵醒了,推开窗户,说道:"我不帮别人,也不要别人帮忙!"说完,"呼"一下关上了窗户。"唉!"小刺猬失望地走了。

小山羊正在吃草,突然,天上下起了大雨。小山羊手举荷叶跑到小猪家门口:"小猪,小猪,请你让我进去避避雨,好吗?"小猪推开窗户,说道:"我不帮别人,也不要别人帮忙!"说完,"呼"一下关上了窗户。"唉!"小山羊失望地走了。

小兔正在外面散步,一只大灰狼跳了出来,想吃小兔。小兔赶紧逃跑,它跑到了小猪家门口:"小猪,小猪,请你让我进去躲躲,好吗?""我不帮助别人,也不要别人帮忙!"小猪还是那句话。房子、篱笆都看不下去了:"小兔很危险。"篱笆分开了一道缝隙,小兔急忙进去,大灰狼被夹住了,小兔顺利逃走了。

大灰狼气坏了,气势汹汹地想冲破篱笆扑向小猪。小猪倚着篱笆唱起了歌:"谁也别想进来!"篱笆说:"你不是不要别人帮忙的吗!"自己卷起来离开了小猪。小猪慌了,跑进门内,插上门窗。门窗说:"你不是不要别人帮忙的吗!"门窗自动打开,小猪堵也堵不上……小猪想找个东西保护自己,可是家里的东西都躲了起来,房子、大树也飞走了,大家都说:"你不是不要别人帮忙的吗!"

小猪拼命地逃,大灰狼紧紧地追。大灰狼一把抓住小猪,准备带回家烤着吃。小猪大声喊道:"救命啊!救命啊!……"

小动物们听见了,赶了过来。小兔抓起一把灰撒向大灰狼的眼睛,小羊用角把大灰狼撞出老远,小刺猬用刺扎进了大灰狼的脚……大家齐心协力,救出了小猪。小猪不好意思地对大家说:"对不起,我错了!谢谢你们救了我!"

大家说:"我们都是好朋友,大家要互相帮助!"小猪家的房子、树全都回来了,小猪把大家请进房子里,一起唱歌、跳舞、游戏,十分快乐。

活动二 我是小编剧

活动目标

1. 进一步熟悉剧本的结构与用途,尝试将故事《孤独的小猪》转化为剧本。
2. 迁移小剧本制作经验,大胆设计故事中角色的出场顺序与部分台词,在教师的帮助下用图配文的形式完成大剧本的制作。
3. 体验共同制作和阅读图配文剧本的快乐。

活动准备

1. 物质准备。
（1）大剧本。
（2）动画 DVD。
（3）记号笔、故事中角色图片。

2. 经验准备。
（1）幼儿对剧本的结构与作用已有初步的认识。
（2）幼儿有表演创意戏剧的经验。

活动过程

1. 根据剧情设计角色出场顺序和台词,完成班级表演剧本的制作。
（1）出示大剧本,激发共同制作大剧本的愿望。

指导语: 这是什么?（出示大剧本）

今天我们要来制作《小猪噜噜》的表演剧本。

什么是剧本?剧本里有什么?

（2）结合动画 DVD,师幼共同制作表演剧本。

● 交流、讨论第一幕的角色及台词,完成第一幕剧本制作。

指导语: 这是什么地方?有哪几个角色?

谁先出场?接着是谁?小猪很喜欢它的家,它会怎么说?

谁有不同的意见?你们感觉怎样设计更好一些?（讨论后,请幼儿选择相应的角色图片有序地贴到剧本中"角色"和"台词"部分。必要时,教师可以用笔添加图画或简单的文字,使之更完整）

接下来,发生了什么事?

谁上场?它们会说些什么、做些什么?（讨论后,师幼共同用贴纸或画笔在大剧本上进行记录）

第一幕剧本完成了,我们看着这段剧本,一起来试着表演表演。

- 交流、讨论第二幕的角色及台词,完成第二幕剧本制作。

指导语: 发生了什么事情?小动物们是怎么向小猪求助的?小猪又是怎么拒绝的?

没有得到小猪的帮助,小动物们会说什么?谁来学一学?

篱笆、房子和大树看见了会怎么说?

(在讨论的同时,师幼共同用贴纸或画笔在大剧本上进行记录)

第二幕剧本完成了,我们看着这段剧本,一起来试着表演表演。

- 交流、讨论第三幕的角色及台词,完成第三幕剧本制作。

指导语: 接下来,讲的是什么故事?这一段故事里,都有哪些角色?

大灰狼看见小猪,是怎么做的?它可能会说些什么?

小猪是怎么做的?它可能会说些什么?

篱笆(木屋、大树)是怎么说、怎么做的?

(师幼共同尝试看剧本表演,讨论并完善剧本)

- 根据故事内容,师幼共同完成第四幕剧本的制作。

指导语: 大灰狼抓住了小猪,会说什么?小猪会说什么?

小动物们在与大野狼战斗时,会说什么?

小猪是怎么获救的?它会对大家说什么?小猪终于发现了什么?

(幼儿交流自己的想法后,师幼共同用贴纸或画笔在大剧本上进行记录,集体学说并完善)

2. 师幼共同阅读剧本并尝试表演,体验自制剧本和合作表演的快乐。

指导语: 有了这本大剧本,我们就可以知道怎样进行表演。小动物们谁先说?说什么?谁后说?说什么?……

《小猪噜噜》中有哪些角色?你们想演谁?(师幼共同分配角色)

我们一起看着大剧本,试着分角色来表演表演。(师幼共同表演,教师可适当以语言或动作提示幼儿)

这是我们自己设计的大剧本,我把它贴在班上。平时,大家可以看着这份剧本来练习表演。在家里,小朋友也可以看着自己的小剧本,和爸爸妈妈一起表演《小猪噜噜》。

活动延伸

教师把大剧本贴在表演区内,供幼儿自主阅读,对照剧本练习表演。

活动三 可爱的小猪

活动目标

1. 认识猪的外形特征,初步形成"家畜"的概念。

2. 学习有序的观察方法,进一步感知猪的身体结构和特点。

3. 激发关爱动物的情感。

活动准备

1. 猪的图片。

2. 养猪场图片。

3. 皮带、皮鞋、皮包、毛刷及猪肉制品的图片或实物。

活动过程

1. 播放猪的叫声,引出主题。

指导语: 我请来的客人是谁?

你见过猪吗?它是什么样子的?(幼儿讨论、发言,可以用身体动作、语言形式来表现,教师根据幼儿的简单讲述,用简笔画的形式画出猪的基本外形)

2. 学习有序的观察方法,了解猪的身体结构和特点。

(1) 幼儿自由观察猪的图片。

指导语: 请小朋友们从头到脚仔细看一看图片,等一会按照从头到脚的顺序说说你的发现。

(2) 个别幼儿介绍自己的发现。

(3) 从头到脚仔细观察。

指导语: 猪的头上有什么?它是什么样子的?(教师引导幼儿学做扇扇猪耳朵、翘翘猪鼻子的动作)

猪的身体是什么样子的?身体下面有什么?身体的后面有什么?(教师引导幼儿学做胖胖的猪走路的动作)

(4) 结合图片小结。

指导语: 猪有两只大大的耳朵和两只小小的眼睛,翘翘的鼻子,两个鼻孔是向前的。猪的全身长满了皮毛,胖胖的身体下面有四条腿,身体后面有一条细细的小尾巴。

3. 观看养猪场图片,初步了解猪的生活习性。

指导语: 猪的家在哪儿?爱吃些什么?

小结: 农民饲养的猪住在猪圈里,爱吃专门的猪饲料及煮熟的菜和饭。

4. 观察猫、狗、羊、兔等图片,初步形成"家畜"的概念。

指导语: 这些小动物与猪相比,它们在哪些地方是相同的?你们在哪里见过它们?

师幼共同小结: 这些小动物和猪一样,都是家畜。它们都有头、身体、四肢、尾巴,可以在家里饲养。

5. 探讨猪与人类的关系。

指导语：猪是我们人类的朋友,谁知道猪有什么用呢?

猪皮可以做什么?(皮包、皮夹、皮鞋)

猪毛可以做什么?(刷子)猪粪可以做什么?(肥料)

猪肉可以做什么?(香肠、火腿肠、肉松等)

活动延伸

投放小动物的拼图,让幼儿玩拼图游戏。游戏可以独自进行,也可以两人或多人合作完成。

活动四 可爱的小动物

活动目标

1. 在学唱歌曲第一段的基础上,学习根据小动物的特点编唱歌曲。
2. 尝试用简单的动作表现小动物的特征,边唱歌边表演。
3. 体验和同伴共同表演的乐趣。

活动准备

小动物手偶。

活动过程

1. 观察动物手偶,表述小动物特征。

指导语：今天有一些小动物到我们班来做客了,你们看谁来啦?

我们先来认识一下小羊,哪位小朋友能向大家介绍一下小羊呢?(引导幼儿从名称、叫声、外形等方面介绍)

还有什么小动物呢?(分别出示小兔、小狗,请幼儿介绍其特征)

2. 熟悉歌曲旋律,学唱歌曲第一段。

(1) 欣赏歌曲第一段。

指导语：小动物们还带来了介绍自己的歌曲呢。我们来听一听。

(2) 学唱歌曲第一段。

指导语：小羊是怎样介绍自己的? 我们一起学一学、唱一唱。

小羊介绍自己的歌曲会唱了吗? 还有哪里有困难?

3. 迁移已有经验,编唱小兔、小猫的歌曲。

(1) 编唱小兔的歌曲。

指导语：小羊是怎样介绍自己的? 小兔又会怎样介绍自己呢?

小兔是什么样子的? 它爱吃什么? 走路有什么特点? 我们把这些编进歌曲里唱一唱。

(2) 编唱小猫的歌曲。

指导语：小猫又会怎样介绍自己呢？我们也来唱一唱。

4. 创编动作表演唱，体验歌表演带来的乐趣。

(1) 创编小动物的动作。

指导语：这些可爱的小动物很想加上动作介绍自己，你们能帮帮它们吗？（引导幼儿根据小羊、小兔、小猫的特点创编动作）

(2) 边唱边表演小羊、小兔、小猫的动作。

指导语：表演的时候，小动物们别忘了用好听的声音来唱歌哦！

(3) 分组进行即兴表演唱。

指导语：哪些小朋友想表演小羊（小兔、小猫）唱歌？我们到前面来唱一唱、演一演。（可视情况交换角色表演）

(4) 分享歌表演的感受。

指导语：今天，大家帮小动物编了介绍自己的歌曲，还编了表演的动作，心情怎么样？大家回去后，可以把自己编的歌曲表演给爸爸妈妈听一听、看一看。

附

【歌曲】

可爱的小动物

1=C 2/4

曲选自《粉刷匠》
石幼 填词

中速

| 5 3 5 3 | 5 3 1 | 2 4 3 2 | 5 — | 5 3 5 3 |

我是一只 小山羊， 咩咩咩咩 咩。 身上穿着
我是一只 小白兔， 跳跳跳跳 跳。 爱吃青菜
我是一只 小花猫， 喵喵喵喵 喵， 爪子拍拍

| 5 3 1 | 2 4 3 2 | 1 — | 2 2 4 4 | 3 1 5 |

白衣裳， 胡子真漂 亮。 山上草儿 长得好，
和萝卜， 耳朵竖起 来。 眼睛红红 尾巴短，
嘴巴翘， 爱抓小老 鼠。 舔舔爪子 洗洗脸，

| 2 4 3 2 | 5 — | 5 3 5 3 | 5 3 1 | 2 4 3 2 | 1 0 ‖

羊儿吃得 饱。 我是一只 小山羊， 咩咩咩咩 咩。
长得真可 爱， 我是一只 小白兔， 跳跳跳跳 跳。
小猫真可 爱。 我是一只 小花猫， 喵喵喵喵 喵。

【动作建议】

第一段（小山羊）

[1—4]小节：双手放于胸前，食指放在头上做羊状。

[5—8]小节：两手放于身体两侧，手捋胡须两下。

[9—12]小节：左手指尖指向上方，双手摸肚绕圈。

[13—16]小节：双手放于胸前，食指放在头上做羊状。

第二段（小白兔）

[1—4]小节：双手放于胸前，两手指在头上进行蹦跳。

[5—8]小节：两手高举后手放后，双手做看的动作。

[9—12]小节：食指指眼睛，手向后做游动状，两手食指指向脸。

[13—16]小节：双手放于胸前，两手指在头上进行蹦跳。

第三段（小花猫）

[1—4]小节：双手放于胸前，五指张开学猫叫。

[5—8]小节：食指在嘴边，伸懒腰。

[9—12]小节：捋胡子单手摸肩膀，左右看。

[13—16]小节：双手放于胸前，五指张开学猫叫。

活动五　大野狼之歌

活动目标

1. 熟悉歌曲旋律，理解歌词内容，用自然的声音演唱歌曲。
2. 迁移对狼的认知经验，创编表现大野狼的身体动作。
3. 感受与教师、同伴一起歌唱与游戏的快乐。

活动准备

1. 经验准备。

幼儿已了解狼的外形特征。

2. 物质准备。

狼的头饰、歌曲图谱。

活动过程

1. 情境导入，引出歌曲。

指导语：你们见过狼吗？在你们心目中，大野狼是什么样子的？

森林里有一只大野狼，它的肚子很饿，就出去寻找食物。它一边走，还一边唱着歌呢。

它是怎么唱的呢?

2. 欣赏歌曲,感受旋律与歌词。

指导语:大野狼唱了些什么?谁能用歌里的话来说一说?(教师范唱歌曲后,引导幼儿回答,并根据幼儿的回答出示相应的图谱)

大野狼还唱了些什么?(再次范唱歌曲,将图谱补充完整)

3. 根据图谱提示,学唱歌曲。

指导语:大野狼唱了些什么?(教师指图,引导幼儿进一步熟悉歌词内容)

我们一起跟着音乐来唱一唱!(在图谱的提示下,引导幼儿进一步熟悉歌曲旋律与歌词)

4. 创编身体动作,演唱歌曲。

指导语:大野狼是什么样子的?可以加上什么动作来表演?我们加上动作唱一唱、演一演。(引导幼儿结合生活经验和歌词内容创编动作,尝试加上动作演唱)

5. 游戏"大野狼来了"。

指导语:小动物们在森林里玩耍,大野狼出现了。大野狼一边唱歌一边寻找食物,每次唱到"啦啦啦啦啦啦啦""呜呜呜呜呜呜呜"时,大野狼会回头张望,小动物们吓得赶紧躲好,生怕被大野狼发现、吃掉。现在,我们来当森林里的小动物,请×老师来当大野狼,大家一起来玩一玩"大野狼来了"的游戏。

附

【歌曲】

大野狼之歌

曲选自《狮王进行曲》(节选)

[法]圣 桑 曲
石 幼 填词

1=C 4/4

前奏

(5 5 5 | 5 5555 555 | 5 5555 555 | 5 6 5 6 |

5 6 5 6) | 6 333 4.3 23 | 1 767 127 — | 6 333 4.3 23 |

　　　　　　 我是一只大 野狼, 啦啦啦啦啦啦啦。 我的歌声多 美妙,

1 232 171 — | 6 333 4.3 23 | 1 767 127 — | 6 333 4.3 23 |

呜呜呜呜呜呜呜。 发现猎物把它吃掉, 啦啦啦啦啦啦啦。 饱餐一顿睡 大觉,

B段

1 2 3 2 1 7 1 — | 3456 7123 4321 7654 | 3 33 3 3 3 3 |

呜呜呜呜呜 呜 呜。　　　　(模仿狼叫)

[3]
3456 7123 4321 7654 | 3 33 3 3 3 | [5] 6712 3456 7654 3217 |

(模仿狼叫)　　　　　　　　　　　　　　　　(模仿狼叫)

6 33 3 3 4 4 | [7] 6712 3456 7654 3217 | 6 33 3 3 #4 #4 ‖

　　　　　　　　　(模仿狼叫)

【动作建议】

A 段

[1]小节:随音乐有节奏地做狼的动作,向前走。

[2]小节:狼回头,小动物在后躲好。

[3]小节:慢慢将双手摊开,双手做喇叭状朝一边呼喊。

[4]小节:狼回头,小动物在后躲好。

[5]小节:手指伸向前,双手在嘴两边握住。

[6]小节:狼回头,小动物在后躲好。

[7]小节:双手摸肚两下,做睡觉状。

[8]小节:狼回头,小动物在后躲好。

【教学图谱】

 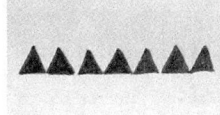  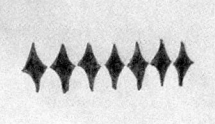

 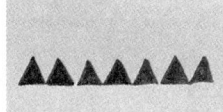  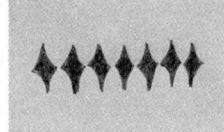

活动六 花栅栏

活动目标

1. 欣赏PPT,综合运用剪、折、画等方法制作纸杯花。
2. 在步骤图的帮助下,了解制作纸杯花的方法。
3. 体验用纸杯花装饰栅栏的成功与快乐。

活动准备

1. PPT。
2. 花栅栏一组。
3. 纸杯、剪刀、油画棒、有叶子的栅栏。

活动过程

1. 观察花栅栏,激发兴趣。

指导语: 今天老师带来一个栅栏,栅栏上有什么?是什么样子的?栅栏上的花是用什么做的?

2. 观看PPT,欣赏纸杯花的外形和色彩。

指导语: 纸杯花看起来怎么样?它们的花心(花瓣)是什么样子的?(引导幼儿从纸杯花的外形、色彩、花心、花瓣等方面进行欣赏)

师幼共同小结: 纸杯花五颜六色,看起来很美丽。它们的花心装饰的花纹不一样,有的是……有的是……还有的是……它们的花瓣有大有小,边缘也不一样,有的是圆弧形的,有的是锯齿形的,有的是波浪形的,还有的是……

3. 观看PPT,了解纸杯花的制作过程。

(1) 自由猜测纸杯花的制作方法。

指导语:猜一猜,这些美丽的纸杯花是怎么做出来的?

(2) 观察步骤图,了解纸杯花的制作步骤与要求。

指导语:这是制作纸杯花的步骤图,请小朋友仔细地看一看。

你们看懂步骤图了吗?谁来说一说?(请个别幼儿进行交流,其他小朋友补充)

你们觉得哪一步可能有困难?该怎么办?

(3) 重点了解剪纸杯、画花瓣边缘线的方法。

指导语:剪纸杯时要注意什么?(引导幼儿明确为了方便涂色,剪的花瓣要略大略宽一些)

你们希望自己的花瓣的边缘是什么样子的?怎样画?(引导幼儿了解画花瓣的边缘线时,可选择自己喜欢的线条,如:弧线、锯齿线、波浪线等,从这片花瓣的一条边画到另一条边……花瓣边缘线画好后,再沿着画好的线剪)

4. 幼儿操作,教师指导。

指导语:这是小猪噜噜家的栅栏,上面还没有花,请小朋友用纸杯做出漂亮的纸杯花来装扮栅栏吧。在制作纸杯花的时候,我们要注意些什么呀?(引导幼儿明确操作常规要求:想好后再动手制作、注意安全、碎纸放在篓子里……)

5. 展示作品,体验成功的快乐。

指导语:请小朋友将自己的纸杯花贴到栅栏上。

现在,栅栏变得怎么样了?花栅栏上的花是怎么变出来的?你们看到了什么样的纸杯花?感觉怎么样?

这是我们制作的花栅栏,真美呀!我们一起跟它合个影吧。

活动七　卷篱笆

活动目标

1. 练习走螺旋队形,协调、自然地行进走或跑。
2. 通过观察毛巾的变化和自己身体的变化,发现螺旋线的特征。
3. 学习控制行进走时的空间距离,体验与同伴合作走螺旋队形的快乐。

活动准备

1. 经验准备。

幼儿有卷毛巾的经验。

2. 物质准备。

热身操及放松音乐,小鼓一面。

活动过程

1. 准备活动。

(1) 一路纵队走跑交替进场。

(2) 热身操。

指导语: 今天天气真好,小猪出来晒太阳啦。我们一起学小猪,动起来吧。

2. 基本活动。

(1) 自由探索两两结伴卷成螺旋状的方法。

指导语: 我们都卷过毛巾,卷好的毛巾筒两端是什么形状的?

现在,我来当毛巾,你们能把我卷起来吗?(教师张开双臂成侧平举状,请个别幼儿尝试将"毛巾"卷起来)

请小朋友两人一组,试着卷一卷。(幼儿两两结伴,尝试将身体卷成螺旋状)

如果两个人一组当毛巾,你们能卷成螺旋状吗?请大家试一试。

(2) 8—10 人一组,探索螺旋队形的走法。

指导语: 篱笆是什么样子的?我们可以怎样变成篱笆?

请小朋友 8 人一组,手拉手变成篱笆,试一试怎样卷篱笆。看看哪一个小组能走出和螺旋形相符合的队形。(幼儿自由分组,探索走螺旋形)

(3) 交流经验,学习走螺旋队形的方法。

指导语: 你们是怎样卷篱笆的?哪一组愿意给大家演一演?(请一组幼儿示范)

他们是怎样卷篱笆的?他们的篱笆卷得怎么样?怎样才能卷得又快又紧?(引导幼儿发现:全组小朋友要站成一横队,以排头小朋友为轴心,排尾小朋友带领全队按螺旋形围绕

排头小朋友走。小朋友要边走边看,保持适当的距离,靠近里圈的小朋友走,这样篱笆才能卷得又快又好)

(4) 分组再次练习。

指导语:请小朋友们再去试一试。(教师注意提示幼儿及时调整自己的位置和步伐,保持一定的队形)

(5) 全班变成长篱笆,练习走螺旋队形。

指导语:现在,我们全班小朋友就是长长的篱笆,我们一起来卷一卷。(教师注意提示幼儿手拉手不松开,保持适当距离,及时调整自己的位置和步伐)

篱笆卷好了,怎样重新变成长长的篱笆呢?我们来试一试。

(6) 变化行进速度走螺旋队形。

指导语:这次,我们要听着鼓点卷篱笆。鼓点慢,我们走的速度要慢一点;鼓点快,我们走的速度要怎样?如果鼓点停了下来,我们怎么办?(引导幼儿明确根据鼓点的节奏变速卷篱笆,鼓点停时,手不能松开,身体保持一定的造型)

3. 放松活动。

指导语:今天小朋友们玩了"卷篱笆"的游戏。我们是怎样卷篱笆的?大家一起卷篱笆,感觉怎么样?要注意些什么?

让我们听着音乐放松放松身体吧。(播放音乐,师幼共同放松身体)

活动八 美丽的家园

活动目标

1. 初步熟悉乐曲旋律,感受音乐 ABAC 的结构特点和活泼、欢快的旋律风格。
2. 大胆想象、创编,用不同的动作表现篱笆、房子、树。
3. 体验篱笆、房子、树在一起游戏的快乐心情。

活动准备

1. 乐曲《单簧管波尔卡》。
2. 舞蹈视频。

活动过程

1. 回顾故事内容,导入活动。

指导语:故事《小猪噜噜》中,小猪的家里都有什么?

小猪家的周围有房子、树、篱笆,它们很喜欢每天随着音乐跳舞呢。有一段音乐,是它们最爱听的。我们也来听一听。

2. 欣赏乐曲,尝试用语言、动作等交流自己的初步感受。

(1) 初次欣赏乐曲。

指导语: 这首乐曲听起来感觉怎么样?房子、树、篱笆可能会跳什么样的舞蹈?为什么?

(2) 再次欣赏乐曲。

指导语: 这首乐曲有几段?哪两段是一样的?

3. 迁移经验,创编动作随乐表现。

(1) 创编房子的动作。

指导语: 房子会怎样随着音乐跳舞呢?听着第一段音乐,房子会做什么动作?第二段和第三段呢?我们来试一试。(鼓励幼儿根据房子的特点和音乐的结构,自由创编动作)

有一个小朋友创编的房子动作很有趣,我们来看一看、学一学。(请个别幼儿展示并介绍,引导其他小朋友学习)

(2) 创编树和篱笆的动作。

4. 想象房子、树和篱笆一起跳舞的场景,自由分组探索表现。

指导语: 刚才,我们每个小朋友是各自做着动作,能不能几个人一起表现房子和大树、篱笆跳舞呢?(幼儿自由找同伴合作表现房子、树、篱笆一起跳舞的动作,教师适时指导)

房子们(树、篱笆)是怎么跳舞的?谁想表演给大家看一看?(教师请小朋友们轮流展示)

5. 欣赏视频,激发进一步学习的兴趣。

指导语: 上一届的中班小朋友是怎样表现房子、树和篱笆跳舞的呢?我们一起来看一看、学一学。(播放视频)

小朋友们是怎么跳的?他们表演时队形和位置有什么变化?

表演时,我们还可以加上队形和位置的变化。大家可以在表演区再去想一想、试一试。

活动延伸

区域活动:在表演区中提供舞蹈视频、乐曲、队形图、表演服饰等,让幼儿自由进行歌舞表演。

附

【乐曲】

单簧管波尔卡

1=♭B 2/4

[波]普罗修斯卡 曲

A
(1　1　|1)　|0 54|3513 5135|3 3　3 35|3 35 3 35|

5427 5 65|4572 5724|7 7　7 64|7 64 7 64|6531 5 54|

3513 5135|3 3　3 35|3 35 3 35|5427 5 65|4572 5724|

7 7 7 64|5 76 5432|1 1 1 0 :||1.2. 1 1 1|3. B 1 1 1|:5654 6545|

351 3 5|3543 2432|1332 1765|565 45 6545|351 3 5|

3543 2432|1.1 1 1 :||2. 1 1 1 54|C 0 5|5.|3 1 6|

5.　54|3515 3515|4575 4 4|4.|2 7 6|5.|5 6 5|

7　7|6531 5 5|5.|3 1 6|5.|54|3515 3515|

4575 4 4|4.|2 7 6|5.|5 6 5|5 65 4567|1 1 1 54||

【动作建议】

房子

A段:幼儿随着音乐一边拍手一边按节奏走,走成两纵排。

B段:幼儿随着音乐做上下交替的动作。

C段:幼儿结伴摆整体造型。

树

A段:幼儿一边随着音乐举起双手,左右摇晃,一边按节奏走成大圆。

B段:幼儿随音乐在圈上做向中心聚拢后散开的动作。

C段:幼儿结伴摆整体造型。

篱笆

A段:幼儿随音乐一边双手在胸前做绕毛线的动作,一边小跑步上场,8拍停下,原地拍4下手,继续重复站成两排。

B段:幼儿随着音乐双手叉腰做穿插动作。

C段:幼儿结伴摆整体造型。

活动九 智斗大灰狼

活动目标

1. 感受乐曲的段落变化,并随乐进行律动。

2. 尝试随乐自主表现比力气、比跳舞、比歌声的动作,创造性地表现"小动物智斗大灰狼"的游戏情节。

3. 愿意加入到游戏中,感受与同伴互动游戏带来的快乐。

活动准备

剪辑好的《忐忑》音乐。

活动过程

1. 回顾故事情节,激发活动兴趣。

指导语:故事《小猪噜噜》中,谁救了小猪?是怎么救的?

小动物们救下小猪后,大灰狼会死心吗?它会怎么做?

2. 倾听"小动物智斗大灰狼"的故事,感受乐曲的旋律特点。

(1)了解"小动物智斗大灰狼"的故事。

指导语:小动物们救下小猪后,大灰狼并没有死心,它偷偷跟在小动物们后面,跳出来挡住小动物们的去路。小动物们想出了各种方法与大灰狼进行比试。先比力气,又比跳舞,最后还比起歌声……大灰狼嗷嗷的叫声把猎人引来了,猎人一枪把大灰狼给打死了,小动物们开心地欢呼起来。

小动物和大灰狼比试了什么?先比试什么?然后呢?最后呢?(引导幼儿进一步明确小动物和大灰狼比试的内容顺序)

(2)感受音乐的旋律特点。

指导语: 有一首乐曲,说的就是小动物智斗大灰狼的事情。我们来听一听。(播放音乐)

这首乐曲听起来感觉怎么样?在音乐里还听到了什么声音?"笑声"和"枪声"可能是谁发出的?表示什么意思?(引导幼儿发现乐曲中的"笑声"和"枪声",尝试根据教师讲述的故事展开想象)

3. 尝试跟随音乐,表现"小动物"的机智勇敢。

(1)创编小动物比试的动作。

指导语: 小动物们救出小猪后往回走,发现了大灰狼,大家团结一致,与大灰狼比力气、比跳舞、比歌声。它们会怎样用动作表示自己力量很大、身体灵活、声音响亮呢?(引导幼儿创编身体动作,从中选择、确定一组动作)

(2)随乐表现小动物的动作。

指导语: 真是一群机智勇敢的"小动物"!我们把刚才练习的本领连起来,跟着音乐试一试。(播放音乐,教师带领幼儿随乐律动)

4. 分角色游戏,表现"小动物智斗大灰狼"的情境。

(1)师幼合作游戏。

指导语: 小动物们走的时候,大灰狼在干什么?大灰狼什么时候跳出来?

小动物和大灰狼会怎样进行比试呢?(根据音乐的结构特点,引导幼儿明确游戏流程:小动物和大灰狼轮流展示力气和灵活性,一起吼叫,最后枪声响起,大灰狼被击毙,小动物欢呼)

我来做大灰狼,你们做小动物,我们来玩一玩。(听音乐游戏)

你们做大灰狼,我来做小动物,我们再来玩一玩。(听音乐游戏)

(2) 两两合作游戏。

指导语:请小朋友和好朋友手拉手找个空地方站好,商量好谁是小动物、谁演大灰狼,听着音乐玩一玩游戏。(反复游戏数遍)

(3) 一对多合作游戏。

指导语:请一位小朋友扮演大野狼,我们一起听着音乐玩一玩这个游戏。

附

【乐曲】

忐 忑
(节选)

老锣 词曲

1=C 2/4

```
6 66 6 66 | 6 66 6 66 | 6 66 6 66 | 6 - | 6 66 6 66 |
6 66 6 66 | 6 66 6 66 | 6 - | 6161 6535 | 6 - |
6161 6535 | 6 3 | 61 2 61 2 61 | 2321 6 | 612 6123 |
5 - | 6161 6535 | 6161 6535 | 6126 1261 | 2361 2361 |
2352 3 | 3 0 | 2352 3 | 3 0 1235 | 6 35 6 35 |
6 35 6532 | 3 12 3 12 | 3 0 | 1 56 1 56 | 1 56 1653 |
6 35 6 35 | 6 6532 | 3 - | 3 - | 5 55 5 55 | 5 55 5 55 |
5 55 5 55 | 5 - | 3 33 3 33 | 3 33 3 33 | 3 33 3 33 | 3 - |
5 55 5 55 | 5 55 5 55 | 5 55 5 55 | 5 - | 3 33 3 33 | 3 33 3 33 |
3 33 3 33 | 3 - | 5635 6156 | 2312 3561 | 2 - | 3 - ‖
```

【游戏玩法】

前奏：

小动物在前，大灰狼在后，做好游戏准备。

A段：

小动物在前面走，大灰狼在后面跟着走，听到音乐中出现笑声时，大灰狼跳到小动物跟前，挡住小动物们的去路，很得意地想要去吃掉小动物。

B段：

小动物与大灰狼比斗：小动物先展示自己的力气，大灰狼再展示自己的力气；小动物展示身体的灵活性，大灰狼再展示身体的灵活性……最后，小动物和大灰狼都不甘示弱，一起展示自己的声音。枪声响起时，大灰狼倒地"死"去，小动物欢呼。

活动十 小动物欢庆舞

活动目标

1. 在熟悉乐曲的基础上，学跳双圈集体舞，动作合拍、协调。
2. 通过观察、模仿，在手腕花的提示下，学习结伴游戏。
3. 舞蹈时能与同伴用目光、体态交流，情绪愉快。

活动准备

1. 经验准备。

幼儿已学习初级动作模型。

2. 物质准备。

音乐《玛丽波尔卡》，手腕花。

活动过程

1. 欣赏故事，复习。（基础动作）

指导语：森林里，有一群小动物，他们战胜了大灰狼，开心极了。它们和好朋友一起玩起了转圈圈、挠痒痒的游戏，还摆出了各种胜利的姿势。我们就是这群快乐的小动物，大家一起听着音乐来玩一玩吧。（复习律动）

2. 观察教师示范，学习两人互动游戏。

指导语：刚才我们是一个人玩游戏、做动作。如果两个人合作玩，会更加有趣。我请×老师跟我一起玩，请小朋友一边听音乐，一边看看我们是怎么玩的。（两名教师示范）

我和×老师是怎么玩的?(自由回答)

我和×老师是怎样转圈圈(挠痒痒)的?(引导幼儿学习两人合作转圈、互相挠痒痒)

我和×老师还玩了什么游戏?是怎么玩的?请小朋友和我一起来玩一玩照镜子的游戏。(引导幼儿通过观察,发现"照镜子"游戏中,一个人先做动作,另一个人学习模仿,一共做了四个动作;然后,教师当带头人,与小朋友玩"照镜子"游戏)

请你们跟旁边的小朋友试着玩一玩"照镜子"的游戏,商量好谁来做动作,谁来学做动作。(两两结伴游戏)

3. 跟随音乐,两两结伴游戏。

指导语:请小朋友们站成双圈,里圈和外圈的小朋友面对面站好。我们听着音乐来玩一玩。(听音乐结伴游戏)

在跟好朋友玩转圈圈、挠痒痒、照镜子时,你们遇到了什么问题?应该怎么办?我们再来试一试、玩一玩。

4. 交换舞伴,继续游戏。

(1)了解交换舞伴的方法。

指导语:这次我们要交换一个舞伴玩游戏了。可以怎么换舞伴呢?

你们的新舞伴会是谁呢?请小朋友们伸出戴手腕花的手,指向斜前方的朋友,他就是你的新舞伴。你的新舞伴是谁呀?(请部分小朋友说出新舞伴的名字)

请外圈小朋友顺着戴手腕花的手的方向向前走四步,走到你的新舞伴前。我们来试一试。(教师哼唱音乐,幼儿尝试交换舞伴)

(2)听音乐完整游戏。

指导语:我们听着音乐,跟好朋友们一起欢庆胜利吧。(反复游戏数遍)

附

【乐曲】

玛丽波尔卡

1=C 4/4
欢快的

杨铁钢 曲

(5 6 5 #4 5   5 6 5 #4 5 | 5 7 2̇ 7 1̇ 1̇)

‖: 3 5 5#45 3 5 5#45 | 5 4̇ 3̇ 2̇ 5 3̇ 2̇ 1̇ | 3 5 5#45 3 5 5#45 |

5 4̇ 3̇ 2̇ 1̇ 3̇ 1̇ | 3 5 5#45 3 5 5#45 | 5 4̇ 3̇ 2̇ 5 3̇ 2̇ 1̇ |

3 5 5#45 3 5 5#45 | 5 4̇ 3̇ 2̇ 1̇ 3̇ 1̇(2̇2̇ | 2̇ - - - (2̇2̇ |

2̇ - - - (2̇2̇ | 2̇ - - - (2̇2̇ | 2̇ - 5 0 |

3 5 5#45 3 5 5#45 | 5 4̇ 3̇ 2̇ 5 3̇ 2̇ 1̇ | 3 5 5#45 3 5 5#45 |

5 4̇ 3̇ 2̇ 1̇ 3̇ 1̇ | 3 5 5#45 3 5 5#45 | 5 4̇ 3̇ 2̇ 5 3̇ 2̇ 1̇ |

3 5 5#45 3 5 5#45 | 5 4̇ 3̇ 2̇ 1̇ 3̇ 1̇ :‖ 6. ♭7 1̇ -
Fine.

1̇ #1̇ 2̇. #1̇ 1̇ 7 ♭7 | 5. 6 ♭7 - | 3̇ 3̇ 2̇ 1̇ 7 1̇ 2̇ 1̇ |

6. ♭7 1̇ - | 1̇ #1̇ 2̇. #1̇ 1̇ 7 ♭7 | 1̇ 7 6 5 1 6 5 4 | 1̇ 2̇ 1̇ 7 2̇ 3̇ 4 4 4 ‖
D.C.

【动作建议】

前奏：幼儿站双圈，面对面站好。

［1—2］小节：手部自然摆动，原地走四步，然后拍两下手。

［3—4］小节：重复［1—2］小节动作。

［5—6］小节：重复［1—2］小节动作。

［7—8］小节：重复［1—2］小节动作。

［9—10］小节：一只手背后，另一只手向体侧打开，做邀请状；同时，一只脚向前伸出，脚跟点地，另一只脚不动，膝盖稍稍弯曲。

［11—12］小节：同［9—10］小节，方向相反。

［13—14］小节：里外圈的舞伴手拉手转圈。

［15—16］小节：里外圈的舞伴相互挠痒痒。

［17—20］小节：重复［15—16］小节动作。

［21—22］小节：两人玩"照镜子"游戏。一个幼儿做动作，另一个幼儿模仿。

［23—28］小节：玩法同［21—22］小节，注意变化动作。

（循环游戏时，第一小节，外圈小朋友顺着带手腕花的手动方向向前走四步，走到下一个舞伴前，交换舞伴）

【表演剧本】

第一幕：美丽的家园

角 色	台 词	动 作
旁白	小猪有一个漂亮的家，宽敞的木屋、坚固的篱笆、茂盛的大树，小猪可喜欢它的家啦！	木屋、篱笆、大树上场。
木屋、篱笆、大树		音乐起，木屋、篱笆、大树表演舞蹈《美丽家园》。
小猪		演唱歌曲《可爱的小动物》之小猪部分，上场。
	这是我的大树，这是我的篱笆，这是我的木屋，这是我一个人的家，我最——喜欢它！	边说边做拥抱状，走到篱笆前，篱笆自动卷起来；走到木屋前，小猪开门进木屋，做休息状。

第二幕：孤独的小猪

角色	台词	动作或表情
小猫		边唱《可爱的小动物》之小猫部分边上场。
小猫	哎！好累啊！	背着果子，步伐越来越慢，并不停地擦汗。
小猫	咦？前面不是小猪的家吗？小猪！小猪！	呼喊。
小猪	真讨厌！干什么？	伸懒腰，皱着眉头探出头。
小猫	请你帮我拿掉几个果子，好吗？	指着背上的红果。
小猪	对不起，我不帮别人，我也不要别人帮忙！	摇摇头，继续回去睡觉。
小猫	啊？哎！	做惊讶状，摇摇头，失望地退场。
木屋、篱笆、大树	哎！	摇头、叹气。
小羊		演唱歌曲《可爱的小动物》之小羊部分，上场。
小羊	哎呀！下雨了！咦？前面不是小猪的家吗？	（打雷声和下雨声）把手放在头上做挡雨状，并到处躲闪。
小羊	小猪！小猪！请让我到屋里避避雨！	站在篱笆前，呼喊。
小猪	对不起，我不帮别人，我也不要别人帮忙！	摇摇头，继续回去睡觉。
小羊	啊？哎！	摇摇头，失望地退场。
木屋、篱笆、大树	哎！太不像话了！	摇头、叹气。

第三幕：大野狼来了

角色	台词	动作或表情
小兔		演唱歌曲《可爱的小动物》之小兔部分，上场，唱完后靠树休息。
大野狼		边唱歌曲《大野狼之歌》边上场。
大野狼	呀！好肥的兔子，让我一口吃了它！	看见兔子，抓兔子。
小兔	啊！大野狼！小猪！小猪！快让我躲一躲！	小兔惊慌、逃跑，大野狼追小兔。
小猪	对不起！我不帮别人，我也不要别人帮忙！	摇头。
木屋	小兔有危险，应该帮助它。	对着小猪说。

续表

角色	台词	动作或表情
大树	快让它进来!	摆动树枝说。
篱笆	我开门让它进来!	卷起一段。
小猪	不要你们管!	冲出去,把篱笆关好。
小兔	开门!开门!	边跑边喊。
小猪	不开!就不开!	抵住篱笆。
小兔	救命呀!救命呀!	大野狼追,小兔跑。小兔跑到篱笆前,篱笆开个小洞,小兔跑进去。大野狼扑过去,篱笆夹住大野狼,小兔从篱笆另一边的洞里钻出去,跑远。
大野狼	看你往哪儿跑!	
大野狼	哎呀!哎呀!哎呀!	使劲往外挣脱,坐到地上。
大野狼	小猪!小猪!快开门呀!	摸摸屁股,眼珠一转,走到篱笆前敲篱笆。
小猪	谁?	做倾听状。
大野狼	还有谁?我呀,我最喜欢你了!	摇头晃脑。
小猪	你是大野狼,我才不上当!	把头扭向一边。
大野狼	啊?你不开门?我自己冲进来!	生气,准备冲门。
小猪	我的篱笆牢又牢,你进不来的!	抱着胳膊,自豪地说。
篱笆		慢慢卷起来。
小猪	这是怎么了?	抱住篱笆,惊慌失措。
篱笆	你不是不要别人帮忙的吗?	篱笆卷起来,退场。
小猪	呜……我的篱笆,我的篱笆跑了……	蹲在地上哭。
小猪	啊,救命呀!	大野狼扑过来,小猪边喊边冲进屋子里。
木屋	你不是不要别人帮忙的吗?	木屋退场。
小猪	呜……我的木屋,我的木屋跑了……	蹲在地上哭。
小猪	啊,救命呀!	大野狼扑过来,小猪边喊边躲到大树后。
大树	你不是不要别人帮忙的吗?	大树退场。
小猪	救命呀!救命呀!	大野狼追,小猪躲。
大野狼	看你往哪儿跑!	大野狼追,小猪躲。
大野狼	哈哈,这下我抓到你了,回去让我美餐一顿	抓住小猪,开心地回家。
小猪	快来帮帮我!快来帮帮我!	边哭边喊。

第四幕：有困难，大家帮

角色	台词	动作或表情
三个小动物	帮不帮，帮不帮？	边走边做思考状。
	小猪有困难，我们一定要救它！	各自找"武器"。
小兔	小猪别急，我们来帮助你！	向大野狼眼里撒沙子。
小羊	嘿呀！	用头上的角撞大野狼，大野狼摔倒在地。
小刺猬	看我的！	边滚边用身上的刺刺向大野狼。
小兔、小羊、小刺猬	小猪快跑！	拉着小猪往前跑，退场。
大野狼	哎呀！我的眼睛！哎呀！我的肚子！哎呀！我的脚！疼死我了……我一定会回来的！	大野狼捂眼睛、肚子，退场。
小动物	大野狼被我们打败咯！	做欢呼状。
小猪	谢谢你们，以后谁有困难我一定帮助它，大家互相帮助力量大！	不好意思地说。
小羊	对！每个人都有需要帮助的时候，所以我们大家要互相帮助！	点头。
小兔	嘘！你们听，后面好像有动静。	音乐《智斗大野狼》。
小动物	我们真的胜利了！耶！	手手拉手一起往前走。
小兔、小刺猬	咦？小猪的家呢？	奇怪地到处找。
木屋、篱笆、大树	哎！我们回来啦。	木屋、大树、篱笆依次上场。
小动物	你帮我，我帮你，团结友爱朋友多，朋友多。	手拉手。
集体		集体舞《小动物欢庆舞》。

（三）金色的房子

☞ **设计思考**

《金色的房子》是一个经典的童话故事，它讲述了一个住在金色房子中的小女孩与小动物朋友之间发生的故事。听到别人夸赞房子漂亮时的开心,与动物朋友一起游戏的快乐,拒绝动物朋友请求到家中来玩后的孤单,接纳动物朋友和被动物朋友接纳后的愉悦……故事充满了童趣,贴近孩子的心理,语言自然优美,对话简洁、生动,重点语句朗朗上口,深受孩子们的喜爱,是对幼儿进行社会、语言、科学等方面教育的好教材。不少幼儿园曾尝试过将其编排为童话剧,但这种童话剧往往局限于班级的部分幼儿参演。

我们觉得,每个孩子在成长过程中,难免会有自私的一面。对于中班孩子而言,故事中有很多他们熟悉的角色和生活气息,有很多可供幼儿创造表现的戏剧元素。在设计主题活动方案时,我们关注了以下几点:

(1) 为树立主动关心别人的良好形象,我们删除了原著中小姑娘以种种理由拒绝小动物走进金色房子的请求情节。同时,对剧情进行了改编,金色房子里的孤单女孩——草地游戏时的遭遇下雨——邀请做客时的互相关心(小动物担心把房子弄脏,小姑娘怕小动物受凉)——金色房子里的快乐伙伴……突出了小姑娘独居时的孤单、和动物朋友一起玩的快乐、突遇下雨时的互相关爱、金色房子里聚会时的美妙时光。

(2) 为满足班级幼儿人人参与表演的需求,我们根据班级幼儿的特点,对角色进行了调整——将原有的动物角色由四个调整为两个,即蝴蝶、小羊,增加了房子、蘑菇等角色。

(3) 为增加表演的情趣性和创造性,我们注重了音乐与剧情的巧妙结合,设计了不少有趣的音乐律动游戏——编花篮、草地上的游戏、下雨的时候、地毯上的游戏……

(4) 为增强幼儿的自信心和成功感,我们设计了一系列的戏剧活动,有集体性教学活动,有区角游戏活动。希望孩子们在自主参与阅读、理解、制作、表现等活动的过程中,丰富戏剧表演的经验,体验演员、道具师等不同的工作,学会分工与合作,促进情感、能力等诸方面的和谐发展。

☞ 主题活动目标

1. 感受小姑娘和小动物间共同游戏、相互关心的美好情感,积极参与戏剧活动,体验跟好朋友一起游戏、分享、表演的快乐。

2. 理解故事的主要情节,能大胆地表达自己对故事情节和角色特点的理解,自主选择角色并创造性地表现。

3. 听辨音乐的旋律变化,能根据剧情发展的需要,与同伴有序地合作表演。

👉 主题网络

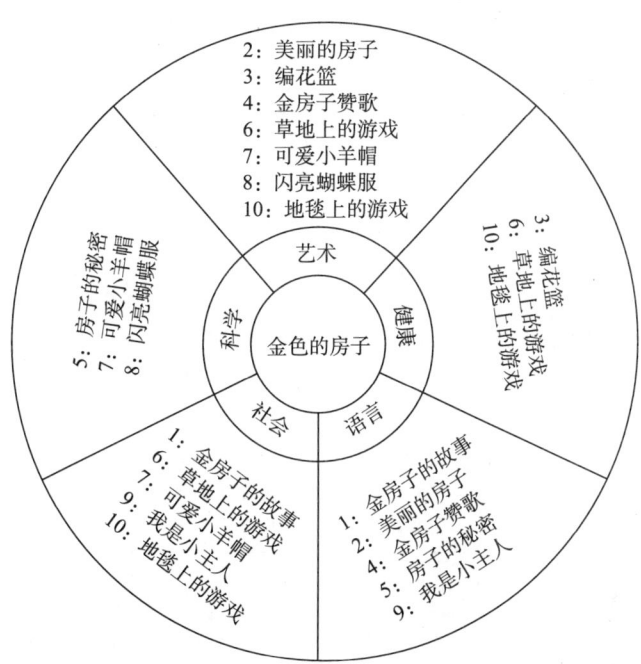

👉 主要教学活动一览表

序号	活动名称	主要涉及领域	活动目标
1	金房子的故事	语言、社会	1. 理解故事内容，了解游玩、邀请、躲雨的主要故事情节 2. 学习句式"不行不行，我爱……会……"，丰富词汇"亮堂堂" 3. 体验小姑娘与小动物之间互助友爱的温馨与快乐，增强分享意识
2	美丽的房子	艺术、语言	1. 欣赏各种各样的房子图片，学习用各种形状进行图形组合，表现金色的房子 2. 通过观察、欣赏、讨论等方法，设计并绘画金色的房子 3. 感受创意绘画的乐趣
3	编花篮	艺术、健康	1. 感受乐曲浓厚的地方特点，尝试随乐表现编花篮的游戏情节 2. 迁移玩丝巾的游戏经验，大胆想象、创编花篮造型 3. 遵守游戏规则，体验合乐游戏带来的快乐

续表

序号	活动名称	主要涉及领域	活动目标
4	金房子赞歌	艺术、语言	1. 在熟悉旋律的基础上,能跟着音乐的节奏演唱《金房子赞歌》 2. 通过观察、模仿,学习踏点步的基本动作 3. 体验河南民歌的韵味,感受与同伴共同演唱的乐趣
5	房子的秘密	科学、语言	1. 通过图片、视频和调查等多种途径,认识几种不同的房子(如:蒙古包、平房、楼房等) 2. 学习从上到下的观察方法,了解房屋的基本构造 3. 激发对建筑工人的尊敬之情,对进一步了解周围环境有兴趣
6	草地上的游戏	艺术、社会、健康	1. 欣赏乐曲,大胆想象小动物共同游戏的情节,感受音乐欢乐的旋律 2. 借助动作参与、讨论等,表现小动物之间共同游戏的快乐 3. 游戏中能注意与同伴保持适当的空间距离,体验随乐游戏的快乐
7	可爱小羊帽	艺术、科学、社会	1. 在欣赏、讨论和交流中,了解小羊帽的制作方法 2. 尝试借助双面胶,将剪好的卷毛平整地粘贴在小羊帽上 3. 在欣赏、制作和戴小羊帽的过程中,感受小羊帽的可爱
8	闪亮蝴蝶服	艺术、科学	1. 尝试用点和线的装饰方法,表现蝴蝶翅膀的花纹美 2. 通过欣赏、讨论,了解蝴蝶花纹的特点和蝴蝶服的制作方法 3. 尝试与同伴合作,体验自己动手参与制作蝴蝶表演服的快乐
9	我是小主人	社会、语言	1. 知道简单的待客之道,学会热情、礼貌地接待客人 2. 学说短语:"你好,请进来,请坐。""我请你吃……,我请你玩……""谢谢。" 3. 体验学做小主人的乐趣,喜欢做小主人
10	地毯上的游戏	艺术、社会、健康	1. 感受乐曲欢快的旋律,尝试随音乐表现小姑娘和小动物们在金色的房子里快乐游戏的场景 2. 能根据音乐的不同分段,进行传递食物、拉大锯、开火车的游戏 3. 喜欢与同伴共同游戏,体验互动快乐

☞ 主题环境创设

1. 主题墙

以"金色的房子"为主题,四周用幼儿绘画的房子、花、草、树等进行适当装饰,设计四大版块。

(1)版块一:美丽的金房子。该版块呈现幼儿作品——幼儿根据故事中对金房子"红的墙、绿的窗、金色的屋顶亮堂堂"的描述,绘画的金色的房子(重在房顶、窗、墙的外形变化)。

（2）版块二：我想表演的角色。该版块呈现幼儿合作制作的故事角色形象，在角色旁写上幼儿对角色特点的理解，贴上该角色的不同装扮方案以及幼儿将自己装扮成特定角色的照片等。

（3）版块三：我们的演出剧本。该版块以图文并茂的方式，展示幼儿参与制作的、幼儿能看懂的大游戏本。

（4）版块四：有趣的戏剧活动。该版块可分为"快乐小演员""开心道具师"等版块，展示幼儿在集体教学活动、日常活动及区角游戏活动中的相关照片；在"开心道具师"部分还可增加一些服饰、道具类的制作步骤图。

2. 主题资源展示

（1）将幼儿和家长一起搜集的房子图片制作成展板"房子博览会"，供幼儿观察、了解房子的基本结构，感受房子外形的多样，为幼儿设计金色的房子提供帮助。

（2）将幼儿在主题活动中设计、制作的服饰、道具、背景等以悬挂或陈列方式展出，美化环境，如：悬挂幼儿的蘑菇作品，让"小动物模特"穿上孩子们设计的帽子或服装，陈列幼儿用各类纸盒制作的"金色房子"等。

（3）将幼儿和家长搜集的与故事相关的图片、CD、实物等放在区域中，供幼儿自主阅读、介绍。

3. 区域活动

区域名称	投放材料及指导要点
语言区	1. 提供图书、CD，供幼儿自由欣赏、阅读，进一步加深对故事内容的理解 2. 提供幼儿游戏本半成品和配套材料，引导幼儿参照故事及大剧本，自制表演游戏本，尝试按剧情有序地模仿角色对话并表演
科学区	1. 提供磁铁、房子和动植物图片，引导幼儿发现磁铁特性，尝试制作会跳舞的小姑娘（树、花、小动物、小房子等），体验做做玩玩的快乐 2. 设计迷宫图，引导幼儿尝试用磁铁引领故事中的角色穿越森林迷宫，进入金色的房子
美工区	1. 提供折纸步骤图、纸张、油画棒等，引导幼儿学习用角对角折的方法折房子，并进行简单的装饰 2. 提供油画棒、纸张、各类纸盒等，引导幼儿大胆设计与制作红墙、绿窗、金屋顶的房子，举办"金色的房子"推介会 3. 提供纱巾、扇子、包装绳、帽坯、胶水、即时贴、水彩笔、油画棒、剪刀等，供幼儿继续制作蝴蝶翅膀、小羊服饰等
建筑区	提供一些树林小屋的图片以及积木、小树、花草等，引导幼儿大胆设计、拼搭、布置"树林里的房子"，并将幼儿的作品拍成照片进行展示
表演区	1. 张贴宣传海报、表演剧本，布置有房子、花草树木、栅栏的表演场景，创设表演情境 2. 提供配乐故事（或音乐CD）以及小动物头饰、小花篮、纱巾、扇子等，供幼儿装扮自己进行表演

语言区　　　　　　　　　美术区　　　　　　　　　表演区

☞ 家园共育

1. 请家长和孩子一起观察、搜集房子的图片，引导幼儿初步了解房子的基本结构，感受房子造型的丰富多样。

2. 请家长和孩子一起搜集一些与故事相关的卡通形象装扮图片，推荐一种小动物表演服的设计方案。

3. 在班级网站或 QQ 群中公开配套的音乐 CD 和表演剧本，供家长和幼儿一起欣赏并尝试合作表演。

☞ 主要教学活动方案

活动一　金房子的故事

活动目标

1. 理解故事内容，了解小姑娘和小动物们游玩、邀请、躲雨的主要过程。
2. 学习句式"不行不行，我爱……会……"，丰富词汇"亮堂堂"。
3. 体验小姑娘与小动物之间互助友爱的温馨与快乐，增强分享意识。

活动准备

1. 故事《金色的房子》。
2. 教学 PPT。
（1）森林的背景。
（2）红墙、绿窗、金色屋顶的房子。
（3）小姑娘、蝴蝶、小羊的图片。

（4）小姑娘和小动物们草地上游戏的场景。

（5）下雨、躲雨的场景。

（6）大家在房间里快乐游戏的场景）。

活动过程

1. 观看PPT1—2，了解故事发生的背景，猜测故事内容。

指导语：这是哪里？（森林）还有什么？（房子）

这是一间什么样的房子？（红的墙，绿的窗，金色的屋顶）

在这里可能会发生什么样的故事呢？

2. 观看PPT3—4，学习讲述主要对话，了解故事的前半部分内容。

（1）观察主要角色。

指导语：看一看，房子里住着谁？（出示小姑娘的图片）

小姑娘的心情怎么样？你是怎么知道的？（引导幼儿观察人物表情，感受小姑娘一个人孤独的感觉）

这时候谁来了？（依次出现蝴蝶、小羊）

（2）学习讲述主要对话，丰富词汇"亮堂堂"。

指导语：蝴蝶看到小姑娘的房子会说些什么？（小姑娘，您早！您那金色的房子真好，红的墙，绿的窗，金色的屋顶亮堂堂）

还有谁也这么说？（小羊）

小姑娘听了心情怎么样？（很高兴，和小动物们在草地上一起唱歌跳舞）

3. 自主阅读，观察PPT5，了解小姑娘和小动物们游戏遇雨后的故事。

（1）大胆想象，猜测故事的后半部分内容。

指导语：游戏时发生了什么事情？它们的心情怎么样？怎么办呢？（下雨）

（2）自主阅读故事的后半部分，了解游戏遇雨后的故事。

指导语：后面又发生了什么呢？小动物们和小姑娘会说些什么？请小朋友看着图片，仔细地看一看、说一说后面发生的故事。（幼儿自主阅读）

（3）集体交流，了解故事的后半部分内容。

指导语：小姑娘邀请小动物们到房子里避雨，她会怎么说？

蝴蝶、小羊担心它们会弄脏小姑娘的房子，它们都会怎么说呢？

蝴蝶会怎么说呢？（引导幼儿学说："不行不行，我爱扑棱扑棱地飞，会把你的房子弄脏的！"）

小羊会怎么说呢？（引导幼儿学说："不行不行，我爱啪嗒啪嗒地跑，会把你家的地板踩坏的！"）

听到小动物们这么说,小姑娘会说些什么呢?(引导幼儿大胆想象小姑娘的回答,突出小姑娘关心小动物的情感)

听到小姑娘这么说,小动物们的心情怎么样?

最后小伙伴们怎么样了?(观看PPT6)

4. 完整欣赏故事,尝试讲述故事的主要情节和对话。

指导语:这个故事的名字叫作《金色的房子》,让我们一起来完整地看一看、听一听、讲一讲这个故事。(教师在讲述的过程中要注意保留幼儿参与讲述的空间,并鼓励幼儿运用新学的句式和词汇进行表述)

5. 分角色进行表演,进一步理解故事的情节和人物对话。

指导语:你想扮演故事中的谁?演的时候要注意些什么?(引导幼儿在讲述对话的基础上,表现出不同角色的表情、动作特征)

6. 交流讨论,感受朋友之间互助友爱的温馨与快乐。

指导语:故事中,小姑娘和蝴蝶、小羊什么时候是最开心、快乐的?

如果我们的好朋友遇到困难了,该怎么办?

小结:快乐要大家一起分享才是真正的快乐!

活动延伸

在语言区提供图书、录音故事等,让幼儿自由阅读、讲述故事,进一步熟悉故事内容。

附

【故事】

金色的房子

改编自故事《金色的房子》

佚名/文

石幼/改编

森林里有一座小房子,红的墙,绿的窗,金色的屋顶亮堂堂,太阳一出来,照得一闪一闪的,漂亮极了。

有一个小姑娘,她一个人住在这金色的房子里,觉得很孤单。

一只小羊跑过来对她说:"小姑娘,您早!您那金色的房子真好,红的墙,绿的窗,金色的屋顶亮堂堂!"

一只蝴蝶飞来对她说:"小姑娘,您早!您那金色的房子真好,红的墙,绿的窗,金色的屋顶亮堂堂!"

　　蝴蝶、小羊都说她的房子好,小姑娘心里真高兴。小姑娘和它们一起游戏,大家一起唱歌、跳舞真开心!

　　忽然,天空中乌云飘过,雷声大作,不好了!要下雨啦!

　　小姑娘说:"快下雨了,你们快到我的房子里来避避雨吧!"

　　蝴蝶说:"不行不行,我会扑棱扑棱地飞,会把你的房子弄脏的!"

　　小羊说:"不行不行,我会啪嗒啪嗒地跑,会把你家的地板踩坏的!"

　　小姑娘说:"没关系,下雨会把你们淋湿的,快到房子里面来,我们再一起玩吧!"

　　于是,大伙儿都高兴极了,一起跟着小姑娘到金色的小房子去。他们一起唱歌、跳舞、做游戏,大家一起真快乐!

活动二　美丽的房子

活动目标

1. 欣赏各种各样的房子图片,学习用各种形状进行图形组合,表现美丽的房子。
2. 通过观察、欣赏、讨论等,设计并绘画美丽的房子。
3. 感受创意绘画的乐趣。

活动准备

1. 经验准备。

幼儿对房子的基本结构有初步的了解。

2. 物质准备。

（1）《金色的房子》PPT。

（2）勾线笔、油画棒、绘画纸。

活动过程

1. 欣赏PPT,感受房子的特点与风格。

（1）欣赏金色的房子,感受房子的基本结构。

指导语:在故事《金色的房子》中,小姑娘有一座什么样的房子?（出示金色的房子）

小姑娘的金色房子是什么样子的? 它由哪几部分组成?（引导幼儿了解房子的基本构造:房顶、墙、窗）

（2）欣赏一组房子图片,感受房子的外形和色彩。

指导语:这里有一些房子的图片,我们一起来看一看。这些房子的外形都是什么样子的? 它们的房顶、门、窗、墙是什么样子的?

你最喜欢哪一幢房子？为什么？（引导幼儿从房子的外形和色彩等方面介绍自己的欣赏感受）

你们还见过什么样的房子？

小结： 生活中有各种各样的房子，它们的外形和色彩都不太一样，有的是……有的是……还有的是……但是，所有的房子上面都有房顶，四周有墙，还有门和窗。

2. 交流讨论，想象自己心目中美丽的房子。

指导语： 今天，你们来设计一座自己心目中美丽的房子。你想设计什么样的房子？它的外形是什么样子的？房顶、门和窗呢？请你跟旁边的小朋友说一说自己的想法。

谁愿意介绍给大家听一听？（个别幼儿在集体中交流）

3. 幼儿创作，教师巡回指导。

> **指导重点：** 鼓励幼儿大胆想象、绘画，提醒幼儿注意画面的布局及色彩的运用。

4. 作品展示和评价。

指导语： 你设计的是什么样子的房子？

你最喜欢哪一座房子？为什么？

延伸活动

家园共育：家长和幼儿共同搜集房子的图片。

附

【**教学图片**】

   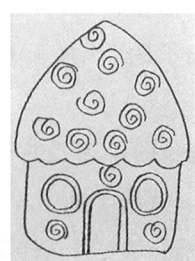 

活动三　编花篮

活动目标

1. 感受乐曲浓厚的地方特点，尝试随乐表现编花篮的游戏情节。
2. 迁移玩丝巾的游戏经验，大胆想象、创编花篮造型。
3. 遵守游戏规则，体验合乐游戏带来的快乐。

活动准备

1. 音乐《编花篮》。
2. 丝巾若干。

活动过程

1. 回忆故事情节，感受小姑娘一人在家时的孤单。

指导语：在故事《金色的房子》里，谁是金色房子的主人？一个人住在金色的房子里，小姑娘的心情怎么样？

2. 欣赏音乐，学习小姑娘编花篮的动作。

（1）感受音乐的旋律。

指导语：小姑娘独自在家，感觉很孤单，她想编一个花篮玩一玩。今天，我带来了一段音乐，音乐里唱的就是编花篮的故事。我们一起来听一听。（播放音乐）

这段音乐听起来感觉怎么样？

（2）创编编花篮的动作。

指导语：你们见过花篮吗？小姑娘会怎样编花篮呢？（引导幼儿结合生活经验想象创编动作，教师从中选择几个动作，引导幼儿共同学习、模仿）

把我们刚才编的动作串起来，就是一段《编花篮》的舞蹈。请小朋友们看一看。（教师示范）

（3）学习合乐做编花篮的动作。

指导语：我是怎么编花篮的？做了哪些动作？我们一起听着音乐做一做。

3. 学习小姑娘与花儿之间的互动游戏。

（1）教师当小姑娘，幼儿当花儿，一对多玩游戏。

指导语:小姑娘编花篮时,花儿们悄悄地模仿着小姑娘编花篮,小姑娘停下编花篮的动作看花时,花儿们赶紧不好意思地挡住了自己的脸。现在,我来当小姑娘,你们当花儿,我们一起试着玩一玩。(教师先哼唱歌曲,和幼儿共同游戏,重点引导幼儿在小姑娘看花时表现出害羞的姿态。在幼儿熟悉互动游戏规则的基础上,可和幼儿一起合乐游戏)

小姑娘编花篮时,花儿们干什么?小姑娘做什么动作时,表示她在朝花儿们看?花儿们应该怎么做?我们一起听着音乐玩一玩。

(2)创编花篮造型,尝试在音乐结束处变成花篮。

指导语:小姑娘的花篮编好了,是什么样的花篮呢?你能用身体动作模仿出花篮的造型吗?(幼儿自由想象、创编、描述,尝试随音乐游戏)

我们在什么时候变出花篮的造型?我们跟着音乐来试一试。

4.两两结伴,听音乐合作游戏。

指导语:请每个小朋友找一个好朋友,商量好谁当小姑娘、谁当花,我们听着音乐玩一玩。

活动延伸

1.家园共育:请家长带幼儿外出时注意观察花店里的花篮的造型。

2.区域活动:提供音乐、丝巾等,让幼儿听音乐继续玩"编花篮"的游戏。

附

【乐曲】

编 花 篮

1=G 2/4

稍快

河南民歌

【动作建议】

[1—4]小节:小姑娘做横向编花篮动作四次;花儿同时做相同动作。

[5—8]小节:小姑娘转向一侧看花,花儿双手将丝巾围合遮住面部。

[9—12]小节:小姑娘做纵向编花篮动作四次;花儿同时做相同动作。

[13—16]小节:小姑娘转向一侧看花;花儿双手将丝巾围合遮住面部。

[17—28]小节:同[1—12]小节。

[29—32]小节:变出花篮造型。

活动四　金房子赞歌

活动目标

1. 在熟悉旋律的基础上,能跟着音乐的节奏演唱《金房子赞歌》。
2. 通过观察、模仿,学习踏点步的基本动作。
3. 体验河南民歌的韵味,感受与同伴共同演唱的乐趣。

活动准备

熟悉故事《金色的房子》和乐曲旋律。

活动过程

1. 复习律动《编花篮》。

指导语:(播放乐曲前奏)这是什么乐曲?我们一起跟着音乐编一编花篮吧。

2. 欣赏歌曲,熟悉歌词并学唱歌曲。

(1) 教师范唱,幼儿欣赏。

指导语:故事《金色的房子》里,小姑娘住的房子是什么样子的?小动物们都很喜欢这座金房子,它们还编了一首歌赞美它呢。请你听一听歌里都唱了什么。(教师范唱歌曲)

(2) 交流讨论,熟悉理解歌词。

指导语:你听到歌曲里面说了什么?

(3) 学唱《金房子赞歌》。

指导语:这首歌曲叫《金房子赞歌》,我们一起来听着音乐来学一学、唱一唱。(可先跟随音乐旋律有节奏地朗诵歌词,然后从跟着教师演唱开始,逐步学会独立演唱歌曲)

3. 学习踏点步,尝试边做动作边唱歌曲。

(1) 创编小动物们赞美金房子的动作。

指导语:田野里有这么一座美丽的金房子,小动物们的心情怎么样?它们会用什么动作来表达自己对金房子的喜爱呢?我们一起合着音乐来做一做。(鼓励幼儿大胆创编,选择

1—2个简单的动作让幼儿合着旋律有节奏地边做边唱。）

(2) 学习踏点步。

指导语：小动物们在唱歌时不仅加上了手部的动作，还加上了脚的动作呢。我们以前学过小碎步，这次它们用的是什么舞步呢？请小朋友们仔细地看一看。（教师边唱边做踏点步）

老师的双脚是怎么动的？我们一起来学一学。（引导幼儿学习踏点步）

4. 幼儿进行说唱表演。

指导语：金色的房子可真美！现在，让我们跟着音乐，一边唱一边跳吧！

附

【歌曲】

金房子赞歌

1=G 2/4
稍快

曲选自《编花篮》
石　幼　填词

田　　田　　田野里，　田野里有座金色

房。　红的　墙呀绿的　窗，　金色屋顶

亮堂堂，　金色屋顶　亮堂堂。

红的　墙　呀　　啊绿的窗，

金色屋顶亮　呀亮堂堂。

【动作建议】

[1—8]小节:双脚站立不动,双手有节奏地拍手八下,头部和身体自然晃动。

[9]小节:左脚向左侧踏一步,双臂屈肘在身体两侧打开。

[10]小节:屈左膝,右脚尖在左脚跟后点地,双手在头部左侧拍一下手。

[11]小节:右脚向右侧踏一步,双臂屈肘在身体两侧打开。

[12]小节:屈右膝,左脚尖在右脚跟后点地,双手在头部右侧拍一下手。

[13—20]小节:同[9—12]小节,重复两次。

[21—26]小节:双脚站立不动,双手有节奏地拍手六下,头部和身体自然晃动。

[27—32]小节:双脚站立不动,双手斜上举,抖动手腕。

活动五 房子的秘密

活动目标

1. 通过图片、视频和调查等多种途径,认识几种不同的房子(如:蒙古包、平房、楼房等)。

2. 学习从上到下的观察方法,了解房屋的基本构造。

3. 激发对建筑工人的尊敬之情,对进一步了解周围环境有兴趣。

活动准备

1. 房子PPT(常见房子一组:平房、楼房、蒙古包;奇特房子一组:自由球体房屋、房车、温萨斜屋等)。

2. 《房子的秘密》调查表。

3. 房子拼图若干。

活动过程

1. 观看房子图片,导入主题。

指导语:这是什么?它是什么样子的?(幼儿自由讲述)。

2. 交流调查表,感受房子样式的丰富多样。

指导语:前几天,我们进行过关于房子的调查。请大家取出自己的调查表,说一说,你居住的是什么房子?你还见过什么房子?它是什么样子的?(幼儿先自由结伴交流,然后再请个别幼儿在集体中交流自己的调查情况)

3. 观看PPT,认识几种不同样式的房子。

指导语:小朋友们通过调查,发现房子的外形是各种各样的。这里有几种样式的房子,你们能说出它们的名字吗?(出示平房、楼房、蒙古包的图片)

这些房子有什么不同?它们又有哪些共同的地方?你们能按照从上到下的顺序找一找、说一说吗?

师幼共同小结:人们居住的房子,有的是平房,有的是楼房,有的是蒙古包。它们的外形不太一样,平房……楼房……蒙古包……但是,它们都是由房顶、墙、门、窗等组成的。房顶有的是尖尖的,有的是平平的。房子的四周有……

4. 讨论房顶、墙、门、窗等的作用,激发对建筑工人的尊敬之情。

指导语:房子有什么用?为什么房子要有房顶、墙、门、窗呢?

房子是谁建造的?我们应该对建筑工人叔叔说些什么?

师生共同小结:房子可以供人们居住、办公、游戏等,房顶能隔热、防晒、防雨雪,墙能承重、围护、分隔空间等,窗户可以帮助房子通风,门能让人们进出方便……

5. 欣赏"奇特的房子"PPT,激发进一步探索的兴趣。

指导语:除了我们刚才见到的房子,大家还见过什么样的房子?

一些设计师还设计出了不少奇特的房子,我们一起来欣赏欣赏。(播放PPT)

这座房子是什么样子的?它有什么奇特的地方?(引导幼儿逐一观察边看边议)

世界上还有很多奇特的房子,小朋友可以和爸爸妈妈通过电脑去搜一搜、找一找。

活动延伸

1. 区域活动:在科学区提供房子拼图、特殊房子的图片等,供幼儿进一步观察、操作、交流。

2. 家园共育:幼儿和家长一起搜集奇特房子的图片,带到班级与同伴分享。

活动六　草地上的游戏

活动目标

1. 欣赏乐曲,大胆想象小动物之间共同游戏的情节,感受音乐欢乐的旋律。
2. 能借助动作参与、讨论等,表现小动物之间共同游戏的快乐。
3. 游戏中能注意与同伴保持适当的空间距离,体验随乐游戏的快乐。

活动准备

1. 经验准备。

熟悉故事《金色的房子》;玩过挠痒痒、拍手的游戏。

2. 物质准备。

音乐《编花篮》。

活动过程

1. 欣赏音乐,复习律动《编花篮》。

指导语:这是什么乐曲?我们一起跟着音乐做动作。

2. 欣赏教师示范,感受在草地上游戏。

指导语:小动物们也很喜欢这首乐曲,它们也跟着音乐在草地上开心地玩起了游戏,小动物们是怎么玩游戏的呢?请小朋友们仔细地看一看。(教师示范)

小动物们在一起玩了什么游戏?它们是怎么玩的?

3. 学习游戏玩法,尝试合乐做动作。

(1) 随乐表现小动物们做生活模仿动作的情景。

指导语:小动物们先做了什么游戏?它们是怎么做的?我们一起来学一学。(引导幼儿明确先拍手四下,做洗脸动作四下,再拍手四下,做梳头动作四下)

(2) 随乐表现小动物们挠痒痒、做鬼脸的情景。

指导语:小动物还做了什么动作?是怎么做的?我们一起跟着音乐来做一做。(引导幼儿尝试跟随音乐有节奏地做挠痒痒、做鬼脸逗乐的动作)

(3) 合乐完整游戏。

4. 尝试结伴游戏,体验互动的快乐。

(1) 自由结伴游戏。

指导语:如果跟好朋友一起玩这些游戏,我们可以怎么做?我们跟着音乐一起来试一试。(坐在座位上尝试结伴游戏)

(2) 散点站立游戏。

指导语:请小朋友们两人一组,找个空地方站好。我们跟着音乐来玩一玩。

两个人一起玩游戏时,你们的心情怎么样?游戏时,大家还要注意些什么?我们再来试一试。

附

【乐曲】

编花篮

1=G 2/4
稍快

河南民歌

【动作建议】

[1—4]小节：幼儿两两面对面，拍手四下。

[5—8]小节：幼儿做洗脸动作四下。

[9—12]小节：动作同[1—4]小节。

[13—16]小节：幼儿做梳头动作四下。

[17—20]小节：动作同[1—4]小节。

[21—24]小节：幼儿互相挠痒痒。

[25—26]小节：幼儿相互做鬼脸。

[27—30]小节：幼儿互相挠痒痒。

[31—32]小节：幼儿互相做鬼脸。

活动七 可爱小羊帽

活动目标

1. 在欣赏、讨论和交流中,了解小羊帽的制作方法。
2. 尝试借助双面胶,将剪好的卷毛平整地粘贴在小羊帽上。
3. 在欣赏、制作和戴小羊帽的过程中,感受小羊帽的可爱。

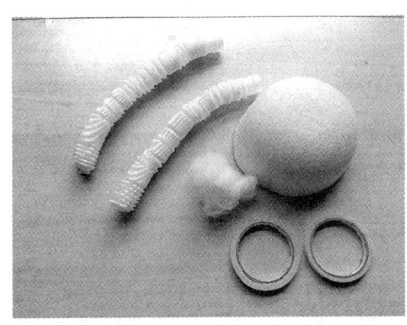

活动准备

小羊图片,小羊帽范例,帽胚、一端已剪开2—3道1寸左右长度的水管、块状羊毛或棉花、双面胶、胶带等操作材料。

活动过程

1. 欣赏小羊图片,激发制作表演头饰的兴趣。

指导语:这是谁? 它是什么样子的? 表演《金色的房子》里的小羊时,你们想怎样将自己装扮成小羊?

2. 观察操作材料和范例,讨论制作方法。

指导语:今天,我带来了一顶小羊帽,大家看看,它是什么样子的?

制作一顶这样的小羊帽需要些什么材料? 制作时,我们要先干什么,再干什么?

在将塑料水管安装在小羊帽上时,我们要注意些什么?(引导幼儿观察教师示范,明确将剪开的一端向外折成几瓣,然后用双面胶或胶带将其固定在帽坯上,再将其弯成羊角状。注意要左右对称)

在帽坯上用羊毛进行装饰时,我们可以怎么做?(可请个别幼儿示范撕双面胶、贴羊毛的方法——找到双面胶的边,用指甲轻轻划开双面胶上面的纸,撕开,把纸放在篓子里,然后拿住一段小羊毛的两头,轻轻平贴在双面胶上,贴好后,用手压一压)

3. 幼儿自制小羊帽,教师进行指导。

> 指导重点:将塑料水管安装在帽坯上当羊角。教师要注意提醒幼儿安装要牢固,两只羊角要对称等。必要时,可适当给予帮助。

4. 作品展示与交流。

(1) 作品展示。

指导语:你是怎样制作小羊帽的?制作小羊帽的时候,遇到了什么问题?是怎么解决的?

(2) 感受戴上小羊帽的快乐。

指导语:现在,我们戴上小羊帽,照照镜子,看看我们像不像快乐的小羊。

活动八 闪亮蝴蝶服

活动目标

1. 尝试用点和线的装饰方法,表现蝴蝶翅膀的花纹美。
2. 通过欣赏、讨论,了解蝴蝶花纹的特点和蝴蝶服的制作方法。
3. 尝试与同伴合作,体验自己动手参与制作蝴蝶表演服的快乐。

活动准备

1. 介绍蝴蝶的视频资料,蝴蝶花纹特写照片4—6张,蝴蝶服制作步骤PPT。
2. 幼儿人手一套蝴蝶服饰材料(包含:扇子、油画棒)。

活动过程

1. 欣赏介绍蝴蝶的视频资料,感受蝴蝶的灵动美、色彩美和花纹美。

(1) 欣赏视频资料,初步感受蝴蝶轻灵的动态和丰富的色彩。

指导语:请小朋友欣赏一段视频,看一看,视频里有什么?

你看到了什么?蝴蝶是怎么飞的?感觉怎么样?用动作学一学。(幼儿自由模仿后,教师可有选择地请幼儿展示,并请大家集体模仿,引导幼儿感受蝴蝶飞舞时的灵动美)

蝴蝶的颜色都一样吗?有的……有的……(重点引导幼儿感受蝴蝶翅膀的丰富色彩)

(2) 欣赏蝴蝶图片,进一步感受蝴蝶的色彩美和花纹美。

指导语:蝴蝶不仅颜色五彩缤纷、各不相同,翅膀上的花纹也是多种多样。我这里有几张图片,我们一起来看一看。(教师播放PPT,引导幼儿观察)

你最喜欢哪只蝴蝶?它的花纹是什么样子的?和我们认识的哪种线条或图形有点相似?我们伸出手来试着画一画。(幼儿徒手练习,教师根据幼儿的回答,帮助幼儿概括蝴蝶

花纹的特征)

蝴蝶翅膀上的花纹有的是条状的,像我们认识的直线、波浪线、锯齿线,有的是点状的,像我们认识的圆形、椭圆形、三角形。

看到这些形态丰富的花纹,给了你什么样的感觉?

2. 了解制作蝴蝶服的材料,明确制作的方法及要求。

(1)观察材料,讨论各种材料的用途。

指导语:我们要为蝴蝶制作表演的服饰。我们一起来看一看,要用到哪些材料?(教师逐一出示各种材料,引导幼儿认识各种制作材料)

(2)思考绘画步骤与注意事项。

指导语:你想设计什么样的蝴蝶花纹?画的时候我们应该注意些什么?谁来试一试?(引导幼儿观察、讨论,知道要先想好花纹图案,考虑好条状花纹和点状花纹的排列方式,然后再绘画)

3. 两人一组合作分工,共同装饰蝴蝶表演服。

(1)讨论合作绘画蝴蝶表演服的方法。

指导语:请两个小朋友合作,共同画一件蝴蝶表演服。两个人合作时可以怎么分工呢?(从幼儿的讨论中提取两种分工方案:一是一人一半;二是一个人负责画点状花纹,一个人画线状花纹)

(2)两人一组合作绘画蝴蝶表演服。

幼儿操作过程中,教师注意巡回指导。重点引导幼儿大胆设计点与线的排列组合方式,设计出与别人不同的花纹,提醒先完成分工任务的小朋友帮助同伴完成任务。

4. 展示、欣赏作品,体验合作及动手的制作的快乐。

指导语:这么多漂亮的蝴蝶表演服,你们看了以后有什么感觉?

你们觉得哪一件表演服上的花纹最漂亮、最有创意?为什么?是哪两个小朋友制作的?请他们介绍一下,他们是怎么想的,怎么分工合作的。

附

【**步骤图**】

 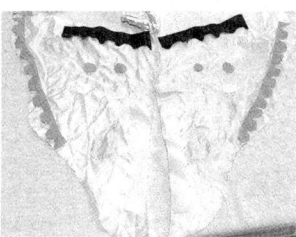 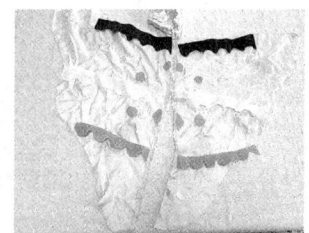

活动九　我是小主人

活动目标

1. 知道简单的待客之道,学会热情、礼貌地接待客人。
2. 学说短语:"你好,请进来,请坐。""我请你吃……,我请你玩……""谢谢"。
3. 体验学做小主人的乐趣,喜欢做小主人。

活动准备

1. 收集幼儿请客的照片,在班级的副墙饰上展出。
2. 将幼儿请客和做客的照片制作成PPT。

活动过程

1. 回忆生活中父母接待客人的场景。

指导语:小朋友,你们家来过客人吗?家里来客人时,爸爸妈妈是怎么做的?客人是怎么做的?

2. 观看PPT,请幼儿介绍自己家请客时的做法。

教师随机播放,带领幼儿观看照片中的幼儿介绍自己家请客的做法。

指导语:现在我们来请××小朋友介绍你们家是怎样请客的,客人们又是怎样做客的?

3. 交流讨论请客、做客的方法。

指导语:我们应该怎样做小主人、小客人呢?

总结:客人到来之前,要把家里收拾干净,客人来了要有礼貌地打招呼,请客人坐下,请客人喝水、吃东西,主动和客人说话,带客人小朋友玩玩具。到别人家做客时,要穿戴干净、整齐,不能迟到,敲门要有礼貌,轻轻敲门。进门要问好,受到主人热情招待要说"谢谢"。做客时不能随便往房间里跑,不能随便翻主人的东西;临走时,要和主人说再见。

4. 实践练习。

(1)老师扮客人,全班幼儿扮主人,表演请客游戏。(教师观察幼儿语言,及时提醒幼儿用礼貌用语)

(2)男孩扮客人,女孩扮主人,表演请客、做客的过程。(教师观察幼儿礼貌用语和相关动作掌握的情况,找出疏漏的地方再次练习)

5. 欣赏儿歌《请客》。

指导语:今天,我们玩了什么游戏?老师把这个游戏编成了儿歌,我们来听一听。(教师朗诵儿歌:今天天气好,去把朋友找。请问冬冬在家吗?门儿轻轻敲。今天天气好,家有客人到。请进请坐请喝茶,热情招呼有礼貌)

刚才这段儿歌哪几句是客人念的?哪几句是主人念的?

喜欢玩"请客"游戏的小朋友,在玩"娃娃家"的时候,也可以请其他家的爸爸妈妈来做客,看谁是最能干、最有礼貌的小主人。

活动十　地毯上的游戏

活动目标

1. 感受乐曲欢快的旋律,尝试随音乐表现小姑娘和小动物们在金色的房子里快乐游戏的场景。
2. 能根据音乐的不同分段,进行传递食物、拉大锯、开火车的游戏。
3. 喜欢与同伴共同游戏,体验互动的快乐。

活动准备

1. 音乐《喜洋洋》节选。
2. 手腕花。
3. 幼儿围坐成圆圈。

活动过程

1. 师幼共同交流游戏经验,激发幼儿的活动兴趣。

指导语: 小朋友们,你们最喜欢玩什么游戏?在哪里,和谁一起玩的?

玩游戏时的心情怎么样?

下雨天的时候,我们可以和小伙伴在室内玩些什么呢?

2. 熟悉音乐,感受音乐中的欢快情绪。

指导语: 在故事《金色的房子》里,当他们在草地上玩得很开心的时候,忽然下雨了,他们的心情怎么样?

这时候小姑娘邀请小动物们到她金色的房子里避雨、吃东西、玩游戏,他们的心情又怎么样了?

今天,我带来了一段音乐,如果小姑娘和小动物们听着这样的音乐分享好吃的、玩游戏,会有什么感觉?我们来听一听。(教师播放音乐)

这首音乐听起来感觉怎么样?听着这样的音乐,小姑娘和小动物们可能会做些什么呢?(幼儿自由想象、讨论)

3. 欣赏教师示范,尝试跟随音乐游戏。

(1) 观看教师示范,了解游戏玩法。

指导语: 小姑娘和小动物们在金色的房子里,玩了什么游戏?我们来看一看。(教师示范)

老师刚才做了什么动作?小姑娘和小动物们玩了什么游戏?

他们是怎样传递食物的？我们来试一试。（引导幼儿观察、发现向手腕花的方向做传的动作，传一次，吃两下。教师哼唱乐谱，带领幼儿有节奏地做传和吃的动作）

吃饱了以后，他们还玩了什么游戏？是怎样拉大锯的？我们来试一试。（引导幼儿明确手拉手拉大锯四下，再拍手四下的规律）

（2）听 B 段音乐玩传递和拉大锯的游戏。

指导语：小姑娘和小动物们是怎样传递美食、拉大锯的呢？我们听着音乐玩一玩。（可连续玩数次，在游戏的过程中，教师要提醒幼儿注意听音乐，跟着节奏游戏）

（3）听 A′段音乐玩开火车的游戏。

指导语：雨停了，太阳出来啦！小姑娘和小动物们要出去开火车啦！请大家赶快排成长长的火车，准备出发。（播放《喜洋洋》的 A′段音乐，引导幼儿第一个 8 拍排好队，然后有节奏地跟着排头开火车）

4. 听音乐，玩游戏。

指导语：今天，我们学习了小姑娘和小动物们在地毯上玩的游戏。我们听着音乐，完整地玩一玩吧。

附

【乐曲】

喜 洋 洋
（节选）

1=G 2/4

刘明源 曲

中速稍快

【动作建议】

前奏:做好准备。

B段:

[1]小节:双手向手腕花方向做传递动作。

[2]小节:双手收回。

[3—4]小节:双手掌心向上半握拳放至嘴边,做吃东西的动作两次。

[5—16]小节:动作同[1—4]小节,重复三次。

重复B段:

[1—2]小节:两两面对面,手拉手做拉大锯动作四次。

[3—4]小节:幼儿拍手四次。

[5—16]小节:动作同[1—4]小节,重复三次。

A′段:

[1—4]小节:幼儿小跑步排成一列"长火车"。

[5—16]小节:幼儿在"火车头"的带领下,手臂转动脚跑动,向前"开火车"。

附

【表演剧本】

第一幕:金房子里的女孩

角色	台词	动作或表情
旁白	田野里,有座金色的房子。	
房子		在音乐声中,房子出场,有节奏地上下、左右摆动。
太阳、树、花		太阳:在前场平移。 树、花:随音乐围着房子平移、转动。
花、树	金房子,真漂亮!红的墙,绿的窗,金色的屋顶亮堂堂。	表演《金房子赞歌》。表演后到舞台相应位置摆好造型。
旁白	在金色的房子里,住着一位小姑娘。	
小姑娘	唉,一个人真孤单,我来编个花篮玩一玩。	开门,走出来,表情忧郁、孤单。走到花中间,与花共同跳舞蹈《编花篮》。

第二幕：草地上的游戏

角　色	台　词	动作或表情
小羊	咩咩咩，咩咩咩，我们是快乐的小绵羊。咩咩咩，咩咩咩，我们是小绵羊。	双手食指伸出，其余手指半握拳，放于头顶做羊角，小跑步排着队从一侧上场，上场后自转一圈。
小羊	哎，前面是什么？一座金色的房子。	领头羊手指前方，大家做出欢呼、蹦跳的动作。
蝴蝶	嗡嗡嗡，嗡嗡嗡，我们是快乐的小蝴蝶，嗡嗡嗡，嗡嗡嗡，我们是快乐的小蝴蝶。	排着队从另一侧小碎步上场，同时扇动翅膀飞舞。
蝴蝶	哎，前面是什么？一座金色的房子。	领头蝴蝶手指前方，大家做出欢呼、蹦跳的动作。
小羊、蝴蝶	金房子真漂亮！红的墙，绿的窗，金色的屋顶亮堂堂。金色的屋顶亮堂堂。	表演《金房子赞歌》。
小姑娘	谢谢你们！朋友来了真开心，我们来玩游戏吧。	鞠躬。
小姑娘、蝴蝶、小羊	好啊！好啊！	表演"草地上的游戏"。

第三幕：乐融融的主与客

角　色	台　词	动作或表情
旁白	这时，起风了，下雨了，小动物的身上都打湿了。	乌云在前场跑动。
蝴蝶、小羊	哎呀，不好！下雨啦！	动物们看看天，跑起来，露出焦虑的表情。
花、树	小羊、蝴蝶，快来避避雨吧！	花、树招手，喊蝴蝶、小羊过来避雨。蝴蝶、小羊四处跑动、躲雨。
小姑娘	朋友们，请你们到我家避避雨吧。	跑到动物面前。
小羊	不，我会吧嗒吧嗒乱跑，会把地板搞脏的。	摇手。
蝴蝶	不，我会扑棱扑棱乱飞，会把房子搞脏的。	摇手。
小姑娘	没关系！没关系！快进来吧！	拉着小羊、蝴蝶进门。羊、蝴蝶坐成一圈。
小姑娘	外面雨好大呀，你们饿了吧？这是好吃的面包，随便吃点别客气。	拿出面包。
小羊、蝴蝶	谢谢你！谢谢你！	和小姑娘一起，表演"地毯上的游戏"。
太阳	雨停了，太阳出来了。	太阳出现，在前场走一圈，站在右前方。

续表

角 色	台 词	动作或表情
小姑娘、小羊、蝴蝶	雨停了,我们一起出来玩游戏吧。	开火车到草地上,跳集体舞。
集体	金房子真漂亮!红的墙,绿的窗,金色的屋顶亮堂堂。金色的屋顶亮堂堂。	表演《金房子赞歌》,谢幕。

大班

(一) 熊猫百货商店

☞ 设计思考

《熊猫百货商店》来源于上海美术电影制片厂1979年制作的同名剪纸动画片,讲述了熊猫百货商店里大熊猫和小熊猫全心全意为顾客服务的故事。即使面对长颈鹿、河马、大象等身材比较特殊的顾客,它们也总是千方百计让顾客买到合身的商品。它们热情的服务态度,受到了顾客们的赞扬。《熊猫百货商店》情节重复又有变化,角色较多且特点鲜明,顾客的特殊需要与百货商店的供应不足,形成了戏剧性的冲突,让人忍俊不禁,深受大班幼儿喜爱。孩子们在阅读、品味故事的过程中,能进一步感知各种动物的特征,受到热情为他人服务、助人为乐的熏陶。将其改编成戏剧活动,还可以让幼儿在参与剧本创作等戏剧活动的过程中,丰富经验,学会交往、合作、分享,促进审美、创造等多方面的和谐发展。

考虑到大班幼儿的年龄特点和经验水平,我们对动画片《熊猫百货商店》的故事进行了改编。

1. 改编故事情节。原动画片中,小熊猫历经千辛万苦,请了许多小动物帮忙才完成了客人们需要的商品。为了让剧情更加紧凑,更好地体现熊猫父子的智慧和乐于助人的品质,我们将"请别人帮忙满足特殊客人的需要"改为"熊猫父子在家中连夜加班赶制客人们需要的物品"。整个戏剧的主要线索为:"百货商店将开业,熊猫父子整理忙"——"客人纷纷来购物,商品不全别失望"——"连夜加班来赶制,热诚服务质量棒"——"客人满意乐开怀,熊猫父子受夸奖"。

2. 删减部分角色。原动画片角色过多,时间较长,我们决定删减个别角色,如:小松鼠。

3. 预设台词模型。为减轻幼儿的记忆负担,我们设计了《购物猜谜歌》等不少简单重复、朗朗上口的台词和歌谣,这些台词与歌谣有利于增强幼儿的表演情趣,同时为创编戏剧提供了模型。

☞ 主题活动目标

1. 增进对"百货商店"的认识与理解,感受熊猫父子急客人所急、热情为客人服务、助人为乐的美好情感,乐于向别人介绍自己的感受和想法。

2. 了解剧本的组成并尝试参与图夹文剧本的创作,根据剧情发展和故事中不同角色的形象特点创编符合特定情境的台词与动作,丰富戏剧表演经验。

3. 熟悉自己所表演角色的出场顺序、表演任务、舞台位置等。表演时声音清楚,能依据所处情境使用较恰当的语言和动作,创造性地表现自己对剧情与角色的理解与感受。

4. 积极参与剧本创作、道具制作、戏剧表演等活动,乐于用自己喜欢的方式与同伴交流自己的意见和想法,体验分工、合作的快乐。

☞ 主题网络

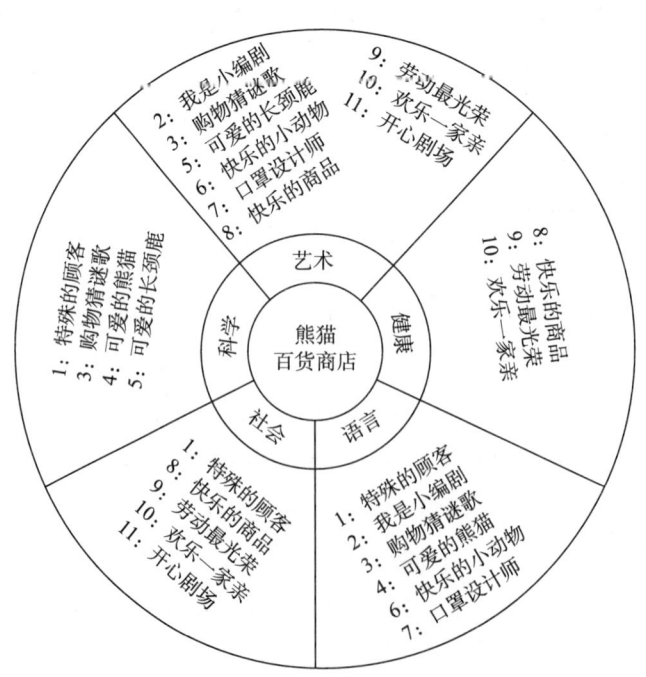

☞ 主要教学活动一览表

序号	活动名称	主要涉及领域	活动目标
1	特殊的顾客	语言、社会、科学	1. 理解故事内容,感受熊猫对顾客热情周到的服务态度 2. 根据故事线索进行猜测,尝试用较连贯的语言介绍自己的想法,丰富词汇,如"琳琅满目""合适" 3. 体验助人为乐的美好情感,愿意帮助需要帮助的人
2	我是小编剧	语言、艺术	1. 进一步熟悉剧本的结构与用途,尝试将故事《熊猫百货商店》转化为剧本 2. 迁移小剧本制作经验,大胆设计故事中角色的出场顺序与部分台词,在教师的帮助下用图配文的形式完成大剧本的制作 3. 体验共同制作和阅读图配文剧本的快乐
3	购物猜谜歌	艺术、语言、科学	1. 熟悉音乐旋律,学习用对唱的方式演唱歌曲 2. 在感知歌曲提问句特点和谜面歌词结构的基础上,尝试按照节奏创编回答句和关于商品的谜面歌词 3. 感受歌曲说唱结合的特点,体验猜谜对唱的快乐
4	可爱的熊猫	科学、语言	1. 认识熊猫的外形特征,了解熊猫的成长过程和生活习性,知道它们属于哺乳类动物 2. 学习从头到尾有序地观察,大胆交流观察中的发现 3. 知道熊猫是我国的一级保护动物,萌发关爱、保护大熊猫的情感
5	可爱的长颈鹿	艺术、科学	1. 在了解长颈鹿外形特征的基础上,尝试制作长颈鹿的头饰、装饰长颈鹿表演服 2. 在示范讲解和步骤图的提示下,学习利用卡纸、帽坯及一些辅助材料制作长颈鹿头饰的方法 3. 对手工制作活动有兴趣,体验作品制作成功的快乐
6	快乐的小动物	艺术、语言	1. 学唱歌曲第一段,结合故事仿编第二、三段歌词并尝试演唱 2. 感受乐曲欢快活泼的旋律,初步尝试用动作、表情来表现小动物的特点与购物时的快乐 3. 乐意表达自己的想法,体验创编歌词演唱的乐趣
7	口罩设计师	艺术、语言	1. 欣赏图片,感受花纹按一定规律排列带来的美感 2. 尝试运用中心花纹与四边、四角花纹结合的方式进行装饰 3. 乐意分享自己的创意与作品,体验成功的快乐
8	快乐的商品	艺术、社会、健康	1. 初步熟悉乐曲的旋律,感受音乐 ABAC 的结构特点和活泼欢快的风格 2. 通过观看视频、分组学习等,掌握商品们跟随音乐舞蹈的基本动作 3. 体验自选角色、自主学习等带来的快乐

续表

序号	活动名称	主要涉及领域	活动目标
9	劳动最光荣	艺术、社会、健康	1. 感受歌曲欢快的风格和小动物们劳动的快乐场景 2. 在会唱歌曲的基础上,尝试替换部分歌词进行演唱 3. 体验创编歌词演唱歌曲的成功与喜悦
10	欢乐一家亲	艺术、健康、社会	1. 在熟悉乐曲的基础上,学跳双圈集体舞,动作合拍、协调 2. 在手腕花的提示下,掌握交换舞伴的方法 3. 在舞蹈过程中,能与同伴用目光、体态相互交流,愉快地跳舞
11	开心剧场	艺术、社会	1. 明确自己要扮演的角色,和同伴合作完成表演任务。 2. 在老师示范动作及音乐的提示下进行戏剧表演,表演时语言清楚,动作大方。 3. 感受与同伴合作表演的快乐。

☞ 主题环境创设

1. 主题墙

以《熊猫百货商店》为主题,设计四大版块。

(1) 第一版块:以图夹文的形式简单介绍《熊猫百货商店》的故事内容,让幼儿对剧本的主要故事线索与角色有一个初步的认知,为接下来的表演做好文学积淀。

(2) 第二版块:瞧! 我们的活动。这个版块主要展现的是幼儿活动的过程。通过不同领域的活动,呈现幼儿学习故事、创编剧本等活动的过程以及幼儿在活动中的收获与体会。

(3) 第三版块:我是设计师。进行戏剧表演需要的不仅是生动流畅的语言,形象的动作表现,更离不开幼儿的表演服装。形象的服装可以帮助幼儿更加明确角色意识,帮助幼儿提升表演欲望与表现力。活动中我们强调幼儿的主动参与。该版块主要呈现幼儿自己动手制作服饰、道具的过程及幼儿的作品。

(4) 第四版块:演出开始啦。这个版块中,主要呈现幼儿在准备表演、参加表演过程中的一些活动照片,并将幼儿的想法用文字记录下来,让幼儿相互欣赏、交流,体验成功与快乐。

2. 主题资源展示

（1）将幼儿和家长共同搜集的图书、DVD 动画、照片、图片等展示于各区域。

（2）利用主题墙、班级活动室及走廊等展示幼儿参与主题活动的照片、作品以及幼儿和家长共同制作的服装、道具等。

（3）幼儿在美术活动或美术区中创作的部分作品（如：口罩、围巾等）可投放于班级"百货商店"的游戏中。

3. 区域活动

区域名称	投放材料及指导要点
语言区	投放故事的立体道具，引导幼儿边操作道具边讲述故事
美工区	1. 提供油画棒、彩纸等，供幼儿装饰口罩、围巾、腰带等 2. 提供伸缩管、双面胶、剪刀、发箍、灰色彩纸等，供幼儿尝试制作大象头饰等 3. 制作故事的立体道具、背景
益智区	连连看（与故事中的动物相联系）
表演区	提供服饰、头饰，幼儿进行故事表演
科学区	提供记录表、笔、各种动物图片，幼儿根据动物的特征匹配相应的物品
数学区	熊猫百货商店购物（人民币兑换）

　　　表演区　　　　　　　　　　　　语言区　　　　　　　美术区

☞ 家园共育

1. 请家长和幼儿一起参与动物图片、反映动物生活习性的视频以及相关角色道具制作所需材料的收集（如纸盒、塑料橡皮管、口罩等）。

2. 通过一线通、QQ 群、家长园地等，及时反映主题戏剧活动的进展进程，请家长协助孩子做好故事复述、台词与动作的创编和排练等工作。

3. 邀请部分家长志愿者参与表演背景的制作、道具物品的加工等。

☞ 主要教学活动方案

活动一 特殊的顾客

活动目标

1. 理解故事内容,感受熊猫对顾客热情周到的服务态度。
2. 根据故事线索进行猜测,尝试用较连贯的语言介绍自己的想法,丰富词汇,如"琳琅满目""合适"。
3. 体验助人为乐的美好情感,愿意帮助需要帮助的人。

活动准备

1. 动画片《熊猫百货商店》(节选)。
2. 《熊猫百货商店》教学图片(熊猫、长颈鹿、河马、大象、围巾、口罩、皮带图片各一张)。

活动过程

1. 观察百货商店的背景图,导入活动。

指导语: 这是什么地方?你从哪里看出来的?(丰富词汇:琳琅满目)

这家百货商店是谁开的?(出示熊猫图片)熊猫是这家百货商店的什么人?这家百货商店的名字叫什么?

2. 欣赏故事,理解故事的主要情节。

(1) 观察商品与动物图片,猜测不同动物想买的商品。

指导语: 商店里来了哪些顾客?(出示长颈鹿、河马、大象图片)

熊猫伯伯拿出了三件商品,是什么呢?(出示围巾、口罩、皮带图片)

三个顾客都只想买其中的一种商品,猜猜它们分别想买什么?

(2) 欣赏故事前半部分。

指导语: 它们到底会买什么呢?我们一起来听听故事吧!(教师讲述故事)

长颈鹿、河马、大象分别想买什么商品呀?(请幼儿把小动物图和物品图进行匹配)

它们有没有买到想要的商品?为什么?(丰富词汇:合适)

它们的心情怎么样?熊猫伯伯可能会怎么做?

(3) 欣赏故事后半部分,学习角色之间的对话。

指导语: 它们最后有没有买到自己想要的商品呢?我们一起来听听故事吧!(教师讲述故事)

长颈鹿有没有买到围巾？熊猫伯伯是怎么说、怎么做的？我们来学一学。

河马有没有买到口罩？熊猫伯伯是怎么说、怎么做的？谁来试一试？

大象有没有买到皮带？熊猫伯伯是怎么说、怎么做的？我们试一试。

3. 欣赏动画片，学说角色间的对话。

指导语：《熊猫百货商店》的故事可受人们欢迎了，大家还将这个故事拍成了动画片，请小朋友们一起来看一看、说一说。（播放动画片，鼓励幼儿学着说一说角色间的对话）

小动物们都买到了合适的物品，它们的心情怎么样？它们对熊猫伯伯说了什么？为什么要这样说？

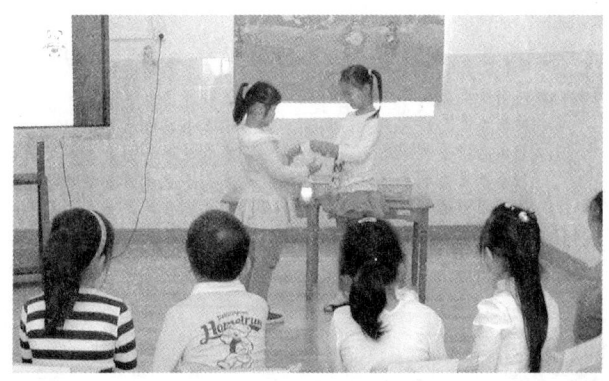

你们在超市、商场购物时，遇到过像熊猫伯伯这样热心为顾客服务的营业员吗？在平时的生活中、游戏中，你们打算怎样为家人、朋友及需要帮助的人提供服务呢？

4. 分角色表演故事。

指导语：我们一起来表演这个故事，你想演什么？在表演的时候我们要注意什么呢？（引导幼儿从语言、动作、表情等方面进行讨论）

附

【故事】

熊猫百货商店

改编自动画片《熊猫百货商店》

森林里有一家百货商店，熊猫伯伯是商店的经理。

长颈鹿到商店里来，熊猫伯伯问他："您好！您想买点什么呢？"长颈鹿说："我想买条围巾。"熊猫伯伯抱出一大堆围巾，可是一条也不合适。这是怎么回事呢？原来，长颈鹿的脖子很长很长，商店里的围巾都太短了。长颈鹿买不到合适的围巾，心里不高兴。熊猫伯伯说：

"别着急,别着急,我给您做一条很长很长的围巾。这条围巾要做多长,先得把你的脖子量一量。"于是,熊猫伯伯搬来一张梯子,爬到梯子上量出了长颈鹿的脖子有多长,为长颈鹿订制了一条很长很长的围巾。长颈鹿可高兴了。

河马到商店里来,熊猫伯伯问他:"您好,您想买点什么呀?"河马说:"我想买只口罩。"熊猫伯伯抱出一大堆口罩,可是一只也不合适。这是怎么回事呢?原来,河马的嘴巴很大很大,商店里的口罩都太小了。河马买不到合适的口罩,心里不高兴。熊猫伯伯说:"别着急,别着急,我给您做一只很大很大的口罩。这只口罩要做多大,先得把你的嘴巴量一量。"熊猫拿来一根很长的尺子,围着河马的嘴巴量出了河马的嘴巴有多大,为河马订制了一只很大很大的口罩。河马可高兴了。

大象到商店里来,熊猫伯伯问他:"您好,您想买点什么呀?"大象说:"我想买条腰带。"熊猫伯伯捧出一大堆腰带,可是一条也不合适。这是怎么回事呢?原来,大象的腰很粗很粗,商店里的腰带都太短了,大象买不到一条合适的腰带,心里不高兴。熊猫伯伯说:"别着急,别着急,我给您做一条很长很长的腰带。这条腰带有多长呀,先得把你的腰量一量。"熊猫拿来一根很长很长的皮尺,绕着大象的腰走了一圈,才量出了大象的腰有多粗,为大象订制了一条很长很长的腰带,大象可高兴啦。

长颈鹿、河马、大象都说:"熊猫百货商店真好啊!"

活动二 我是小编剧

活动目标

1. 进一步熟悉剧本的结构与用途,尝试将故事《熊猫百货商店》转化为剧本。

2. 迁移小剧本制作经验,大胆设计故事中角色的出场顺序与部分台词,在教师的帮助下用图配文的形式完成大剧本的制作。

3. 体验共同制作和阅读图配文剧本的快乐。

活动准备

1. 经验准备。

(1) 幼儿对剧本的结构与作用已有初步的认识。

(2) 幼儿有表演创意戏剧的经验。

2. 物质准备。

(1)《熊猫百货商店》大剧本。

(2)《熊猫百货商店》教学 PPT。

(3) 记号笔、故事中角色图片。

活动过程

1. 根据剧情设计角色出场顺序和台词,完成《熊猫百货商店》表演剧本的制作。

(1) 出示教学 PPT,激发共同制作大剧本的愿望。

指导语:这是什么?(出示教学 PPT)

今天我们要来制作《熊猫百货商店》的表演剧本。

什么是剧本?剧本里有什么?

(2) 交流、讨论第一幕的角色及台词,完成第一幕剧本制作。

指导语:这是什么地方?有哪几个角色?

它们会说什么?谁先说?谁后说?谁愿意来介绍介绍?

谁有不同的意见?你们感觉怎样设计更好一些?(讨论后,请幼儿选择相应的角色图片有序地贴到剧本中"角色"和"台词"部分,必要时,教师可以用笔添加图画或简单的文字,使之更完整)

接下来,发生了什么事?

谁上场?它们会说些什么、做些什么?(讨论后,师幼共同用贴纸或画笔在大剧本上进行记录)

第一幕剧本完成了,我们看着这段剧本一起来试着表演表演。

(3) 交流、讨论第二幕的角色及台词,完成第二幕剧本制作。

● 创编长颈鹿来购物的台词。

指导语:谁先到熊猫百货商店来购物?熊猫父子会怎么招呼它?

长颈鹿想买什么?会怎么说?

熊猫父子会怎么说、怎么做?

没有合适的商品,长颈鹿的心情会怎样?它会说什么?

熊猫父子会对它说什么?

(在讨论的同时,师幼共同用贴纸或画笔在大剧本上进行记录)

● 迁移经验,创编河马、大象来购物的台词。

指导语:还有哪些小动物来购物?它们会说什么、做什么?

熊猫父子又是怎么说、怎么做的?

……

● 尝试看剧本表演第二幕。

指导语:第二幕剧本完成了,我们看着这段剧本,一起来试着表演表演。

(4) 讨论第三幕的角色及台词,自主创编第三幕剧本。

指导语:接下来,讲的是什么故事?这一段故事里,都有哪些角色?熊猫父子会怎么做

呢？请小朋友试着编一编、记一记。（幼儿自编台词并尝试记录）

谁来把自己的设计介绍给大家？（个别幼儿介绍）

我们试着按照他的设计说一说。你们觉得有没有需要调整的地方？应该怎么调整？（师幼共同尝试看剧本表演，讨论并完善剧本）

（5）根据故事内容，师幼共同完成第四幕剧本的制作。

指导语：经过努力，客人们的要求满足了吗？它们的心情怎么样？会说什么？会怎么做？大家会怎么对熊猫父子说？

（幼儿交流自己的想法后，师幼共同用贴纸或画笔在大剧本上进行记录，集体学说故事内容并完善剧本）

2. 师幼共同阅读剧本并尝试表演，体验自制剧本和合作表演的快乐。

（1）尝试根据剧本进行分角色表演。

指导语：有了这本大剧本，我们就可以知道怎样进行表演——小动物们谁先说？说什么？谁后说？说什么？……

《熊猫百货商店》中有哪些角色？你们想演谁？（师幼共同分配角色）

我们一起看着大剧本，试着分角色来表演表演。（师幼共同表演，教师可适当用语言或动作提示幼儿）

（2）激发进一步表演的兴趣。

指导语：这是我们自己设计的大剧本，我把它贴在班上。平时，大家可以看着这份剧本来练习表演。在家里，小朋友也可以看着自己的小剧本，和爸爸妈妈一起表演《熊猫百货商店》。

活动延伸

教师把大剧本贴在表演区内，供幼儿自主阅读，对照剧本练习表演。

附

【剧本】

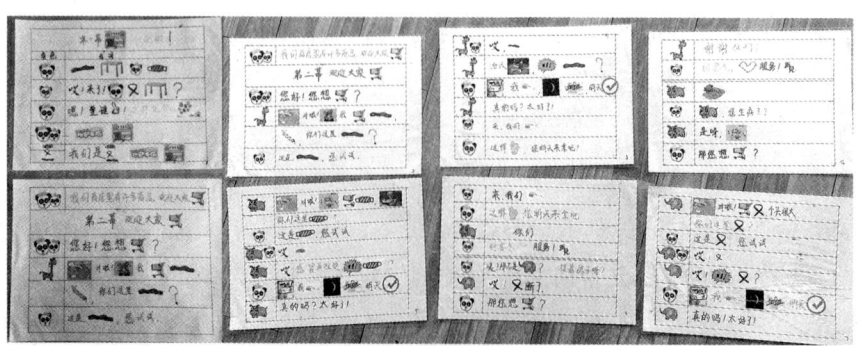

活动三　购物猜谜歌

活动目标

1. 熟悉音乐旋律,学习用对唱的方式演唱歌曲。

2. 在感知歌曲提问句特点和谜面歌词结构的基础上,尝试按照节奏创编回答句和关于商品的谜面歌词。

3. 感受歌曲说唱结合的特点,体验猜谜对唱的快乐。

活动准备

1. 经验准备。

幼儿熟悉故事《熊猫百货商店》。

2. 物质准备。

围巾、口罩、腰带的图片。

活动过程

1. 故事谜语导入。

指导语: 在故事《熊猫百货商店》中,来了哪些客人？他们要买什么？

小动物们来到熊猫百货商店购物,它们要买的商品虽然普通却有着重要的作用。它们购物时说的都是谜语。老师先来说一个谜语,你们来猜一猜,这是什么东西？

2. 以猜谜形式学习歌曲。

(1) 倾听谜面,猜测谜底。

指导语: 身体长又长,围在脖子上,冬天把风挡,戴上暖洋洋。（在音乐伴奏下,教师有节奏地念谜面）

谜底是什么？谜面是怎么说的？（引导幼儿讨论后得出答案——围巾）

师幼共同小结: 这首谜语先说了围巾的样子,又说了戴在哪里,还说了它的作用。

(2) 欣赏范唱,感受歌曲的特点。

指导语: 这是一首有趣的歌曲,小动物是怎么问的？熊猫又是怎么答的？请小朋友仔细地听一听。（教师范唱）

小动物是怎么问的？哪几句是谁说的？从什么地方开始唱？是怎么唱的？我们来学一

学。(引导幼儿尝试有节奏地说、唱提问部分)

熊猫是怎么回答的?我们试一试。(教师可引导幼儿根据"请你猜猜这是什么东西呀?"的节奏、字数,尝试有节奏地唱出答案:"知道知道,这就是'围巾'呀!")

(3)师幼合作,学唱歌曲。

指导语:这首歌是一种谜语歌,问的人说、唱一段,在最后一句进行提问;答的人说、唱一段,也是在最后一句回答。老师来当长颈鹿,你们当熊猫。我来提问,你们回答。(教师当问的人,幼儿当答的人,尝试分角色对唱,然后可交换角色再次合作)

3. 迁移经验,创编口罩和腰带的谜面并学唱。

(1)分析口罩和腰带的特点与作用。

指导语:到百货商店购物的还有谁呀?它们也喜欢出谜语让别人猜呢。它们想买的是什么呢?

口罩是什么样子的?戴在哪里?有什么作用?

腰带是什么样子的?戴在哪里?有什么作用?

(2)自选商品编谜语并尝试演唱。

指导语:请你们从口罩和腰带中选一个,试着用四句话编一个谜语,跟旁边的小朋友说一说,跟着音乐唱一唱。(幼儿自由尝试,编唱谜语)

(3)学唱新编歌曲部分。

指导语:你编的是什么商品谜语?你能跟着音乐唱给大家听听吗?(个别幼儿展示自己创编的内容)

他编得怎么样?我们把××小朋友编的谜面放进歌里,说一说、唱一唱。(引导幼儿跟随音乐学唱新的谜语)我们一起来学一学。

(4)完整演唱歌曲。

4. 游戏:购物猜谜歌。

(1)结伴游戏。

指导语:今天,我们学唱的这首歌是小动物去购物时的猜谜歌,我们该给这首歌曲起一个什么名字?

请小朋友两人一组,一个做购物的小动物,另一个做熊猫店长,小动物选一个商品唱出来,

熊猫店长要猜出小动物想购买的商品是什么并唱着回答出来。

（2）集体游戏。

指导语：这次，我们要请一位熊猫店长到前面来，蒙上眼睛，抽出一张图片。其余小朋友手拉手围成一个圈，熊猫店长抽出什么商品的图片，我们就唱这种商品的谜语，让熊猫店长猜猜商品是什么。（反复游戏数遍）

附

【歌曲】

动物猜谜歌

选自《挫冰进行曲》
石 幼 填词

$1=F$ $\frac{2}{4}$

身体长又长，戴在脖子上，冬天有了它，
身体方又方，戴在嘴巴上，感冒有了它，
身体长又长，戴在腰间上，裤子有了它，

身上暖洋洋，搓搓搓搓 搓搓搓 搓搓搓搓 搓搓搓，
身体真健康，
不会往下滑！

请你猜猜 这是什么 东 西 呀？ 搓搓搓搓 搓搓搓，

搓搓搓搓搓搓搓， 知道知道 这就是 围 巾 呀。
　　　　　　　　　　　　　　　　口 罩
　　　　　　　　　　　　　　　　腰 带

活动四　可爱的熊猫

活动目标

1. 认识熊猫的外形特征，了解熊猫的成长过程和生活习性，知道它们属于哺乳类动物。

2. 学习从头到尾有序地观察,大胆交流观察中的发现。

3. 知道熊猫是我国的一级保护动物,萌发关爱、保护大熊猫的情感。

活动准备

1. 熊猫图片和相关视频。

2. "熊猫连连看"操作图。

活动过程

1. 谈话,迁移生活经验。

指导语: 你们见过大熊猫吗?在哪见过?大熊猫是什么样子的?

2. 观察图片,感知熊猫的外形特征。

(1) 自由观察熊猫的外形。

指导语: 熊猫长得什么样子呢?请小朋友仔细看一看,并跟旁边的小朋友说一说自己的发现。

(2) 学习从头到尾有序地观察熊猫的形态。

指导语: 熊猫是什么样子的?谁愿意说一说你的发现?

熊猫的头上有什么?是什么样子的?

熊猫的身体怎么样?身上有什么?是什么样子的?

……

(3) 师生共同小结熊猫的外形特征。

总结: 熊猫有圆圆的头,头上有……熊猫有胖乎乎的身体,身上有……熊猫有四条腿……熊猫全身是黑白相间的……

3. 欣赏视频,了解熊猫的生活习性。

(1) 了解熊猫的生活习性。

指导语: 熊猫住在哪里?喜欢吃什么?它有什么本领呢?

这里有一段视频,我们一起看一看。(引导幼儿边看边议)

师幼共同小结熊猫的生活习性。

(2) 了解熊猫出生和长大的过程。

指导语: 刚生下来的熊猫宝宝是什么样子的?熊猫宝宝是怎么长大的呢?我们一起来看一看。

师幼共同小结。

(3) 初步了解哺乳动物的概念。

指导语: 熊猫是一种哺乳类动物,什么是哺乳动物?你还知道哪些哺乳动物?

4. 操作游戏：连连看。

指导语：熊猫是什么样子的？生活在哪里？吃些什么东西？这里有一些图片，请小朋友看一看、连一连、说一说。（幼儿自由操作、游戏）

谁愿意来介绍一下自己的游戏单？（个别幼儿交流）

5. 激发保护大熊猫的意识。

指导语：熊猫是中国独有的动物，数量很少，是珍贵的一级保护动物，深受世界人民的喜爱。我国除了在一些地方的动物园有熊猫展览馆外，还把熊猫作为珍贵的礼物送给一些友好国家。大熊猫这么珍贵，我们应该怎么做？（引导幼儿交流保护熊猫的方法）

活动五 可爱的长颈鹿

活动目标

1. 在了解长颈鹿外形特征的基础上，尝试制作长颈鹿的头饰、表演服。
2. 在示范讲解和步骤图的提示下，学习利用卡纸、帽坯及一些辅助材料制作长颈鹿头饰的方法。
3. 对手工制作活动有兴趣，体验创作作品的快乐。

活动准备

1. 长颈鹿图片，长颈鹿头饰、服饰范例。
2. 长颈鹿头部轮廓、帽坯、一端开好3个口的卡纸、双面胶、子母扣、油画棒等若干，用淡黄色无纺布做好的背心、袖套若干。
3. 制作长颈鹿头饰的步骤图。

活动过程

1. 观察长颈鹿图片，了解长颈鹿的特点（重点：花纹和长脖子）。

指导语：今天，我带来了一张长颈鹿的图片，请大家仔细地看一看。长颈鹿是什么样子的？人们为什么会称它为长颈鹿？

在扮演小动物时，我们常常要带上小动物头饰。想想看，长颈鹿的头饰可以怎么做？身体呢？

2. 观察长颈鹿头饰范例和制作步骤图，讨论长颈鹿头饰的制作方法。

（1）观察制作长颈鹿头饰的材料，讨论制作方法。

指导语：制作长颈鹿头饰需要用到哪些材料呢？这些材料可以用来干什么？

（2）欣赏长颈鹿头饰范例，了解制作的方法。

指导语：长颈鹿的头饰是怎么做的呢？（在幼儿观察范例进行猜测的同时，教师出示相应的步骤图）

（3）师生共同小结制作步骤。

第一步：在长颈鹿头部轮廓上画好五官，涂上颜色。

第二步：在黄色卡纸上用褐色油画棒涂上长颈鹿的花纹，然后将黄色卡纸卷成筒状，纸管下端的开口向外折叠成3片花瓣状，用子母扣粘贴在帽坯的顶端，作为长颈鹿的脖子。

第三步：将长颈鹿的头像背面贴上双面胶，固定在纸筒上。

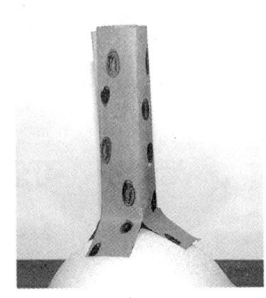
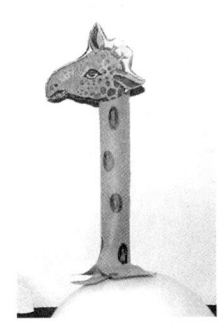

步骤1　　　　　　　步骤2　　　　　　　步骤3

3. 了解长颈鹿表演服的装饰要点。

（1）欣赏长颈鹿服饰范例。

指导语：看，我带来了一件做好的长颈鹿衣服，这件衣服是由什么组成的呀？我是怎样在背心和袖套上进行装饰的？

（2）小结装饰长颈鹿服饰的方法。

指导语：长颈鹿的身上有着大小不一的斑纹，我们用油画棒在背心和袖套上添加上这些斑纹，就变出了美丽的长颈鹿表演服。

4. 讲解操作要求，分组制作长颈鹿头饰和服饰。

幼儿自由分成两大组，一组做长颈鹿头饰，一组装饰背心和袖套。

在幼儿制作过程中，教师巡回指导，提醒幼儿可以按照图示操作。

5. 幼儿把做好的服饰和头饰穿戴好，进行表演。

指导语：请小朋友把做好的头饰戴好，衣服穿好，我们来一起来跳舞吧！（播放音乐）

活动六　快乐的小动物

活动目标

1. 学唱歌曲第一段，结合故事仿编第二、三段歌词并尝试演唱。

2. 感受乐曲欢快活泼的旋律，初步尝试用动作、表情来表现小动物的特点与购物时的快乐。

3. 乐意表达自己的想法,体验创编歌词进行演唱的乐趣。

活动准备

1. 经验准备。

幼儿已经熟悉故事内容。

2. 物质准备。

（1）音乐。

（2）图片一组:长颈鹿、河马、大象、围巾、口罩、皮带。

活动过程

1. 倾听乐曲,感受乐曲欢快、活泼的旋律。

指导语:老师这里有一首好听的音乐,请你们来听一听,说一说有什么样的感受?（播放乐曲）

你以前听过这首乐曲吗?在哪里听过?这首乐曲听起来感觉怎么样?（引导幼儿感受乐曲欢快活泼的风格）

2. 结合故事内容,学唱歌曲第一段。

指导语:熊猫百货商店开张了,小动物们很开心,它们用这首曲子编出了好听的歌,唱着歌来买需要的商品了。

（1）欣赏歌曲第一段,初步感知歌词内容。

指导语:长颈鹿来了,它是来买什么的呀?

对啦,买围巾的。我们来听听它是怎样唱的?（倾听教师范唱）

长颈鹿都唱了些什么呢?

（2）再次欣赏歌曲第一段,理解记忆歌词。

指导语:长颈鹿是怎样介绍自己和说出自己想买的商品的?我们再来听一听。（教师再次范唱,借助图片,引导幼儿归纳出歌词的结构特征:打招呼——介绍自己（名称、特点）——衬词——介绍商品（数量、名称、特点）——衬词）

（3）尝试演唱歌曲第一段。

指导语:长颈鹿是怎么唱着歌购物的?我们一起来学一学、唱一唱。（视情况学唱数遍）

3. 仿编歌曲第二、三段,并学习演唱。

指导语:还有哪些小动物来购物了?

它们有什么特点?想购买什么商品?

它们又会怎样介绍自己和自己想买的商品呢?（引导幼儿借助图片,根据歌曲第一段的歌词结构,逐段进行仿编）

我们把大家编的歌词合着旋律唱一唱!（幼儿尝试演唱数遍）

幼儿园创造性戏剧活动

4. 讨论歌曲传递的情绪,探索有感情演唱的方法。

(1) 讨论歌曲传递的情绪,尝试有感情地演唱。

指导语: 小动物们来购物时,心情怎么样?我们怎样唱,才能让人感觉到这种开心、兴奋的情绪?(教师可采用两种不同的演唱方法,引导幼儿从表情、声音、速度等方面进行讨论)

我们用刚才说的方法,试着把这种开心、兴奋的感觉唱出来。

(2) 尝试加上动作演唱歌曲。

指导语: 长颈鹿(大河马、大象)在唱"我的脖子(嘴巴、个头)很长(大)"时是什么样的心情?可以加上什么动作来表现这种骄傲的感觉呢?(引导幼儿创编夸张的动作表现出小动物的外形特点)

我们加上动作来演唱这首歌曲,看看谁是最快乐的小动物。

附

【歌曲】

快乐的小动物

选自《天堂与地狱》
[法]奥芬巴赫 曲
石 幼 填词

$1=G$ $\frac{4}{4}$

| 0 0 1. 0 | 2 4 3 2 5 5 | 5 6 3 4 2 2 |

你好, 我 是 一 只 长颈 鹿, 我 的 脖 子 很 长,
你好, 我 是 一 头 河 马, 我 的 嘴 巴 很 大,
你好, 我 是 一 头 大 象, 我 的 个 头 很 大,

| 2 4 3 2 1 7 6 | 5 4 3 2 1. 0 | 2 4 3 2 5 5 |

啦啦 啦啦 啦啦 啦啦 啦 啦 啦 啦 啦 啦, 我 要 一 条 围 巾,
啦啦 啦啦 啦啦 啦啦 啦 啦 啦 啦 啦 啦, 我 要 一 个 口 罩,
啦啦 啦啦 啦啦 啦啦 啦 啦 啦 啦 啦 啦, 我 要 一 条 腰 带,

| 5 6 3 4 2 2 | 2 4 3 2 1 5 2 3 | 1 0 ‖ |

长 长 的 围巾, 啦啦 啦啦 啦啦 啦啦 啦……
大 大 的 口罩, 啦啦 啦啦 啦啦 啦啦 啦……
长 长 的 腰带, 啦啦 啦啦 啦啦 啦啦 啦……

【教学图片】

活动七 口罩设计师

活动目标

1. 欣赏图片,感受花纹按一定规律排列带来的美感。
2. 尝试运用中心花纹与四边、四角花纹结合的方式进行装饰。
3. 乐意分享自己的创意与作品,体验成功的快乐。

活动准备

1. PPT,口罩装饰图片若干。
2. 勾线笔、油画棒、装好松紧带的口罩形卡纸。

活动过程

1. 创设故事情境,激发幼儿的兴趣。

指导语:天气冷了,很多顾客到我们百货商店来买漂亮又暖和的口罩。现在口罩缺货了,请你们来做设计师,为百货商店设计一些漂亮的口罩吧。

2. 欣赏PPT,感受规律排列的花纹带来的美感。

（1）欣赏中心花纹与四角花纹的组合。

指导语: 口罩上有些什么？它们是怎么排列的？

××花纹在哪里？（引导幼儿观察发现中心、四角）

中心花纹和四周花纹有什么不同？（引导幼儿发现中心花纹比较大,四角的花纹一模一样……）

（2）欣赏中心花纹与四边花纹的组合。

指导语: 这些口罩是怎样装饰的？

四边的花纹由几种小图案组成？它们是怎样排列的？颜色呢？（引导幼儿观察四边装饰花纹的排列规律:ABABAB、ABBABB、ABCABC……）

（3）欣赏中心花纹与四边、四角花纹的组合。

指导语: 这些口罩是怎样进行装饰的？

四边花纹和四角花纹在大小上有什么区别？

3. 明确任务要求,装饰口罩。

（1）明确操作要求。

指导语: 今天我们用中心花纹加四边或者四角花纹的方式来设计口罩。小朋友可以选择自己喜欢的图案进行装饰,中间的花纹要画大,四角的花纹要一样,四边的花纹要有规律地排列。请小朋友先想好自己的装饰方案,然后再动手装饰口罩。

（2）幼儿操作,教师巡视指导。

4. 展示作品,分享快乐。

指导语: 你是怎么设计口罩的？大家觉得他设计的口罩怎么样？（教师可借助投影仪展示幼儿的作品,引导幼儿共同欣赏、评价）

附

【教学图片】

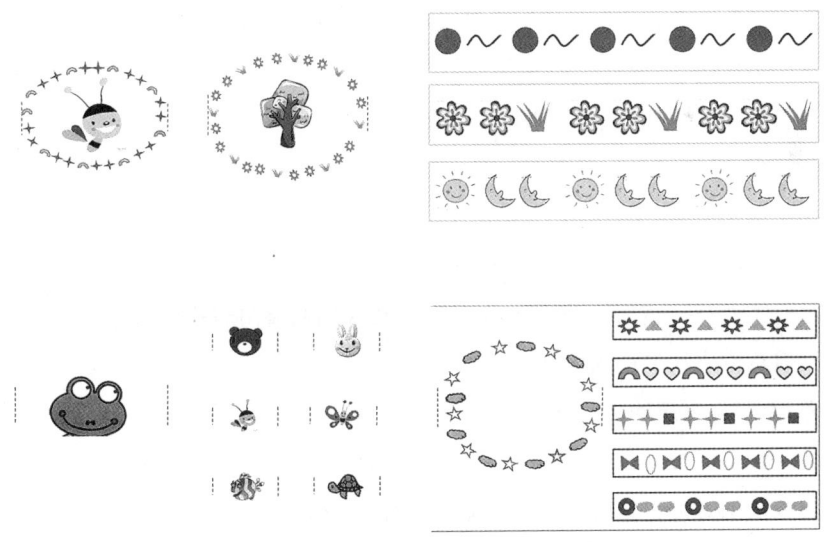

活动八 快乐的商品

活动目标

1. 初步熟悉乐曲的旋律,感受音乐 ABAC 的结构特点和活泼欢快的风格。
2. 通过观看视频、分组学习等,掌握商品们跟随音乐表演的基本动作。
3. 体验自选角色、自主学习等带来的快乐。

活动准备

1. 剪辑好的乐曲《单簧管波尔卡》。
2. 舞蹈视频。
3. 电脑数台。

活动过程

1. 欣赏乐曲,感受乐曲的旋律特点。

(1) 初次欣赏乐曲。

指导语:今天,老师带来了一段音乐,是我们准备表现围巾、口罩、腰带跳舞的音乐。我们一起来听一听。(播放乐曲)

听了这首曲子,你有什么感受?

(2) 幼儿再次欣赏乐曲。

指导语:这首乐曲有几段?我们再来听一听。(再次播放音乐)

这首乐曲有几段?哪一段音乐重复了两次?

第一段音乐听起来感觉怎么样?第二段音乐和最后一段音乐呢?

教师小结:这首乐曲分成四段,第一段比较欢快,第二段比较婉转,第三段和第一段一样,第四段比较起伏。它的结构是ABAC回旋曲。

2. 观看视频,学习商品们的舞蹈。

(1) 想象商品们舞蹈的场景。

指导语:熊猫百货商店里有各种各样的商品,每天清晨,它们一听到音乐就出来,大家在一起快乐地跳舞、游戏。它们会怎样跳舞、游戏呢?(幼儿自由想象)

(2) 观看戏剧表演的视频片断。

指导语:上一届大班的小朋友们编了一个《快乐的商品》的舞蹈。在这段舞蹈里,商品们是怎么跳舞、游戏的呢?我们一起来看一看。(播放视频)

先上台表演的是谁?它们是怎么跳舞的?玩了什么游戏?

接下来是谁上台跳舞?最后是谁上台跳舞?它们又是怎么跳的?

(3) 分组学习商品们的舞蹈。

指导语:这些商品中,你们想扮演谁?(请小朋友们自选围巾、口罩、腰带中的一种)

我们为每一组准备了1台笔记本电脑,请小朋友们将自己选择的商品分成三组,跟着电脑学一学商品们的舞蹈。(幼儿分组学习,三位教师分头指导)

3. 展示交流,分享自己的学习感受与体验。

指导语:大家跟着电脑学习商品们跳舞,感觉怎么样?学会了吗?

哪一组小朋友愿意先来展示自己的学习成果?(请每一组小朋友轮流到前面来展示)

小朋友觉得自己跳得怎么样？在跳商品们的舞蹈时，还要注意些什么？

附

【乐曲】

单簧管波尔卡
（节选）

[波]普罗修斯卡　曲

【动作建议】

围巾的舞蹈

A段：

[1—2]小节：双手背于身后，有节奏地向前走四步。

[3—4]小节：原地站立，拍手4下。

[5—16]小节：同[1—4]小节，重复3次。

B段：

[1—2]小节：两两交换位置。

[3—4]小节：双手打开放在脸两旁，右脚脚跟着地。

[5—8]小节：同[1—4]小节。

重复A段：

[1—8]小节：最后两个幼儿搭山洞，其他幼儿钻山洞，排成两竖行。

[9—16]小节：两竖行幼儿由排头带队分别从左右两边走向中间，变成一竖行。

C段：

[1—2]小节：相互交错做双手打开放在脸两旁，右脚脚跟着地。（第一小节向左，第二小节向右，以此类推）

[3—4]小节：双手背后摇一摇。

[5—12]小节：同[1—4]小节，重复2次。

[13—14]小节：做一个自己喜欢的造型。

口罩的舞蹈

A段：

[1—4]小节：两人一组，结伴上场，摆一个造型。

[5—16]小节：同[1—4]小节，重复3次。

B段：

[1—4]小节：排成一横排。

[5—8]小节：相互打招呼。

重复A段：

[1—4]小节：变成两竖行。

[5—8]小节：相互打招呼。

[9—12]小节：两竖行面对面向中间走。

[13—16]小节：两两面对面拍手。

C 段：

［1—4］小节：两两分别从两边向后走，走到山洞后变成一竖行。

［5—8］小节：自己拍手。

［9—12］小节：走到舞台的前面。

［13—14］小节：做一个自己喜欢的造型。

腰带的舞蹈

A 段：

［1—2］小节：做开火车状连成一排，脚跟离地、脚尖着地。

［3—4］小节：向前跑。

［5—16］小节：同［1—4］小节，重复 3 次。

B 段：

［1—2］小节：变成两横排。

［3—4］小节：右手放在颈侧，左手向前伸平。

［5—8］小节：前后交换位置，重复 2 次。

重复 A 段：

［1—16］小节：走成一个圆圈。

C 段：

［1—2］小节：向圆内走。

［3—4］小节：双手向上伸，摇一摇。

［5—12］小节：同［1—4］小节，重复 2 次。

［13—14］小节：做一个自己喜欢的造型。

活动九 劳动最光荣

活动目标

1. 感受歌曲欢快的风格和小动物们劳动的快乐场景。

2. 在会唱歌曲的基础上，尝试替换部分歌词进行演唱。

3. 体验创编歌词演唱歌曲的成功与喜悦。

活动准备

1. 经验准备。

幼儿熟悉歌曲《劳动最光荣》。

2. 物质准备。

（1）教学图谱。

（2）音乐《劳动最光荣》。

活动过程

1. 观察图谱1，复习《劳动最光荣》第一段。

指导语： 你们知道这幅图谱表现的是哪首歌的内容吗？我们边看图谱边来唱一唱《劳动最光荣》这首歌，唱的时候要注意节奏。

2. 在图谱的帮助下，学习替换歌词进行演唱。

（1）尝试创编长颈鹿买围巾的歌词。

指导语： 这是谁？熊猫为什么忙？今天我们把熊猫开店的故事唱到歌曲里。（出示熊猫，放在原图谱中的小鸟位置）

"鸟儿忙梳妆"这句我们可以替换成什么歌词？

谁来买东西？它有什么特点？它来买什么？谁能把长颈鹿买围巾的故事编成歌词？（出示长颈鹿、围巾等图片，分别放在原图谱中的相应位置）

（引导幼儿根据图谱2，在保留歌词前三句和最后一句的基础上，尝试替换中间部分的歌词，如："……熊猫开店忙，长颈鹿脖子长呀，熊猫父子来帮他，长长的围巾哪里来？……"）

（2）尝试按新编歌词演唱。

指导语： 请小朋友把我们新编的歌词放进歌曲里，试着唱一唱。（幼儿自主尝试演唱，教师适时给予指导与帮助）

谁愿意按新编的歌词唱给大家听一听？（请个别幼儿演唱）

他唱得怎么样？好在哪里？需要注意的地方在哪里？

（3）集体演唱新编歌曲第一段的内容。

指导语： 请小朋友们一起唱一唱熊猫父子开店、长颈鹿买围巾的故事。如果唱的时候记不得歌词，可以怎么办？

3. 迁移经验，尝试创编第二、三段歌词并演唱。

（1）替换图片，创编歌词。

指导语： 熊猫父子开店了，除了长颈鹿，还有哪些小动物也来购物？它们有什么特点？（出示大象、河马相关图片）

它们想买什么？它们想买的商品有什么特点？

河马（大象）的图片应该放在什么位置？口罩（腰带）呢？（请幼儿将河马等图片摆放在教学图谱中的相应位置）

（2）迁移经验，尝试演唱。

指导语：请小朋友们按新编的歌词唱一唱河马、大象来购物的故事。

4. 完整演唱，体验编、唱歌曲的快乐。

指导语：熊猫百货商店刚开张，长颈鹿、河马、大象就来购物了。小朋友们把它们购物的故事编成了歌，变成了新的歌曲《劳动最光荣》。我们把新编的三段歌词连起来唱一唱。

5. 交流体验，激发幼儿持续创编的兴趣。

指导语：在演唱这首新编《劳动最光荣》时，大家的心情怎么样？

你们参加过哪些劳动？还见过哪些劳动场景？以后，大家可以试着把这些场景、故事也编成歌词来唱一唱。

附

【歌曲】

劳动最光荣

金近、夏白 词
黄准 曲
石幼 改编词

$1 = {}^\flat B$ $\frac{2}{4}$

活泼、愉快、健康

5 1̇ 1̇ 5 | 6 6 5 | 3 4 5 6 1 3 | 2 — | 5 1̇ 5 |

太阳光　金亮亮，　雄鸡唱三唱，　　花儿

6 6 5 | 5 6 1 3 2 5 | 1̇ — | 1̇. 2̇ 1̇ 5 | 6 6 5 | 3. 1̇ 6 5 |

醒来了，　熊猫开店忙；　　(一)长颈鹿　脖子长；　熊猫父子
　　　　　　　　　　　　(二)大河马　嘴巴大；
　　　　　　　　　　　　(三)大象伯伯　肚子大；

1 3 2 | 1 1 2 3 3 5 | 6 5 1̇ | 1̇ 5 6 1̇ | 3̇ 2̇ 5 | 1̇ 0 ‖

来帮忙；(一)长长的围巾　哪里来？　要靠劳　动　来创造！
　　　　(二)大大的口罩
　　　　(三)长长的腰带

【教学图谱】

活动十　欢乐一家亲

活动目标

1. 在熟悉乐曲的基础上,学跳双圈集体舞,动作合拍、协调。
2. 在手腕花的提示下,掌握交换舞伴的方法。
3. 在舞蹈过程中,能与同伴用目光、体态相互交流,愉快地跳舞。

活动准备

1. 经验准备。

幼儿有跳双圈集体舞的经验。

2. 物质准备。

（1）音乐《外国集体舞》。

（2）手腕花。

活动过程

1. 玩拍手游戏,初步感知乐曲欢快的节奏。

指导语：这里有一首乐曲,请小朋友听一听。（播放乐曲）

听完这首音乐有什么感觉?请小朋友们伸出双手,合着音乐的节奏,拍出欢快的感觉。

2. 观察教师示范,学习集体舞的基本动作。

（1）教师示范,幼儿观察。

指导语：现在,请小朋友们仔细看一看,老师跟着音乐做了哪些动作?做了几遍?

我们用哪只手打招呼?（戴手腕花的那只手）

（2）跟随音乐,尝试原地合拍做动作。

指导语：请小朋友跟着音乐,合拍地做一做这些动作。（集体练习数遍）

3. 观察讨论,学习双圈中交换位置和舞伴的方法。

（1）学习里外圈交换位置的方法。

指导语：在刚才我们做的这些动作中,什么动作是便于我们里外圈交换位置的?（引导幼儿讨论）

打招呼后,拍手走步时,里外圈小朋友可以交换位置。我们来试一试。（教师哼唱乐曲,幼儿尝试交换位置）

请小朋友们跟着音乐来试一试。（加入交换位置的要求,完整地听音乐游戏）

（2）学习外圈小朋友经里圈小朋友身后回到外圈的方法。

指导语：什么动作可以替换为外圈小朋友围着里圈小朋友绕一圈后再回到外圈呢?（引导幼儿讨论）

外圈小朋友在围着里圈小朋友绕一圈时,里圈小朋友可以怎么做?我们来试一试。（教师哼唱,幼儿尝试）

请小朋友们跟着音乐来试一试。（加入新的要求,完整地随音乐游戏）

（3）学习交换舞伴的方法。

指导语：在最后一个八拍时,我们还可以交换舞伴游戏呢。大家想一想,我们可以怎么交换舞伴?（鼓励幼儿迁移已有经验讨论）

你们的新舞伴会是谁呢? 请小朋友们伸出戴手腕花那只手,顺着手腕花方向指向斜前方的下一位朋友,他就是你的新舞伴。你的新舞伴是谁呀?（请部分小朋友说出新舞伴的名字）

现在,老师喊节奏,小朋友们试着走一走,找到自己的新舞伴。（教师喊节奏,幼儿练习）

刚才大家在交换舞伴的时候有没有困难? 有什么好的办法? 我们试一试。（视幼儿情

况,练习数遍)

4. 跟随音乐,完整地跳集体舞。

指导语:请小朋友们跟着音乐跳一跳这个欢快的集体舞。(反复数遍)

附

【乐曲】

外国集体舞

1=F 2/4　　　　　　　　　　　　　　　　　　　　　佚名曲

6567 17	6 6	33 321	33 321	72 72	33 1
33 321	33 321	6567 17	6 6	33 321	33 321
71 71	33 1	33 321	33 321	6567 17	6 6
6 1 2 4	33 31	51 24	3 1	6 1 2 4	3 34 321
6567 17	6 6	6 1 2 4	33 31	51 24	3 1
6 1 2 4	3 34 321	6567 17	6 6	66 654	33 3
66 654	3 3	66 654	3 34 321	6567 17	6 6 ‖

【动作建议】

前奏:幼儿站成双圈。

[1]小节:里外圈小朋友面对面伸出右手(戴手腕花的手)打招呼。

[2]小节:里外圈小朋友面对面伸出左手打招呼。

[3—4]小节:里外圈小朋友拍手,踏步走交换位置。

[5—16]小节:同[1—4]小节,重复3次。

[17—20]小节:里外圈小朋友戴手腕花的手相拉,里圈小朋友蹲下,外圈小朋友站立,围着里圈小朋友绕一圈后回到外圈。

[21—24]小节:原地拍手踏步。

[25—32]小节:同[17—24]小节。

[33—40]小节:里圈沿逆时针方向,外圈沿顺时针方向拍手走,向前交换舞伴。

活动十一　开心剧场

活动目标

1. 明确自己要扮演的角色,和同伴合作完成表演任务。
2. 在老师示范动作及音乐的提示下,进行戏剧表演,表演时语言清楚,动作大方。
3. 感受与同伴合作表演的快乐。

活动准备

1. 演员表、角色服饰、头饰。
2. 摄像机、电视机。
3. 活动前邀请老师或家长担任观众。

活动过程

1. 出示演员表,明确角色,熟悉出场顺序。

指导语:这是《熊猫百货商店》的演员表,我们一起来看一看。你演的是什么角色?(帮助幼儿明确自己的角色)

我们已经看过剧本,谁最先上场? 接下来呢?(教师帮助幼儿梳理上下场顺序)

在每一幕中,你要参加哪些表演? 台词还记得吗?

2. 第一次排演,同步练习角色对话与动作。

指导语:第一次演出就要开始了,请你们按照出场的先后顺序排好队,做好表演准备。(教师可以通过图片或动作,提示幼儿有序出场表演)

指导重点:帮助幼儿确定角色出场顺序,提醒上下场时角色之间的衔接要紧凑,并及时提示幼儿;排演结束后,和幼儿一起反思排演中出现的问题,思考改进的方法,并有针对性地进行练习。

3. 第二次排演,强调音乐、语言与动作的配合。

指导语:第二次演出就要开始了,这次,我们要加上背景音乐进行表演,请你们注意要面向观众表演。

> **指导重点**:要求小演员要听清楚音乐再出场,关注角色语言的表现力、动作表演的夸张性以及幼儿的舞台站位与场景道具之间的配合,力求面向观众。

指导语:你们觉得自己哪里表演得不错,哪里还要再努力?我们请观众也给我们提一提建议。(教师引导幼儿进行反思,倾听观众的意见和建议,再次针对不足进行练习)

4. 第三次排演,完整演出,现场摄像。

指导语:现在,我们要进行第三次彩排,这一次我们所有的角色都要穿上服装表演。请小朋友们要听好音乐,大胆表演好自己的角色,说话、唱歌时声音要让人听得清楚,表演时动作要夸张。你们能做到吗?

指导语:请音响师、摄像师、全体演员做好准备。表演开始!

> **指导重点**:注重戏剧表演中的配合,提示幼儿根据剧情的发展自主表演。

附

【表演剧本】

第一幕:百货商店开业啦

角 色	台 词	动 作
旁白	森林里,熊猫父子开了一家"熊猫百货商店",为小动物们服务。你们瞧!它们正在为百货商店开业做准备呢!	熊猫父子上场,在背景音乐中摆放百货商店的物品。
大熊猫	围巾放这里。	放围巾。
	小熊猫,把口罩给我。	对小熊猫招手。
小熊猫	哎!来了!	把口罩递给大熊猫。
大熊猫	东西放好了,这样就可以开业了!	摸摸小熊猫的头,和它站成一排。

续表

角 色	台 词	动 作
熊猫父子	欢迎大家光临熊猫百货商店!	做出邀请的动作,退场。
口罩	我们是口罩,欢迎光临熊猫百货商店。	随音乐跳《快乐的商品》,然后退场。
腰带	我们是腰带,欢迎光临熊猫百货商店。	
围巾	我们是围巾,欢迎光临熊猫百货商店。	
大、小熊猫	熊猫商店商品多,欢迎大家来选购!	随背景音乐上场,站在柜台后面。

第二幕:欢迎大家来购物

角 色	台 词	动 作
旁白	小动物们听说熊猫百货商店开业了,都来买东西了。瞧!这是谁来啦?	长颈鹿上场,演唱歌曲《快乐的小动物》第一段。
熊猫父子	您好!您想买点什么?	鞠躬。
长颈鹿	天冷了,我想买一条围巾。我的脖子长,你们有长围巾吗?	看柜台里的物品,唱《购物猜谜歌》第一段。
小熊猫	这是我们店里最长的围巾,您试试。	寻找一圈后,拿一条围巾给长颈鹿,在脖子上比划。
长颈鹿、小熊猫	哎!太短了。	做失望状。
长颈鹿	后天我就要出远门了,没有围巾可怎么办呢?	双手背在身后,转圈做焦急状。
大熊猫	别急别急!我给您量一量,今天晚上来加班,明天围巾就给您。	拿出皮尺。
长颈鹿	真的吗?太好了!	拍手。
小熊猫	来,我们给您量尺寸。	小熊猫拿出纸和笔,大熊猫量尺寸,小熊猫用笔和纸记录。
大熊猫	尺寸量好啦,明天来拿围巾吧。	收起皮尺。
长颈鹿	谢谢你们!	鞠躬。
熊猫父子	别客气,很高兴能为您服务!再见!	挥手做告别状。
小河马	啊嚏。	小河马上场,演唱歌曲《购物猜谜歌》。
小熊猫	小河马,您生病了?	摸摸河马额头。
小河马	是啊,感冒了,我想买一只口罩。我的嘴巴大,你们有大口罩吗?	看柜台里的物品。
小熊猫	这是我们店里最大的口罩,您试试。	寻找一圈后,拿一个口罩给小河马,在嘴巴上比划。

续表

角 色	台 词	动 作
小河马、小熊猫	哎！太小了。	做失望状。
小河马	哎！感冒真难受,没有口罩可怎么办?	双手背在身后,走来走去做焦急状。
大熊猫	别急别急！我给您量一量,今天晚上来加班,明天口罩就给您。	拿出皮尺。
小河马	真的吗？太好了！	拍手。
小熊猫	来,我们给您量尺寸。	小熊猫拿出纸和笔,大熊猫量尺寸,小熊猫用笔和纸记录。
大熊猫	尺寸量好啦,明天来拿口罩吧。	收起皮尺。
小河马	谢谢你们！	鞠躬。
小熊猫	别客气,很高兴能为您服务！再见！	挥手做告别状。
小熊猫	咦？那不是大象吗？它怎么提着裤子呀？	大象上场,演唱歌曲《购物猜谜歌》。
大象	哎！腰带断了,我想买一条腰带,我的个头大,你们有长腰带吗?	看柜台里的物品。
小熊猫	这是我们店里最长的腰带,您试试。	寻找一圈后,拿一条腰带给大象,在腰上比划。
大象、小熊猫	哎！太短了。	做失望状。
大象	哎！没有腰带可怎么办呢？	双手背在身后,摇头做焦急状。
大熊猫	别急别急！我给您量一量,今天晚上来加班,明天腰带就给您。	拿出皮尺。
大象	真的吗？太好了！	拍手。
小熊猫	来,我们给您量尺寸。	小熊猫拿出纸和笔。大熊猫量尺寸,小熊猫用笔和纸记录。
大熊猫	尺寸量好啦,明天来拿腰带吧。	收起皮尺。
大象	谢谢你们！	鞠躬。
小熊猫	别客气,很高兴能为您服务！再见！	挥手做告别状。

第三幕：辛勤劳动真快乐！

角 色	台 词	动 作
旁白	晚上,百货商店已打烊,熊猫父子加班忙,围巾、口罩、腰带,一件一件都不忘！	熊猫父子跟随背景音乐做裁缝动作(缝针/剪裁)。
熊猫父子	这是长颈鹿的长围巾。	围巾上场。

续表

角 色	台 词	动 作
熊猫父子	这是小河马的大口罩。	口罩上场。
熊猫父子	这是胖大象的长腰带。	腰带上场。
熊猫父子和众物品	辛勤劳动大半夜,定制商品质量棒!	集体歌表演《劳动最光荣》。
熊猫父子	明天就能交给客人了!	站成一排。
熊猫父子	哎呀!真累呀,休息一会吧。	集体退场。

第四幕:欢乐一家亲

角 色	台 词	动 作
旁白	第二天早晨,熊猫百货商店营业了。	在背景音乐中熊猫父子上场。
长颈鹿	早上好!请问我的长围巾做好了吗?	在背景音乐中上场。
熊猫父子	早上好!您的长围巾已做好,请您快快试一试!	取出围巾,长颈鹿试戴。
长颈鹿	围巾长度正合适!谢谢你们!	摸摸围巾,拍手,鞠躬。
熊猫父子	别客气!很高兴能为您服务!	鞠躬。
熊猫父子	欢迎下次光临!	摇手做告别状。 长颈鹿退至舞台旁。
小河马	早上好!请问我的大口罩做好了吗?	在背景音乐中上场。
熊猫父子	早上好!您的大口罩已做好,请您快快试一试!	取出口罩,小河马试戴。
小河马	口罩大小正合适!谢谢你们!	摸摸口罩,拍手,鞠躬。
熊猫父子	别客气!很高兴能为您服务!	鞠躬。
熊猫父子	欢迎下次光临!	挥手做告别状。 小河马退至舞台旁。
大象	早上好!请问我的长腰带做好了吗?	在背景音乐中上场。
熊猫父子	早上好!您的长腰带已做好,请您快快试一试!	取出腰带,大象试戴。
大象	腰带大小正合适!谢谢你们!	摸摸腰带,拍手,鞠躬。
熊猫父子	别客气!很高兴能为您服务!	鞠躬。
熊猫父子	欢迎下次光临!	摇手做告别状。 大象退至舞台旁。
熊猫父子	欢迎光临熊猫百货商店,我们会热情为客人服务。	站成一排。
全体	服务好、质量优,熊猫百货商店真不错!	集体舞《欢乐一家亲》。

（二）国王生病了

☞ 设计思考

《国王生病了》是一个主题严肃却又幽默有趣的故事，讲述的是在很久以前，有一位国王生病了，吃不下饭，也睡不着觉，整天躺在床上，什么事都不想做，也不能管理国家大事了。大臣们急忙请来医生替国王看病。医生看了以后，认为国王生病的原因是缺少运动，便开了一张运动计划表给国王。国王开始了运动，但他是怎么运动的呢？为什么一个月后，不但国王的身体没有好转，皇宫里的其他人还都病倒了呢？故事充满了悬念，吸引着孩子们去阅读、去探秘。

原来，因缺乏运动而生病的国王虽然执行了医生的运动计划表，但他并没有真的去"运动"，他每天都坐在轿子里，让陪他运动的王子、大臣、王后不停地爬山、骑马、打棒球、跑步、做体操……所以，他的病没有好，陪伴的人却因为运动过量病倒了。在医生的帮助下，国王终于明白了运动的道理，把轿子留在了皇宫，和大家一起去爬山、骑马、游泳、散步……身体真的变好了，每天都能精力充沛地处理国家大事了。

这样一个离谱搞笑却又充满讽刺幽默的故事，在给孩子带来欢笑的同时，也向我们宣传了一个严肃的主题：健康的身体来自于实实在在的、适当的运动，不运动与运动过量都可能导致身体的不健康。这个故事同样也能给孩子和家长多方面的启示：对孩子而言，在运动、学习、生活等方面，很多事情都需要自己实实在在地去做，才能真正学到更多的本领，体验更多的成长快乐；对家长而言，要避免溺爱孩子、凡事亲力亲为、事事包办代替，而要学会适当放手，让孩子真正得到锻炼和成长。

我园大班幼儿在小班、中班阶段已经开展过多个主题的创意戏剧活动，在日常的区角游戏以及故事表演中也有一些模仿、创编经历，他们对于创意戏剧的活动流程、舞台剧的排练、道具的装饰等方面有初步的基础和经验。将《国王生病了》改编成戏剧活动，一方面考虑到大班幼儿从影视剧中看到过国王、王后、宫女、大臣、士兵等，平时也比较喜欢模仿他们的言行姿态，对他们既熟悉又陌生，充满好奇。另一方面，也考虑到故事的主题与内容对大班幼儿来说有一定的教育意义和挑战性，幼儿可以在理解故事的基础上尝试制订自己的运动计划，增进健康意识、计划与执行能力，在参与剧本创作以及系列戏剧模仿、表演活动中，获得审美、创造、语言、交往、合作、表现等多方面的和谐发展。

在设计戏剧主题活动方案时,我们从主题成果展示的角度出发,关注了以下几个方面。

1. 剧本创作关注语言转换,由叙述类语言调整为讲述类语言。如将故事中的"大臣们急忙请医生来给国王看病"调整为"动作+台词"的模式,引导幼儿大胆想象与创编符合角色心情的表演动作与台词,让故事、表演更加具有个性,更加鲜活生动。

2. 戏剧表演增加音乐元素。音乐是表演的特殊语言,不仅能渲染故事氛围,而且能帮助孩子减轻表演负担,丰富故事情节。如在星期二骑马运动时,用孩子们熟悉的《骑马舞》音乐介入,既达到了演员与观众的互动的效果,又减轻了演员们的语言负担。

3. 戏剧演出强调人人参与。为了让全体孩子都参与到戏剧表演中,享受模仿和表演的乐趣,我们增加了故事中大臣、仆人和宫女角色的数量,力求让舞台效果更有冲击力,让不同表现力的孩子有展示自我的机会。

☞ 主题活动目标

1. 理解故事《国王生病了》的主要内容,知道健康的身体来自于实实在在的、适当的运动。

2. 在熟悉故事的基础上进行角色扮演,初步感知国王、王后、王子、大臣、宫女等不同的形象和特点,尝试用语言、动作表现他们之间的对话、故事等。

3. 能够运用生活中的废旧材料制作表演所需道具和服饰,并能根据所扮演的角色装扮自己。

4. 积极参与剧本创作、道具制作、戏剧表演等活动,乐于用自己喜欢的方式与同伴交流自己的意见和想法,体验分工、合作的快乐。

5. 在参与戏剧表演过程中,能用清楚的声音和动作进行表演,能按剧情发展的顺序上场、退场,与同伴合作并有序地完成戏剧表演活动。

☞ 主题网络

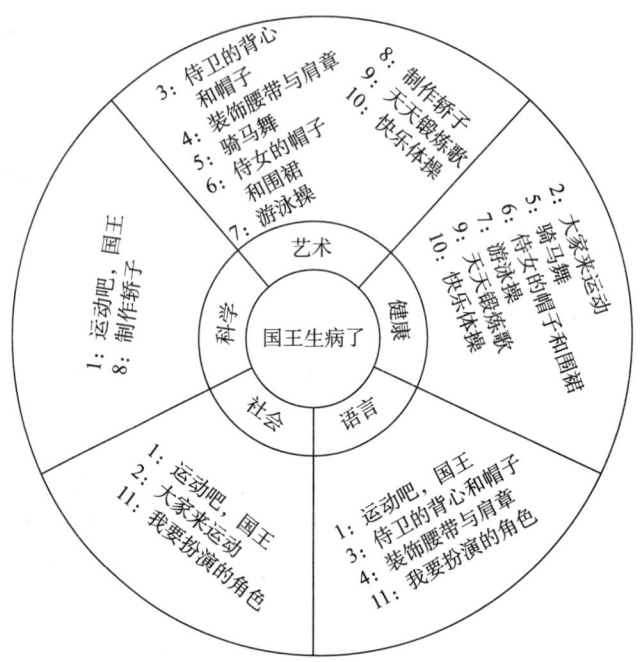

☞ 主要教学活动一览表

序号	活动名称	主要涉及领域	活动目标
1	运动吧,国王	语言、科学、社会	1. 观察图片中人物的动作和表情,理解故事内容 2. 通过自主阅读图书,发现故事线索进行讲述 3. 知道运动给人带来的好处,乐意主动参加体育锻炼
2	大家来运动	健康、社会	1. 能为自己做简单的一周运动计划,了解多运动对身体的好处 2. 喜爱参加体育锻炼,养成爱运动的好习惯
3	侍卫的背心和帽子	艺术、语言	1. 欣赏课件,感受侍卫服饰的特点 2. 在步骤图的帮助下,尝试用剪、粘贴、扣扣子等方法制作侍卫的背心、帽子 3. 乐意分享自己的创意,体验DIY带来的快乐
4	装饰腰带与肩章	艺术、语言	1. 欣赏多种装饰图案,感受其款式、色彩和图案等特点 2. 大胆设计连续纹样,尝试用绘画、粘贴等方法装饰侍卫的腰带和肩章 3. 大胆表达自己的想法,体验创造的快乐

续表

序号	活动名称	主要涉及领域	活动目标
5	骑马舞	艺术、健康	1. 在熟悉乐曲的基础上,学跳骑马舞,动作合拍、协调 2. 在图谱的提示下,随乐有节奏地做动作、变换队形 3. 活动中,能与同伴用目光、体态相互交流,愉快地跳舞
6	侍女的帽子和围裙	艺术、健康	1. 欣赏课件,感受侍女的装扮特点 2. 综合运用绘画、剪、粘贴、扣扣子等方法,制作侍女的帽子和围裙并尝试进行装饰 3. 乐意分享展示自己的制作过程与作品,体验DIY的快乐
7	游泳操	艺术、健康	1. 熟悉乐曲旋律,能合着音乐用肢体动作表现游泳的姿态 2. 迁移生活经验,尝试组合不同的游泳姿势创编游泳操 3. 体验游戏的乐趣,知道锻炼身体的好处与安全常识
8	制作轿子	艺术、科学	1. 了解轿子的主要结构和用途,知道制作轿子的主要步骤和方法 2. 尝试用纸箱、纱巾、卡纸、竹竿等材料制作轿子,并进行简单的装饰 3. 有良好的操作习惯,体验合作的快乐
9	天天锻炼歌	艺术、健康	1. 在图片提示、动作参与的帮助下,学唱歌曲,熟悉歌词内容 2. 迁移经验,尝试创编动作表演、替换歌词演唱 3. 增强天天锻炼的意识,体验合作演唱的快乐
10	快乐体操	艺术、健康	1. 欣赏乐曲,感知乐曲欢快愉悦的节奏和旋律 2. 尝试根据乐曲的节奏,创编不同的体操动作 3. 体验和同伴一起跳体操的乐趣,知道体操能让我们的身体变得健康、强壮
11	我要扮演的角色	社会、语言	1. 自主选择表演角色,能说出自己想扮演该角色的理由 2. 通过讨论、协商、竞演等,确定戏剧表演时各角色的演员名单 3. 愿意在集体中表达自己的观点与想法,能勇敢面对竞争与失败

☞ 主题环境创设

1. 主题墙

以《国王生病了》为主题,呈现以下几方面的内容:

(1)剧本DIY。在简要说明《国王生病了》故事梗概的基础上,展示幼儿创编的大剧本(主要包含每一幕的名称、主要演员及台词),并附上幼儿分组设计与制作剧本的照片。

(2)道具DIY。包括:主要道具,服饰制作的步骤图,幼儿设计、制作道具与服饰。

（3）活动进行时。主要呈现幼儿欣赏故事、竞演角色、制订运动计划、玩区角游戏、开展排演等活动的照片。

（4）精彩演出中。可呈现幼儿表演前装扮自己的照片、幼儿表演戏剧活动的照片、观众的表情与互动等，附上幼儿参与装扮、表演等戏剧活动的感想，观众的评价等。

  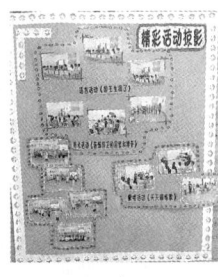 

2. 主题资源展示

（1）利用墙面展示幼儿的一周运动计划、幼儿对故事中各种角色外形和表演要点的观点等。

（2）幼儿和教师、家长共同制作的表演道具、服饰可悬挂于活动室内。

（3）可利用屏风、背板玩具柜等展示其他幼儿参与戏剧活动过程的照片或作品。

3. 区域活动

区域名称	投放材料及指导要点
语言区	1. 提供图书、CD，供幼儿自由欣赏、阅读，进一步加深对故事内容的理解 2. 提供游戏本半成品和配套材料，引导幼儿参照故事及大剧本，自制表演游戏本，尝试按剧情有序地模仿角色对话并表演
美工区	1. 提供故事中角色的轮廓图，供幼儿在教师指导下添画头饰、服饰 2. 尝试以图夹文的方式记录角色外貌特征及表演时语言与动作特点 3. 提供自制轿子、油画棒、彩纸等，供幼儿继续进行装饰活动 4. 提供纽扣、双面胶、剪刀、无纺布等，供幼儿尝试制作侍卫、女仆的服饰 5. 提供纸箱、KT板等，供幼儿和教师一起制作高山、王宫等背景
益智区	游戏"你说我猜"——提供各种运动的图片，请一名幼儿进行相关讲述（但不能说出其中相关的字），另一名幼儿进行猜测，并用文字对应匹配
表演区	1. 张贴宣传海报、表演剧本，布置宫廷的场景以及各种运动场所的场景，创设表演情境 2. 提供配乐故事（或音乐CD）以及侍卫、女仆的服装，供幼儿装扮自己进行表演
科学区	1. 提供纸杯、棉线、回形针、纸筒、硬卡纸等，供幼儿自制听诊器游戏 2. 提供星期转盘、卡片、油画棒等，供幼儿制作星期娃娃（注意颜色的区别），玩"星期娃娃排队""星期娃娃找朋友"的游戏

  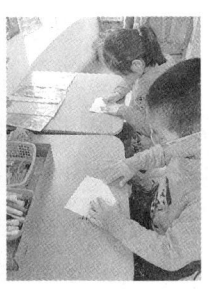 

语言区　　　　　　　　　美术区　　　　　　　　　表演区

☞ 家园共育

1. 请家长和幼儿一起参与相关角色道具的制作。

2. 通过一线通、QQ群、家长园地等，及时反映主题戏剧活动进程，请家长协助孩子做好故事复述、台词与动作的创编和排练等工作；家长可拍摄亲子排演的微视频。

3. 邀请部分家长志愿者参与表演背景的制作、道具物品的加工等。

☞ 主要教育活动方案

活动一　运动吧，国王

活动目标

1. 观察图片中人物的动作和表情，理解故事内容。

2. 通过自主阅读图书，发现故事线索并进行讲述。

3. 知道运动给人带来的好处，乐意参加体育锻炼。

活动准备

1. PPT。

2. 图书人手一本。

活动过程

1. 出示图片1，引入话题。

指导语： 你有没有生过病？医生是怎么帮助你好起来的？

有一个人生病了，他是谁？你是怎么知道的？

旁边的人是谁？现在是什么心情呢？她会怎么做呢？

2. 出示大图片,进行匹配,理解处方的含义。

指导语: 医生给国王开了一张处方,你知道什么是处方吗?

这是一张什么样的处方呢?医生为什么要给国王开这样一个处方呢?

3. 阅读图书,理解故事内容。

（1）自主阅读小图书。

指导语: 国王按照处方去做了吗?我们一起来看一看图书。

（2）出示大记录表,通过图片匹配,进一步理解故事情节。

指导语: 上面有什么?通过这张记录表,你发现了什么?

（3）集体观看星期一、星期二的图片,理解故事内容。

指导语:（图一）这是星期几?大臣们陪国王去干什么?他们是怎么做的?会怎么说呢?

指导语:（图二）这是星期几?国王和大臣们应该做什么?他们又是怎么做的呢?

（4）自由交流、讲述星期三至星期六的图片内容。

指导语: 谁来说一说,后面几天又发生了什么事呢?

（5）出示图片6,讨论国王病没好的原因。

指导语: 国王为什么感到很奇怪呢?

为什么国王按照处方去做了,可是病没有好呢?医生是怎么说的?

皇宫里的其他人,为什么他们按照处方去做运动也会生病呢?

4. 猜测故事结尾,揭示故事主题。

指导语: 你们想对国王说些什么?接下来国王应该怎么做呢?

延伸活动: 设计自己的运动计划表。

附

【故事】

国王生病了

从前,有一位国王,他生病了,浑身无力,吃不下饭,睡不着觉,也没有精力处理国家大事。王后很着急,请来了医生。医生给国王检查后,开了张治病的处方。处方上写着:星期一爬山、星期二骑马、星期三游泳、星期四打棒球、星期五慢跑、星期六做体操……原来呀,国王是因为缺少运动才会生病,医生给国王开的是一份运动计划表。

星期一，大王子和大臣们陪国王去爬山。国王悠闲地坐在轿子里，大王子和大臣们抬着轿子往山上爬，来来回回爬了好几趟，累得气喘吁吁。

星期二，二王子和大臣们陪国王去骑马。国王悠闲地坐在轿子里，二王子和大臣们骑着马不停地奔跑，累得满头大汗。

星期三，三王子和大臣们陪国王去游泳。国王悠闲地坐在躺椅上，喝着果汁，擦着汗，三王子和大臣们不停地游泳，游了25圈，累得筋疲力尽。

星期四，大臣们陪国王去打棒球。国王坐在轿子里，让大臣们使劲地打棒球，大臣们不停地打球，累得筋疲力尽。

星期五，大臣们陪国王去跑步。国王坐在轿子里，喊着"嘿呦、嘿呦"，让大臣们不停地跑呀跑，大臣们累得筋疲力尽。

星期六，王后亲自陪国王做体操。国王坐在轿子里，拿着喇叭喊着口令"1234，2234"，王后和大臣们做了一遍又一遍体操，累得腰酸背痛。

星期天，大家终于可以休息一天了。国王的病没好，其他人却累倒了、生病了……

为什么自己的病没好，大家却都生病了呢？国王又召来了医生："我天天去运动，为什么病还没有好？"医生说："你总坐在轿子里，身体没有真运动，病当然好不了啦！"国王又问："那他们天天运动，怎么也生病了呢？"医生说："其他人啊，是因为运动过量啦！"……

在医生的帮助下，国王终于明白了"天天运动身体好"的道理，也知道了运动要适量。他把轿子留在了皇宫，自己去爬山、骑马、游泳、散步……身体真的变好了，又能处理国家大事了。

活动二　大家来运动

活动目标

1. 能为自己做简单的一周运动计划，了解多运动对身体有好处。
2. 喜爱参加体育锻炼，养成爱运动的好习惯。

活动准备

1. 幼儿用的计划表格每人一张，教师用的计划表一张。
2. 常见运动项目的大图片若干，小图片人手一套。

活动过程

1. 谈论关于健康的话题。

指导语：小朋友，你们生过病吗？有什么好方法，能让自己少生病或是不生病呢？

师幼共同小结：多运动，可以提高身体抵抗疾病的能力……

2. 交流喜爱的运动项目。

指导语: 小朋友,你们喜欢运动吗？你最喜欢什么运动项目？这个运动项目对锻炼我们的身体有什么好处？（教师可根据幼儿的回答出示相应的图片。）

3. 讨论制订运动计划表的方法。

指导语: 这是医生给国王做的运动计划表,上面写了些什么呀？我们一起来看一看、读一读。

医生给国王开的这张运动计划表上包括了哪些内容？左边这一列,写的是什么？右边这一列,写的又是什么呢？（引导幼儿发现"运动计划表"上是按照一周7天的时间顺序列运动计划的）

如果请你给自己列一张运动计划表,我们应该怎么做呢？（引导幼儿明确"运动计划表"上要包括时间、项目两方面的要素,运动项目要多样化一些,让身体得到更全面的锻炼）

4. 制订自己的运动计划。

指导语: 你想制订怎样的运动计划呢？请你跟旁边的小朋友说一说。

请小朋友将自己的运动计划用自己喜欢的方式记录下来。（幼儿制订运动计划,教师巡回观察、指导）

5. 展示交流运动计划。

指导语: 你的运动计划是什么？谁愿意介绍给大家听一听。（请个别幼儿展示交流自己的运动计划）

大家觉得这份运动计划怎么样？谁愿意再来介绍介绍？（教师将幼儿的运动计划集中展示）

我们的运动计划已经制定好了,下一步我们应该怎么做？运动的时候应该怎样保护自己？（引导幼儿进一步明确要按照运动计划坚持天天锻炼,运动中应注意安全等）

附

我的运动计划表				
星期一	星期二	星期三	星期四	星期五

活动三 侍卫的背心和帽子

活动目标

1. 欣赏课件,感受侍卫服饰的特点。

2. 在步骤图的帮助下,尝试用剪、粘贴、扣扣子等方法制作侍卫的背心、帽子。

3. 乐意分享自己的创意,体验 DIY 带来的快乐。

活动准备

1. 经验准备。

幼儿有用子母扣、打结的经验。

2. 物质准备。

(1) PPT。

(2) 已制作好的侍卫背心、帽子。

(3) 制作侍卫背心的步骤图。

(4) 人手一套侍卫背心、帽子的材料包(含红色的无纺布若干、黑色的卡纸、子母扣、剪刀等)。

活动过程

1. 欣赏 PPT,感受侍卫服饰的主要特征。

指导语:你们见过侍卫吗?他们穿的衣服是什么样的?(自由谈论自己对侍卫服饰的想法)

这里有一些侍卫的图片,请小朋友看一看,他们的服装、帽子有什么特点?看起来感觉怎么样?

2. 观察工具材料及制作步骤图,讨论制作方法。

(1) 观察工具材料。

指导语:表演《国王生病了》需要一批侍卫的服装。今天,要请小朋友们来设计、制作侍卫的背心和帽子。

这里有一些操作材料,都有些什么呢?我们一起来看一看。

这些操作材料中,哪些可以用来制作侍卫的帽子?哪些可以用来制作侍卫的背心?

(2) 讨论制作侍卫帽子的方法。

指导语:这里有一顶侍卫帽,我们来看一看。(出示侍卫帽)

要制作这样一顶侍卫帽,我们可以怎么做?(引导幼儿通过观察、讨论,了解制作侍卫帽的方法:将黑色卡纸卷成纸筒—用双面胶连接—在纸筒下端挖两个洞—穿上松紧带并打好结)

(3) 了解制作侍卫背心的方法。

指导语:你们觉得侍卫的背心该怎么制作?

这里有一张制作侍卫背心的步骤图,你能看懂吗?制作侍卫背心需要哪几步?(引导幼儿通过观察、讨论,了解制作步骤:剪袖洞—连接背心的前后身—剪制并安装扣子)

3. 幼儿制作侍卫帽和侍卫背心,教师巡回指导。

指导语:现在,请小朋友自己动手去制作侍卫的帽子和背心,制作的时候要注意些什么?(引导幼儿从操作常规、安全等方面讨论)

4. 展示欣赏,激发进一步装扮侍卫的兴趣。

指导语:这是小朋友们制作的侍卫帽和侍卫背心,看起来感觉怎么样?你们是怎么制作的?

下一次,我们还要来设计侍卫的肩章和腰带,把侍卫打扮得更神气。

活动四 装饰腰带与肩章

活动目标

1. 欣赏多种装饰图案,感受其款式、色彩和图案等特点。

2. 大胆设计连续纹样,尝试用绘画、粘贴等方法装饰侍卫的腰带和肩章。

3. 大胆表达自己的想法，体验创造的快乐。

活动准备

1. PPT。
2. 已制作好的侍卫背心。
3. 腰带底胚、长方形黑色卡纸人手一张。

活动过程

1. 欣赏腰带和肩章，感受连续纹样装饰的美感。

（1）感受连续纹样装饰的美感。

指导语：这组腰带和肩章上面有什么？肩章上有什么图案？腰带上有什么图案？

腰带上的图案是怎么排列的？看起来感觉怎么样？

这位小朋友为什么选择用橄榄枝来装饰肩章和腰带呢？

（2）丰富装饰纹样的经验。

指导语：在装饰肩章和腰带时，我们还可以画些什么啊？

这里有一些装饰纹样，我们一起来欣赏欣赏。这一组纹样都是些什么呀？你能说出这些花的名称吗？

这一组是什么纹样呢？（引导幼儿欣赏叶子系列、水果系列的纹样）

（3）思考自己的装饰方案。

指导语：你准备用什么图案来装饰肩章和腰带？为什么选择用××图案来装饰？

2. 装饰肩章和腰带，教师巡回指导。

指导语：上次，我们已经制作好了侍卫的背心。今天，我们要请小朋友来装饰侍卫的肩章和腰带。在装饰时，我们要注意些什么呀？

3. 展示欣赏，体验制作成功后的快乐。

指导语：请装饰好的小朋友将腰带系在腰间，将肩章贴在肩膀上。

你是怎么装饰的？你的心里是怎么想的？

请小侍卫们排好队，我们来走一走、秀一秀！

附

【教学图片】

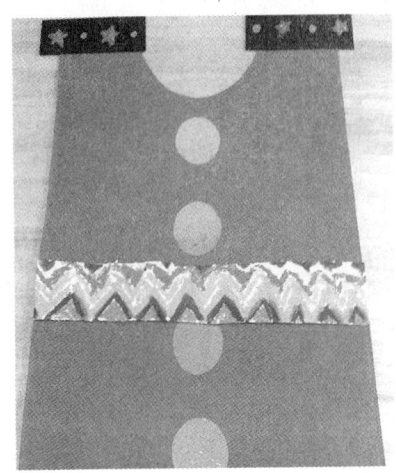

活动五　骑马舞

活动目标

1. 在熟悉乐曲的基础上,学跳骑马舞,动作合拍、协调。

2. 在图谱的提示下,随乐有节奏地做动作,变换队形。

3. 活动中,能与同伴用目光、体态相互交流,愉快地跳舞。

活动准备

1. 经验准备。

幼儿学过跑马步,有跳单圈、双圈集体舞的经验。

2. 物质准备。

(1) 音乐、视频。

(2) 教学图谱。

活动过程

1. 欣赏乐曲《江南 Style》,感受乐曲欢快的旋律。

(1) 欣赏乐曲。

指导语:今天,我带来了一首曲子,请小朋友们来听一听。

你们听过这首曲子吗?在哪里听过?这首曲子的名字叫什么?听起来有什么感觉?

（2）欣赏视频。

指导语：人们在干什么？他们是怎么跳的？我们来学一学。（播放视频，引导幼儿跟着音乐复习跑马步）

2. 欣赏配乐故事，观察队形图谱。

指导语：大臣们陪着国王去骑马时，他们一会儿骑成圆圈，一会儿你追我赶地赛马，最后他们还钻起了山洞……

这里有一张图谱，画的就是大臣们骑马时变的队形。这是什么队形？这儿呢？（帮助幼儿明晰图谱中不同图案所表示的意思）

3. 跟随音乐，尝试合拍变换队形。

（1）尝试匹配音乐和队形图谱。

指导语：大臣们是怎样听着音乐变换队形的呢？我们一起来看一看。（教师跟随音乐有节奏地指队形图）

你们能跟着音乐变一变队形吗？我们坐在座位上试一试。（教师一边指图，一边带幼儿变队形）

（2）听音乐变换队形。

指导语：我们听着音乐、看着图谱来变一变队形。请大家做好准备。

你们能骑着马变成圆圈队形吗？现在是什么队形？接下来呢？……

在跟随音乐变换队形时，大家有什么问题？应该怎么办？

怎样交换前后位置而不会发生碰撞？我们来试一试。

4. 跟随音乐，完整地跳骑马舞。

指导语：现在，请小朋友们站成一路纵队。我们听着音乐一起跳一跳这个欢快的骑马舞。（教师要注意检查幼儿与同伴间的距离是否合适，避免发生碰撞。反复数遍）

附

【队形图】

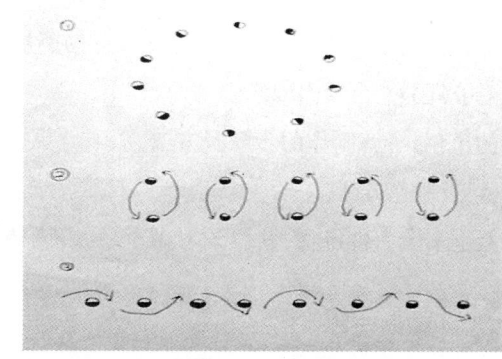

【动作建议】

准备:幼儿排成一路纵队。

[1—4]小节:左手做拉缰绳动作,右手高举,食指竖起,做跑马步上场,围成圆圈。

[5—6]小节:右手甩鞭一次,做跑马步变成两横排。

[7—8]小节:右手甩鞭一次,做跑马步前后排交换位置。

[9—12]小节:同[5—8]小节。

[13—19]小节:排成一横排,依次钻山洞。

[20]小节:摆造型。

活动六　侍女的帽子和围裙

活动目标

1. 欣赏课件,感受侍女的装扮特点。

2. 综合运用绘画、剪、粘贴、扣扣子等方法,制作侍女的帽子和围裙并尝试进行装饰。

3. 乐意分享展示自己的制作过程与作品,体验DIY的快乐。

活动准备

1. 人手1套制作帽子、围裙的材料包。

2. 侍女图片。

3. 侍女帽、围裙范例。

4. 制作步骤图。

活动过程

1. 欣赏侍女图片,了解侍女装扮的特点。

指导语:这是什么人? 你是怎么知道的?

她们为什么要戴上帽子、穿上围裙?

她们的帽子是什么样子的? 你们还见过什么样的帽子?

她们的围裙是什么样子的? 感觉怎么样? 你还见过什么样的围裙?

你最喜欢哪位侍女的帽子(围裙)? 为什么?

2. 观察侍女帽和围裙的范例,了解制作的步骤及方法。

(1) 欣赏范例,讨论材料及制作方法。

指导语:今天,我们班上也来了一位侍女,她也戴着帽子、穿着围裙呢。她的帽子和围裙是用什么材料做的?

她的帽子是怎么做的? 围裙呢?

(2) 观察步骤图,了解制作的步骤与方法。

指导语:今天,我们就要用这些材料来制作侍女的帽子和围裙。这是制作帽子和围裙的步骤图。你们能看懂吗?

制作侍女帽需要哪几步?(引导幼儿通过观察、讨论,了解制作的步骤:将长方形无仿布的底边折到三分之二处—揭开白色母扣后面的背胶—将母扣粘贴在没有折叠的一端—揭开子扣后面的背胶—将子扣粘贴在没有折叠的另一端)

制作侍女围裙需要哪几步?(引导幼儿通过观察、讨论,了解制作的步骤:将白色长条形无纺布平铺在桌面上—用笔沿着长边画一条宽波浪线—用剪刀沿着波浪线剪下来—将剪好的背带扣洞与短裙的扣子一一对应并扣在一起—同上,做另一条背带)

3. 幼儿操作,教师指导。

4. 穿上自制的围裙和帽子进行展示,体验制作成功后的快乐。

活动七 游泳操

活动目标

1. 熟悉乐曲旋律,能合着音乐用肢体动作表现游泳的姿态。
2. 迁移生活经验,尝试组合不同的游泳姿势创编游泳操。
3. 体验游戏的乐趣,知道锻炼身体的好处与安全常识。

活动准备

1. 经验准备。

对游泳有初步的了解。

2. 物质准备。

音乐《我爱洗澡》。

活动过程

1. 谈话导入。

指导语:在故事《国王生病了》中,医生建议国王参加哪些运动项目?

夏天的时候,你们最喜欢其中的哪一种运动呢?

2. 结合生活经验和旋律特点创编"游泳操"。

(1) 交流关于游泳的生活经验。

指导语:你们游过泳或看见过别人游泳吗?人们一般会到哪里去游泳?

在游泳前,大家要做哪些准备工作?为什么要做一些热身运动?

你见过哪些游泳的姿势与动作?你最喜欢哪一种游泳姿势?

(2) 欣赏乐曲,感受旋律特点。

指导语:今天,我带来了一首乐曲,请小朋友们来听一听。(欣赏乐曲)

这首曲子有几段?听起来有什么感觉?

哪一段比较适合做游泳前的热身运动?哪一段比较适合做游泳的动作?为什么?

(3) 尝试跟随音乐律动。

指导语:我们在游泳前的热身运动需要活动身体的哪些部位?怎么做?我们来试一试。(教师哼唱,幼儿练习)

你最喜欢的游泳姿势是什么?能跟着音乐做一做吗?(教师哼唱,幼儿练习)

现在,我们听着音乐先做热身运动,再用自己喜欢的姿势游泳。(播放音乐,幼儿随乐律动)

(4) 创编动作做游泳操。

指导语:刚才,我们看到了小朋友不同的游泳姿势。你做的是什么游泳动作?我们来学一学。(引导幼儿分别模仿蛙泳、自由泳、仰泳等不同姿势)

如果把我们刚才做的这些游泳动作编进游泳操,你们准备先做什么动作,再做什么动作,最后做什么动作?我们跟着音乐来试一试。

你们觉得我们编的游泳操怎么样?有没有需要调整的地方?怎么调整?

3. 随乐跳游泳操

指导语:请小朋友们找一个空地方站好。我们一起跟着音乐跳一跳我们创编的游泳操吧!

附

【乐曲】

我爱洗澡

许常德 词
刘天健 曲

$1=\flat E$ $\frac{4}{4}$

3 3.5 1 1.3 | 2.1 2.3 4 2 1 | 7 5 7 5 | 1.7 1.2 3 0 |
噜 啦啦噜 啦啦 噜啦噜啦咧 啦啦 噜啦 噜啦 噜啦噜啦咧

3 3.5 1 1.3 | 2.♯1 2.3 4 2 1 | 7 6 5 7 | 1 — — — |
噜 啦啦噜 啦啦 噜啦噜啦咧 噜啦 噜啦 噜啦 咧

```
‖: 5. 4 3. 3  3. 3 2 1 | 0  0. 1 2 3 | 4. 4 4. 4  5. 4 3 2 | 0  0. 2 2 3 4 |
   我 爱 洗 澡, 乌 龟 跌 倒,    幺 幺 幺 幺,  小 心 跳 蚤, 好 多 泡 泡,   幺 幺 幺 幺,

    6. 6 6  -  -  | 6  5 0 0 5 | 5  3  -  -  | 3  -  -  - |
    潜  水  艇,              在    祷    告。

   5. 4 3. 3  3. 3 2 1 | 0  0. 1 2 3 | 4. 4 4. 4  5. 4 3 2 | 0  0. 2 2 3 4 |
   我 爱 洗 澡, 皮 肤 好 好,    幺 幺,      戴 上 浴 帽 唱 唱 跳 跳,   幺 幺 幺 幺,

    6. 6 6  -  -  | 6  5 0 0 6 | 7  1  -  -  | 1  -  -  - |
    美  人  鱼              想    逃    跑。

   3  3 5 1  1 3 | 2. #1 2. 3  4 | 2 1  7  5  7  5 | 1. 7 1. 2  3  0 |
   噜  啦 啦 噜  啦 啦 噜  啦 噜 啦 咧  噜 啦 噜 啦 噜 啦  噜 啦 噜 啦 咧

   3  3 5 1  1 3 | 2. #1 2. 3  4 2 1 | 7  -  6  - | 5  -  7  - | 1  -  -  - ‖
   噜  啦 啦 噜  啦 啦  噜  啦 噜 啦 咧 噜 啦   噜    啦   噜   啦   咧
```

【动作建议】

[1—8]小节:双手叉腰,随乐活动头部和四肢,做简单热身动作。

[9—16]小节:随乐做蛙泳动作。双手同时由胸前向两侧划八次,双脚做小碎步。

[17—24]小节:随乐做自由泳动作。双手轮流向前划,共八次,双脚做小碎步。

[25—32]小节:随乐做仰泳动作。头仰起,双手轮流向后划,共八次,双脚做小碎步。

[33]小节:摆一个胜利的姿势。

活动八 制作轿子

活动目标

1. 了解轿子的主要结构和用途,知道制作轿子的主要步骤和方法。

2. 尝试用纸箱、纱巾、卡纸、竹竿等材料制作轿子,并进行简单的装饰。

3. 有良好的操作习惯,体验合作的快乐。

活动准备

1. 轿子图片。

2. 纸箱、纱巾、卡纸、竹竿、双面胶、剪刀、水彩笔等制作材料每组一套。

活动过程

1. 回顾故事，交流关于轿子的经验。

指导语： 故事《国王生病了》中，国王刚开始外出锻炼时是怎么做的？他坐的是什么？

你们见过轿子吗？轿子是什么样子的？

2. 欣赏图片，感受轿子的外形与结构。

指导语： 今天，老师带来了一些轿子的图片，我们一起来看一看。这些轿子看起来感觉怎么样？

轿子主要有哪几部分组成？轿身是什么样子的？抬杠有几根？什么样子？

小结： 轿子是一种在两根杠上安装床、座椅或坐兜等的交通工具，由轿身、抬杠组成，有的轿子有篷，有的轿子无篷。

3. 观察操作材料，讨论制作轿子的方法。

指导语： 这是我们搜集的一些制作轿子的材料，都有些什么呀？（引导幼儿观察操作材料）

这些材料中，什么材料可以用来做轿身？什么材料可以做抬杠？

怎么把纸箱变成上下相通的轿身？轿身可以怎样进行装饰？

怎样把抬杠固定在轿身上？

4. 分组制作轿子，教师巡回指导。

指导语： 请小朋友们分组制作轿子。在制作前，每个小组要商量好制作方案、装饰方案，讨论好每个人的分工，然后再开始行动。

5. 欣赏并体验自制轿子。

指导语： 现在，请各组将做好的轿子送到前面来！

我们一共制作了几顶轿子呀？大家是怎么制作轿子的？（引导幼儿从制作中的分工、合作等方面进行介绍）

这些轿子漂亮吗？你最喜欢哪顶轿子？为什么？

请每一组推选一位小朋友当国王，其他人当抬轿子的人，我们一起抬着轿子到操场上去欣赏美丽的风景吧！

活动九　天天锻炼歌

活动目标

1. 在图片提示、动作参与的帮助下,学唱歌曲,熟悉歌词内容。
2. 迁移经验,尝试创编动作表演、替换歌词演唱。
3. 增强天天锻炼的意识,体验合作演唱的快乐。

活动准备

1. 歌曲图谱。
2. 运动计划表。

活动过程

1. 观察处方单,激发学习兴趣。

指导语: 国王由于长期不锻炼,生了病,太医给国王开了处方单,你们还记得太医的处方单里都有哪些运动项目吗?(幼儿回答,教师出示歌曲图谱)

2. 利用多种形式,学唱歌曲。

(1) 教师范唱,幼儿倾听并排列图片。

指导语: 有一首歌曲唱的就是国王天天去锻炼的事情,我们仔细来听一听。(教师范唱)国王每一天都进行什么锻炼呢?请小朋友把右边的图片排到对应的时间下面。(个别幼儿排图,其他小朋友检查)

(2) 教师再次范唱,幼儿倾听验证。

指导语: ××小朋友排得对吗?有什么方法可以来验证?(教师再次范唱,引导幼儿注意倾听,验证、调整图谱的排列情况)

(3) 介绍歌曲中的"回声",利用多种形式练唱歌曲。

指导语: 这首歌曲和我们以前唱过的歌曲有什么不一样?(引导幼儿发现"回声"现象)

在唱重复的部分时,我们要注意什么呢?我们合作试着唱一唱,我唱主歌部分,你们唱回声部分。(师幼合作演唱,可视情况交换唱主歌或回声)

3. 藏图游戏,进一步学唱歌曲。

指导语: 我们听着音乐来完整地唱一唱这首歌。(集体演唱2—3遍)

刚才我们是看着图片演唱歌曲的。如果我把一部分图片藏起来,你们还能熟练地演唱吗?我们一起来试一试。

4. 跟随音乐,尝试演唱自己的运动计划表。

指导语: 请小朋友拿出自己的运动计划表。你的运动计划是什么?你们能把自己的运动计划编进歌里唱一唱吗?(幼儿自由跟随琴声演唱)

这是谁的运动计划表?他的运动计划是什么?我们一起来唱一唱。

附

【歌曲】

天天锻炼歌

曲选自《石头剪刀布》
李 茹 原曲
石 幼 填词

1＝C 4/4

```
1 2 3 4 3 2 | 1 1 1 1 0 | 3 1 3 1 | 5 5 6 5 0 |
                              星期一呀去爬山,

(5 5 6 6 5 0) | 6 5 3 1 | 3 3 2 0 | (3 3 2 0) |
(去 爬 山)   星期二呀去骑马, (去骑马)

1 4 5 6 6 | 5 6 5#4 5 0 | (5 6 5#4 5 0) | 1 2 3 4 3 2 |
星期三呀去游泳  (去 游泳)    星期四呀打棒

1 3 2 1 0 | 3 1 3 1 | 5 5 6 5 0 | (5 5 6 6 5 0) |
球(打棒球)   星期五呀去慢跑   (去慢跑)

6 5 3 1 | 3 3 2 0 | (3 3 2 0) | 1 4 5 6 6 | 5 6 5#4 5 0 |
星期六呀做体操 (做体操)   星期天呀休息啦

(5 6 5 4 5 0) | 1 2 3 4 3 2 | 1 3 2 1 0 | 5 5 5 5 5 5 | 1 0 x - ||
(休 息 啦)   天天锻炼身体好(身体好)  天天锻炼身体好!
```

【教学图谱】

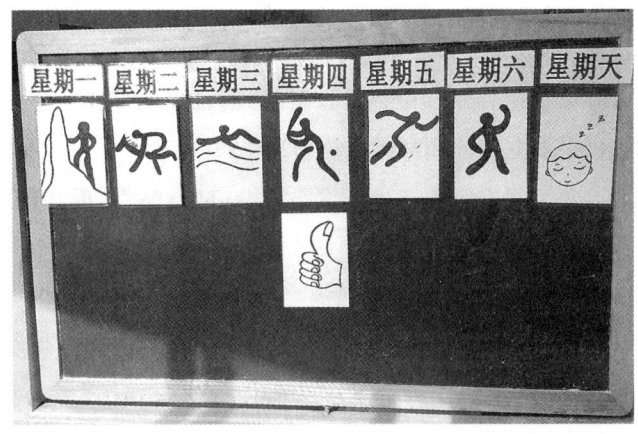

活动十　快乐体操

活动目标

1. 欣赏乐曲,感知乐曲欢快愉悦的节奏和旋律。
2. 尝试根据乐曲的节奏,创编不同的体操动作。
3. 体验和同伴一起跳体操的乐趣,知道体操能让我们的身体变得健康、强壮。

活动准备

1. 经验准备。

幼儿熟悉故事《国王生病了》。

2. 物质准备。

（1）音乐《牛奶歌》第一段。

（2）广播体操比赛视频。

活动过程

1. 观察"运动计划表",交流对体操的认识。

指导语: 这是什么？星期六,国王的运动计划是什么？

什么是体操？平时,我们是怎么做体操的？

2. 欣赏音乐,感受旋律与节奏。

指导语: 今天,我带来了一段新的体操音乐。请小朋友们听一听。

这段音乐听起来感觉怎么样？

我们再来听一听音乐,一边听一边轻轻地有节奏地拍手。

3. 讨论并创编体操动作,尝试随乐做体操。

指导语: 我们可以合着音乐的节拍做哪些体操动作呢？（幼儿自由创编,教师选择一些较为典型的动作,让幼儿尝试练习）

做体操的时候要让身体的各个部位都得到锻炼,而且要从上往下进行锻炼。我们应该先做什么动作,再做什么动作……（引导幼儿梳理动作顺序）

每个动作做几个八拍？我们跟着音乐来试一试。（散点站立,反复数遍,可引导幼儿反思并调整）

4. 讨论体操队形,完整做体操动作。

指导语: 平时,我们做体操时,一般是什么队形？我们自编的快乐体操用什么队形比较好呢？（请小朋友结合日常活动经验,确定体操队形）

请小朋友快速站好队,我们听着音乐来跳一跳体操。（幼儿按照商量好的队形站好队,听音乐做体操）

大家觉得,我们的体操做得怎么样？有什么需要改进的地方？我们再来听着音乐试一试。（视具体情况,反复数遍）

5. 欣赏广播体操大赛视频,激发进一步创编的兴趣。

指导语: 做体操有什么好处？（引导幼儿从做体操能锻炼身体等方面进行讨论）

这里有一段体操比赛的视频,请小朋友们来看一看,他们做的体操跟我们做的有什么不同？（重点引导幼儿关注队形变化与互动交流等）

我们也可以加上一些队形变化和与好朋友的互动,让我们的体操看起来更美、更受欢迎！

附

【乐曲】

牛 奶 歌
（节选）

韩国歌曲

$1=C \dfrac{2}{4}$

| 5555 5 | 67· 6 | 4444 4456 | 5 — | 5555 5 | 67· 6 |

| 1144 5577 | 1 — | 11 46· | 54 35· | 11 46· | 5 — |

```
i 1  4 6. | 5 4  3 5. | 6666 6717 | 6  -  | 5555 5 | 6 7. 6 |

4444 4456 | 5  -  | 5555 5 | 6 7. 6 | i144 5577 | 1  -  |

XXXX XX. | X  X | XXXX XX. | XXXX X | i 1  4 6. | 5 4  3 5. |

i 1  4 6. | 5  -  | i 1  4 6. | 5 4  3 5. | 6666 6717 | 6  -  | 5555 5 |

6 7. 6 | 4444 4456 | 5  -  | 5555 5 | 6 7. 6 | i144 5577 | 1  -  ‖
```

【动作建议】

[1—8]小节:伸展运动。双手侧平举后向前击掌,再次侧平举后收回;双手侧平举的同时,轮流跨出左右脚,与肩同宽。

[9—16]小节:下蹲运动。手臂侧平举后半蹲并朝右侧击掌,再次侧平举后半蹲并朝左侧击掌。

[17—24]小节:腹背运动。手臂侧平举后弯腰朝下击掌,再次侧平举后收回,双手侧平举的同时,轮流跨出左右脚,与肩同宽。

[25—26]小节:双脚分开,与肩同宽;双手叉腰,有节奏地扭胯。

[27—34]小节:向左侧弓步,双手半握拳,曲肘在体侧落下、抬起4次;向右侧弓步,双手半握拳,曲肘在体侧落下、抬起4次。

[35—42]小节:排好队有节奏地踏步退场。

活动十一　我要扮演的角色

活动目标

1. 自主选择表演角色,能说出自己想扮演该角色的理由。

2. 通过讨论、协商、竞演等,确定戏剧表演时各角色的演员名单。

3. 愿意在集体中表达自己的观点与想法,能勇敢面对竞争与失败。

活动准备

演员表，如下。

角　色	小演员	报名人数	需要人数
国王			
王后			
王子			
大臣			
太医			
侍卫			
侍女			

活动过程

1. 谈论戏剧故事中的主要角色。

指导语：在《国王生病了》这个故事中，有哪些主要的角色？

你觉得"国王"是一个什么样的人？在戏剧的开始部分，国王应该是什么样子的？他坐在轿子里看着别人锻炼时，又该是什么样子的？后来，他终于明白自己要真的去运动的道理后，他又会有什么样的变化？

你觉得"王后"（太医、王子、大臣、侍卫、侍女）是什么样的人？国王生病时，他们的心情是怎样的？陪坐在轿子里的国王锻炼时，他们的心情又是怎样的？国王病好了后，他们的心情又会有什么变化？

2. 自主选择心仪的表演角色。

指导语：这些角色中，你最想扮演的是谁？请你们把相应的标记插到演员表中。

我们来统计一下，各个角色的表演人数有多少。（师幼共同统计每一种角色的表演人数，并将统计结果记录在报名人数栏）

想演国王（王后……）的人有多少？你们为什么想表演国王（王后……）呢？（请小朋友们发表自己的意见和想法）

3. 讨论确定演员名单的方法。

指导语：我们全班有30多名幼儿，人人都应该参加正式的戏剧表演。在戏剧表演中，每一种角色各需要几名演员呢？为什么？（幼儿讨论，教师将结果记录在"需要人数"栏，要关注总需要人数与班级总人数一致）

我们一起来看一看,每一种角色的报名人数与需要人数一样吗?

想表演某一种角色的人比需要的人数多时,我们应该怎么办?

4. 再次选择角色。

指导语:在表演《国王生病了》时,我们实际需要的演员数已经确定了。××、××的报名人数比实际需要的人数多,请报名演这几种角色的小朋友再想一想,如果想改选其他角色的话,请重新选择。

5. 角色竞演活动。

指导语:现在,虽然我们只准备由×位小朋友扮演××,但有×位小朋友报名了。按照大家刚才的提议,我们通过竞演的方式确定最终的演员人选。请参加竞演的小朋友准备好。竞演时,要说明自己能演好这个角色的优势在哪里,准备怎样表演好这个角色等。其他小朋友当评委,要注意倾听和观看。(请竞演者轮流上场展示自己的想法、表演才能等)

大家觉得,谁表演××比较合适?为什么?

虽然××没有成功竞演××角色,但是,我们可以怎么做?(引导幼儿排解不愉快的情绪,重新选择新的角色,建立表演的信心等)

6. 明确自己扮演的角色及任务。

指导语:这是本次戏剧表演的演员表。我们一起来看一看,每一种角色的扮演者都是谁?(引导幼儿进一步明确自己的角色)

怎样才能演好我们选择的角色呢?(引导小朋友进行讨论,要求小朋友认真做好表演准备,积极参加排演活动等)

附

【表演剧本】

第一幕:国王生病

角 色	台 词	动 作
旁白	国王生病了。他吃不下饭,睡不着觉。整天躺在床上,什么都不想做,当然也不管国家大事了。	国王躺病床上,不停地哼哼,床旁边站立着王后、侍女、仆人等。
王后	国王生病了,快宣太医。	焦急的表情。
侍女	宣——太医——	拖长声音。
仆人1	宣——太医——	拖长声音。
仆人2	宣——太医——	拖长声音。

续表

角 色	台 词	动 作
太医	叩见陛下！万岁！万岁！万万岁！	太医拎着急救箱上场。
国王	本王最近吃不下饭，睡不着觉。快帮本王瞧瞧！	有气无力地说话。
太医	尊敬的国王，让我帮你瞧一瞧！	拿出听诊器，为国王检查、号脉……
太医	尊敬的国王，您的病是因为运动太少，多多运动就会好。	拿出纸和笔，做书写状。
太医	这是运动计划表，按照计划去运动，国王的病就会好。	面向国王和仆人，展示"运动计划表"。
王后	王子、大臣们！	站在国王床边，面向大家。
王子、大臣	在！	面向国王和王后，鞠躬后站直。
王后	为了国王的健康，我们轮流陪着国王去运动。	威严地说。
王子、大臣	是。	鞠躬。
众人	星期一　爬山。 星期二　骑马。 星期三　游泳。 星期四　打棒球。 星期五　慢跑。 星期六　做体操。 星期日　休息。	边唱《运动计划歌》边跳舞。
国王	本王一定去运动、去锻炼！	众仆人扶着国王下场。

第二幕：另类锻炼

角 色	台 词	动 作
旁白	星期一，国王准备去爬山。	侍女帮国王穿衣服。
国王	快准备轿子，本王要去运动啦！	仆人上场，国王坐进轿子。
大王子	我是大王子，今天星期一，我陪父王去爬山。	自我介绍后，和抬着轿子的仆人一起爬山。
国王	山上风景真美丽，我们下山去，再来爬一爬！	悠闲地坐在轿子里。
大王子、仆人	是。	边爬山边喘气、擦汗。
国王	今天爬山真开心，明天我还要锻炼。	众人边捶腿边和国王一起缓慢退场。
大王子、仆人	今天爬山真痛苦，累得我全身不舒服。	
旁白	星期二，国王准备去骑马。	仆人们抬着国王上场。
二王子	我是二王子，今天星期二，我陪父王去骑马。	和仆人一起骑马。

续表

角色	台词	动作
国王	马儿跑步的样子真好看,大家再多跑几圈吧!	悠闲地坐在轿子里。
二王子、仆人	是!	边骑马边喘气、擦汗。
国王	今天骑马真开心,明天我还要锻炼。	众人边捶肩边和国王一起缓慢退场。
二王子、仆人	今天骑马真痛苦,累得我全身不舒服。	
旁白	星期三,国王准备去游泳。	仆人们抬着国王上场。
三王子	我是三王子,今天星期三,我陪父王去游泳。	自我介绍后,和仆人一起游泳。
国王	游泳感觉很舒服,游到天黑再回吧!	国王悠闲地坐在躺椅上。
三王子、仆人	是。	跳《游泳操》。
国王	今天游泳真开心,明天我还要锻炼。	众人边捶手臂边和国王一起缓慢退场。
三王子、仆人	今天游泳真痛苦,累得我全身不舒服。	
旁白	星期四,国王准备打棒球。	仆人们抬着国王上场。
丞相	我们是丞相,今天星期四,我们陪国王打棒球。	丞相和仆人打棒球。
国王	打棒球呀挺好玩,再玩一遍,再玩一遍。	国王坐在轿子里说。
丞相、仆人	是。	
国王	今天打球真开心,明天我还要锻炼。	众人边晃手腕边和国王一起缓慢退场。
丞相、仆人	今天打球真痛苦,累得我全身不舒服。	
旁白	星期五,国王准备去慢跑。	仆人抬着国王上场。
大臣们	我们是大臣,今天星期五,我们陪国王去慢跑。	和仆人一起跑步。
国王	跑步真有趣,大家跑快点,快点!再快点!……	国王坐在轿子里。
大臣们	是。	
国王	今天跑步真开心,明天我还要锻炼。	众人做喘气状,和国王一起缓慢退场。
大臣、仆人	今天跑步真痛苦,累得我全身不舒服。	
旁白	星期六,国王准备去体操……	仆人抬着国王上场。
王后	今天星期六,我来陪国王做体操。	王后、仆人一起跳《体操》舞。
国王	1234! 2234!	拿着大喇叭喊口令。
王后、仆人		动作越来越慢,最后连胳膊都抬不起来。

续表

角色	台词	动作
旁白	星期天,大家终于可以休息一天了。就这样,一个月过去了,国王的病没好,其他人却都病倒了……	
众人	哎哟!哎哟!	国王、王后、王子、大臣、仆人全都累倒在地,做痛苦状。

第三幕:恢复健康

角色	台词	动作
旁白	为什么自己的病没好,大家却都生病了呢?国王又召来了太医。	
国王	我天天去运动,为什么病还没有好?	摊开双手。
太医	尊敬的国王,您是怎么运动的呀?	面向国王。
国王	这是我运动的照片,你快看一看!	举起照片。
太医	你总坐在轿子里,身体没有真运动!	摇手。
国王	他们一直在运动,为啥也会生了病?	指向王后等人。
太医	运动过了度,也会伤身体。	摇头。
众人	天天锻炼身体好,千万不能太疲劳!	齐声说。
国王	我要把轿子留在皇宫,和大家一起——	指向轿子。
众人	星期一 爬山。 星期二 骑马。 星期三 游泳。 星期四 打棒球。 星期五 慢跑。 星期六 做体操。 星期日 休息。	边朗诵运动计划表,边做相应的动作。(可集体朗诵,也可轮流朗诵周一到周六的运动内容,然后再集体说"星期天休息"并做动作)
旁白	国王有计划地爬山、骑马、游泳、慢跑……他的病真的好了,又能精力充沛地处理国家大事啦!	
众人	国王病好啦!快来庆祝吧!	拍手,庆祝,跳集体舞《大家一起来运动》。

（三）猴子捞月

☞ 设计思考

1981年，上海美术电影制片厂制作了影片《猴子捞月》。动画片讲述的故事是：一群猴子在林子里玩耍，一只小猴子独自跑到林子旁边的池塘旁玩耍，它趴在池塘边，一伸脖子，忽然发现"月亮"掉到池塘里去了！大叫起来。一只大猴子听到叫声，跑到池塘边一看，也吃了一惊，跟着大叫起来。它们的叫声惊动了猴群，老猴子带着一大群猴子朝池塘边跑来。当它们看到池塘里的月亮时，都以为月亮真的掉到池塘里去了！老猴子提议大家把月亮捞起来。众猴义不容辞地加入捞月的队伍中。猴子们一个连着一个，挂成了一长条。小猴子身体轻，挂在最下边，它把手伸到池塘里，想抓住月亮……他们渐渐腰酸腿疼，抬头朝天上看，却发现月亮好端端在天上呢……

《猴子捞月》巧妙地将科学知识融于有趣的故事中，戏剧冲突明显，让人忍俊不禁，深受大班幼儿的喜爱，对大班幼儿的学习与发展有着多方面的价值。将其引入大班主题戏剧课程时，我们对动画片中的故事进行了一些改编：弱化了原动画片对猴子们不明真相、空忙一场的嘲讽，突出了猴子们好奇、爱探索、爱动脑的可爱，强调了发现真相后的乐观与豁达；去掉了原动画片中嘲笑猴子的"小松鼠"角色，赋予花、树以生命，增加了花仙子、树精灵的角色；另外，我们关注特定的故事情境，为减轻幼儿的记忆负担，预设了不少简单重复、朗朗上口的台词和歌谣，这些台词与歌谣有利于增强表演的情趣，同时为幼儿的创编提供了模型。

在主题戏剧活动中，我们设计了一系列的戏剧活动，希望孩子们在自主参与阅读、理解、制作、表现等活动的过程中，丰富戏剧表演的经验，体验演员、道具师等不同的工作，学会分工与合作，促进情感、能力、审美、创造等诸方面的和谐发展。

☞ 主题活动目标

1. 知道戏剧《猴子捞月》的开端、发展、高潮、结局和角色间的关系，能有序、连贯、清楚地讲述自己对剧情和角色的理解，感受小猴子积极动脑、团结互助、知错就改的情感态度。

2. 积极参与剧情、角色等方面的讨论，根据剧情发展创编符合特定情境的台词与动作，尝试用图画、符号、简单的文字等进行记录。

3. 能根据戏剧活动的需要与同伴分工合作,乐于用自己喜欢的方式交流自己的意见和想法,较为自主地进行多个角色的呼应,共同完成剧本创作、道具制作、戏剧表演等任务,体验成功和成长的愉悦。

☞ 主题网络

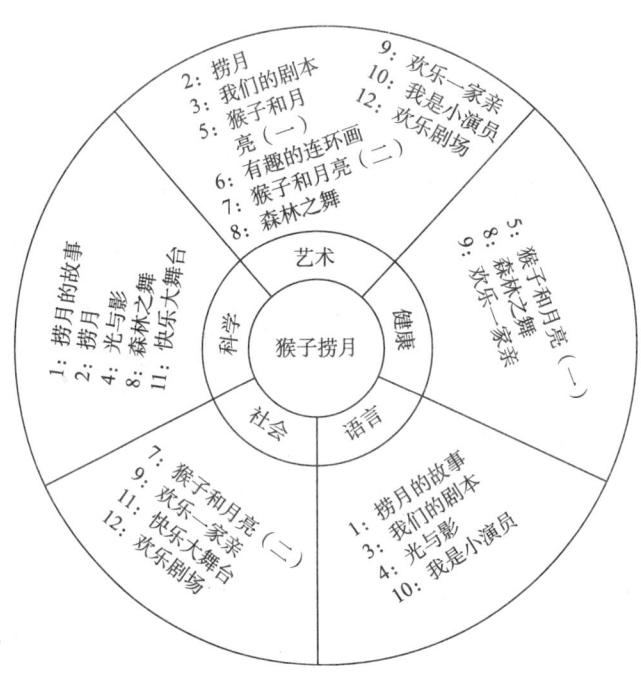

☞ 主要教学活动一览表

序号	活动名称	主要涉及领域	活动目标
1	捞月的故事	语言、科学	1. 理解故事的主要情节,学说故事中角色的主要对话 2. 通过猜测、实验、讨论等,加深对故事中科学现象的理解 3. 敢于在集体面前大胆地表达自己的猜测及想法
2	捞月	艺术、科学	1. 理解歌词内容,学唱歌曲 2. 感受歌曲说唱结合的特点,尝试分组合作演唱,表现歌曲活泼的氛围 3. 体验歌曲诙谐的韵味,感受与同伴共同演唱的乐趣

续表

序号	活动名称	主要涉及领域	活动目标
3	我们的剧本	语言、艺术	1. 尝试根据故事《猴子捞月》的开端、发展、高潮、结局,创编戏剧《猴子捞月》的表演剧本 2. 大胆创编符合特定情境的台词与动作,在教师帮助下尝试用图画、符号、简单的文字等进行记录 3. 积极参与剧情、角色等方面的讨论,体验共同制作图夹文剧本的快乐
4	光与影	科学、语言	1. 探索影子,初步发现光源的位置改变,影子的位置也随之改变的现象 2. 能与同伴合作完成小实验,记录自己的猜测和实验结果 3. 对身边的科学现象感兴趣,激发进一步探索影子的愿望
5	猴子和月亮(一)	艺术、健康	1. 初步感知音乐结构,尝试随乐表现《猴子捞月》的游戏情节 2. 在故事、教师语言或动作的提示下,随乐有节奏地做动作 3. 站立游戏时,能与同伴保持一定的距离
6	有趣的连环画	艺术、社会	1. 了解猴子的主要特征,学习表现猴子与背景的关系 2. 按照故事《猴子捞月》情节的发展顺序,尝试制作连环画 3. 明确自己的任务,能与同伴合作完成画面
7	猴子和月亮(二)	艺术、社会	1. 熟悉乐曲旋律,在掌握初级律动的基础上玩游戏"猴子和月亮" 2. 在故事的帮助下,随乐表现"猴子"相互连接成队及"猴子"与"月亮"互动的情节 3. 积极参与游戏活动,体验同伴之间合作与交流的快乐
8	森林之舞	艺术、科学、健康	1. 学习"森林之舞",能有节奏地随音乐表现森林里花、草、树的不同姿态 2. 在儿歌或语言的提示下,掌握动作结构 3. 体验森林植物在一起舞动的快乐心情
9	欢乐一家亲	艺术、社会、健康	1. 在熟悉乐曲的基础上,学跳双圈集体舞,动作合拍、协调 2. 在手腕花的提示下,掌握交换舞伴的方法 3. 在舞蹈过程中,能与同伴用目光、体态相互交流,愉快地跳舞
10	我是小演员	艺术、语言	1. 明确自己要扮演的角色,熟悉相关的表演台词、动作与表演顺序 2. 在教师及音乐的提示下,与同伴合作进行戏剧排演 3. 积极反思表演中的优点与不足,增强合作完成戏剧表演的信心
11	快乐大舞台	科学、社会	1. 熟悉戏剧表演舞台,明确自己在表演时的舞台站位和出场、退场路线等 2. 通过观察、讨论等,了解帮助自己迅速找到舞台上表演位置的有效方法 3. 知道表演时要尽量面向观众,候场时要保持安静
12	欢乐剧场	艺术、社会	1. 在舞台标志、音乐等的提示下,和同伴有序合作进行戏剧表演 2. 通过欣赏视频、讨论交流等,设计并实践集体谢幕的方案 3. 进一步明确演出任务,遵守表演中的约定与规则

☞ 主题环境创设

1. 主题墙

以《猴子捞月》为主题,设计四大版块。

第一版块:精彩的故事。师生共同以图夹文的形式呈现《猴子捞月》的故事内容,帮助幼儿进一步加深对戏剧开端、发展、高潮、结局的理解。

第二版块:瞧!我们的活动。这个版块主要呈现幼儿参加一些主要的集体和区域活动的照片以及幼儿自己对活动的评价、感受等,记录幼儿在系列活动中丰富戏剧经验、主动学习成长的轨迹。

第三版块:我是设计师。进行戏剧表演不仅需要生动、流畅的语言和形象的动作表现,更离不开幼儿的表演服装。服装可以帮助幼儿更加明确角色意识,帮助幼儿提升表演欲望与表现力。这个版块主要呈现幼儿自己动手操作制作道具的过程以及幼儿、家长参与制作的服装道具——花、树、草、月亮、猴子面具等。

第四版块:演出开始啦。这个版块主要呈现幼儿参与创作的表演剧本、演员表、表演剧照以及幼儿在创作剧本、选择角色、排演表演等活动中的一些想法、感受等,让幼儿相互欣赏,进一步体验舞台表演的乐趣。

2. 区域活动

区域名称	投放材料及指导要点
语言区	1. 提供图书、CD,供幼儿自由欣赏、阅读,进一步加深对故事内容的理解 2. 提供幼儿游戏本半成品和配套材料,引导幼儿参照故事及大剧本自制表演游戏本,尝试按剧情有序地模仿角色对话并表演
美工区	1. 提供油画棒、彩纸等,供幼儿装饰树、猴子服装等 2. 提供大型包装盒硬纸盒,制作故事的树林背景
表演区	1. 张贴宣传海报、表演剧本,布置有花草树木、池塘的表演场景,创设表演情境 2. 提供配乐故事(或音乐CD)以及猴子头饰、花树服装,供幼儿装扮自己进行表演
益智区	连连看(与故事中的动物相联系)
科学区	提供记录表、笔、各种动物图片,幼儿根据动物的特征匹配影子
数学区	给猴子排队(正数和倒数)

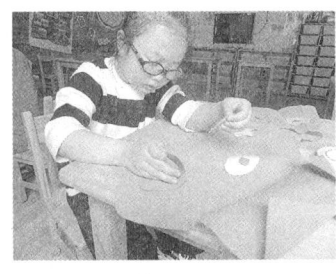  

美术区

表演区

☞ 家园共育

1. 请家长和幼儿一起参与动物图片、反映动物生活习性的视频以及制作道具所需材料的收集(如纸盒、塑料橡皮管等)。

2. 通过一线通、QQ群、家长园地等,及时反馈主题戏剧活动进展,请家长协助孩子做好故事复述、台词与动作的创编和排练等工作。

3. 邀请部分家长志愿者参与表演背景的制作、道具物品的加工等。

☞ 主要教学活动方案

活动一 捞月的故事

活动目标

1. 理解故事的主要情节,学说故事中角色的主要对话。
2. 通过猜测、实验、讨论等,加深对故事中科学现象的理解。
3. 敢于在集体面前大胆地表达自己的猜测及想法。

活动准备

1. PPT、动画片。

2. 装了一半水的水盆、手电筒。

3. 图书。

活动过程

1. 谈话导入,交流关于月亮的经验。

指导语:你看见过月亮吗?月亮在哪里?月亮是什么样子的?

2. 欣赏PPT,理解故事的情节发展。

(1) 观察想象,了解故事的开端。

指导语:猴子们是怎样在树林里玩耍的?

有一只小猴子在井边玩耍,突然,它发现井里有个月亮,它的脸上是什么表情?它可能会说些什么、做些什么?(幼儿大胆猜测)

(2) 阅读讨论,了解故事的发展。

指导语:猴子们在干什么?它们是怎么做的?可能会说些什么?

月亮捞上来了吗?为什么?

(3) 小实验:捞"月亮"。

指导语:月亮为什么捞不上来呢?我们一起来做个实验看看。

水中的"月亮"是什么样的?用手去捞时,"月亮"变得怎么样了?(用手电筒发出的光映在水里的影子当月亮,水盆当井,引导幼儿观察)

师幼共同小结:水中的月亮是天上月亮的倒影。水面很平的时候,月亮是圆圆的;用手一抓,水面有了波纹,影子就碎了……

3. 自主阅读图书,完整欣赏故事。

指导语:请小朋友们取出图书,我们一边看书,一边跟旁边的小朋友讲一讲"猴子捞月"的故事。

4. 欣赏动画片《猴子捞月》。

附

【故事】

猴子捞月

改编自动画片《猴子捞月》

一群猴子在树林里玩耍,它们有的在树上蹦蹦跳跳,有的在地上打打闹闹,好不快活。

一只小猴子独自跑到一口井旁,它趴在井沿,一伸脖子,看到井里有个月亮,大叫起来:"不得了啦,不得了啦!月亮掉到井里了!"

一只大猴子听到叫声,赶紧跑过来,朝井里一看,也吃了一惊,跟着大叫起来:"糟了,糟了,月亮掉到井里去啦!"它们的叫声惊动了猴群。老猴子带着一大群猴子都朝井边跑来。当它们看到井里的月亮时,一起惊叫起来:"糟了,糟了,月亮掉到井里去了!"猴子们叽叽喳喳,惊慌不已。老猴子说:"我们快想办法把月亮捞起来吧!"猴子们都加入了捞月的队伍中。

井旁有一棵老槐树,老猴爬上树,头朝下倒挂在树上,猴子们你抱我的腿,我勾你的头,挂成了一长条,头朝下挂到井中。小猴子身体轻,挂在最下边,它的手伸到井水中,对着明晃晃的月亮一把抓起,可是除了抓住几滴水珠外,怎么也抓不到月亮。小猴子不停地抓呀、捞呀,折腾了老半天,依然捞不着月亮。

倒挂了半天的猴子们觉得很累,有的说:"怎么还没捞起来呢?"有的叫:"我挂不住啦!"……老猴子也腰酸腿疼,它猛一抬头,忽然发现月亮依然在天上,大声说:"不用捞了,不用捞了,月亮还在天上呢!"

猴子们都抬起头:月亮果真好端端在天上呢!

活动二 捞月

活动目标

1. 理解歌词内容,学唱歌曲。
2. 感知歌曲说唱结合的特点,尝试分组合作演唱,表现歌曲活泼的氛围。
3. 体验歌曲诙谐的韵味,感受与同伴共同演唱的乐趣。

活动准备

1. 经验准备。

幼儿听过《猴子捞月》的故事。

2. 物质准备。

动画课件《猴子捞月》。

活动过程

1. 谈话,导入活动。

指导语: 故事《猴子捞月》说了一件什么事?猴子捞到月亮了吗?

2. 初步欣赏歌曲,尝试跟着乐曲演唱歌曲。

(1) 教师示范演唱歌曲。

指导语: 有一首歌曲说的也是"猴子捞月"的故事。它说的故事与我们听过的故事有什

么不同呢?请小朋友们听一听。(教师范唱歌曲)

(2)熟悉理解歌词内容。

指导语:你听到歌曲里面唱了些什么?(幼儿自由回答)

猴子在哪里发现月亮掉进了水里?它是怎么想、怎么做的?请小朋友再来听一听。(教师再次范唱)

猴子想干什么?它是怎么做的?(引导幼儿回答)

3. 感受小猴捞月时的心情变化,学习歌曲中说的部分。

指导语:歌曲有唱有说,说的部分说了些什么呢?(引导幼儿学说:"哈哈哈""唉哦哦""真好看""玩一玩""找不见"等)

小猴子在说"哈哈哈""真好看""玩一玩"时是什么心情?它会怎样说"哈哈哈""真好看""玩一玩"?我们来试一试。(教师唱第一段、第二段的歌词部分,幼儿说"哈哈哈""真好看""玩一玩")

小猴子在说"唉哦哦""找不见"时是什么心情?它会怎样说"唉哦哦""找不见"?我们来试一试。(教师唱第三段的歌词部分,幼儿说"唉哦哦""找不见")

小猴子在唱这三段歌曲时的心情是不一样的,所以在唱和说的时候的声音、速度也是不同的。我们把三段连起来,我唱歌词部分,你们负责说的部分,我们再来试一试。

4. 在教师的提示下,尝试完整地演唱歌曲。

指导语:你们会唱这首歌了吗?请大家跟着音乐,把整首歌曲连起来唱一唱、说一说。(教师适当给予提示和帮助,提醒幼儿注意第三段的情绪变化)

5. 讨论分组方案,尝试合作演唱歌曲。

指导语:小朋友们已经学会唱这首歌了。现在,要请大家分成两大组,一组唱,一组说,你们想怎样分组?哪一组唱,哪一组说?我们来试一试。(幼儿分成两大组合作演唱。可交换任务再次合作游戏)

附

【歌曲】

猴子捞月

1=F 4/4

邬大为 龚正斌 词
刘畅英 曲

天真欢乐 ♩=100

(3 35 6 3 5 　- ｜ 6 5 2 5 3 　- ｜ 3 35 6 3 2 　- ｜

```
6 5  2 3  1   1) | 3 3  2 3  1  -  | 2 3  1 6  5  -  |
              有 只 猴  子        到  井    边,
              平 时 月  亮        在  天    边,
              扑 腾 跳  进        水  里    面,

1.   1 6  5    | 3 5  6 3  2  -  | 3 3 3  2 3 5  -  |
看   见 月 亮    掉 到 水 里 面,    0 3 3  荧 光  亮 闪 闪,
今   天 怎 么    掉 到 井 里 面,            这 个 机 会  真 难 得,
想   把 月 亮    捧 到 手 上 边,            左 摸 摸,右 看 看,

0 0 0  (5 5 5) | 6 5  3 6  5  -  | 3 5  2 3  1  -  | 0 0 0  0 0 0 ‖
哈哈哈!          又 圆 又 亮       真  好    看。    真 好 看  真 好 看。
哈哈哈!          赶 快 捞 起 来    玩   一    玩。    玩 一 玩  玩 一 玩。
唉哦哦!          怎 么 总 也       找   不    见。    找 不 见  找 不 见。
```

活动三 我们的剧本

活动目标

1. 尝试根据故事《猴子捞月》的开端、发展、高潮、结局,创编戏剧《猴子捞月》的表演剧本。

2. 大胆创编符合特定情境的台词与动作,在教师帮助下尝试用图画、符号、简单的文字等进行记录。

3. 积极参与剧情、角色等方面的讨论,体验共同制作图夹文剧本的快乐。

活动准备

1. 教师事先在挂图上将第一幕的台词用贴纸补充完整,并在剧本的第一行角色一栏贴上相应的角色贴纸。

2. 记号笔一支、水彩笔。

活动过程

1. 观察第一幕"大剧本",了解剧本的基本构成与作用。

(1) 欣赏半开放式大剧本,尝试进行表演。

指导语:今天,老师带来了一张图,我们一起来看一看。你看到了什么?它表示什么意思?(引导幼儿理解"角色"和"台词"的含义)

这一行画的是谁说的话?你是怎么知道的?它是怎么说的?你怎么知道的?你能看着这一行,表演小猴子说的话吗?

(指画有老猴子的一行):这是谁?它是怎么说、怎么做的?你能看着图把话表演出来吗?(幼儿尝试表演)

你们想演小猴子还是想演大/老猴子?那老师就来当××,我们一起表演。谁先开始表演?

(2)交流表演经验,了解剧本的组成与作用。

指导语:我们表演得怎么样?这张图对表演有什么作用?

教师总结:这张图叫作剧本。它画出了我们要表演的角色,还有这些角色说的话等。有了剧本,我们就知道怎样进行表演了。小动物们谁先说?说什么?谁后说?说什么?……

2. 根据故事内容,尝试设计台词并在剧本上进行记录。

(1)回忆故事情节,明确第二幕的主要剧情。

指导语:刚才,我们表演的是《猴子捞月》的第一幕"森林夜晚"。

(2)师生共同讨论,创编第二幕"寻找月亮"的剧本。

指导语:在猴子们的眼中,月亮像什么呀?它们很想把月亮带回家,尝尝月亮的味道。第二幕"寻找月亮"中,猴子会和月亮玩什么游戏呢?它们会说些什么、做些什么呢?

谁先发现月亮在池塘里,会说什么呢?

大家发现月亮在池塘里,会怎么说?

谁愿意到前面来将这些台词记录在剧本上?(请个别幼儿操作,教师进行指导和帮助)

我们试着看着剧本说一说、演一演。

(3)结合故事课件,创编第三幕"猴子捞月"的剧本。

指导语:发现月亮在池塘里,猴子们决定干什么?它们会怎么说、怎么做呢?

……

3. 欣赏剧本,体验合作完成剧本和尝试表演的快乐。

指导语:这就是我们小朋友自己设计的《猴子捞月》的剧本,想不想看着剧本来试着演一演?(教师指剧本,幼儿说台词,可视具体情况尝试看剧本表演一个小片段)

老师要把这份大剧本贴在班上,让大家都来欣赏我们的创作。剧本中还有很多角色,以后,小朋友们可以看着剧本,试着分角色进行表演。

4. 出示游戏本,激发自制游戏本的兴趣。

指导语:这本游戏本与我们这份大剧本有什么不同?想不想做一份属于自己的图夹文的小剧本?老师会把游戏本放在我们的语言区里,小朋友们可以试着做一份《猴子捞月》的小剧本,带回去给爸爸妈妈也欣赏欣赏,还可以和爸爸妈妈一起看着剧本演一演。

活动四　光与影

活动目标

1. 探索影子,初步发现光源的位置改变,影子的位置也随着改变的现象。
2. 能与同伴合作完成小实验,记录自己的猜测和实验结果。
3. 对身边的科学现象感兴趣,有进一步探索影子的愿望。

活动准备

1. 经验准备。

幼儿玩过"踩影子"的游戏,有观察、记录影子的初步经验。

2. 物质准备。

(1)两人一份实验材料:一个手电筒、一个玩具娃娃、纸盒暗箱。

(2)每人一张记录单、一支笔;集体记录单。

(3)PPT。

活动过程

1. 回忆游戏经验,导入活动。

指导语:小朋友,你们玩过踩影子游戏吗? 是怎么玩的?

什么时候会有影子? 我们走的时候,影子会怎么样?

一天当中的不同时间,我们的影子一样吗?

2. 初次探索,发现光源位置与物体影子的关系。

(1)观察实验材料,了解实验方法,初步感知物体影子和光源的关系。

指导语:两人合作,用电筒给娃娃照影子,看看能不能给娃娃照出不同的影子?

(2)结伴合作实验,操作后交流。

指导语:你们是怎么做的,发现了什么?

小结:光源的位置变了,影子也会跟着改变。

3. 再次探索,进一步了解物体影子位置和光源的关系。

(1)观察实验箱里的光源标记,猜测影子的位置。

指导语:这里有一个实验箱。实验箱里有什么标记? 我们把手电筒放在不同的标记位置,娃娃的影子会在哪里呢?

(2) 观察、理解记录单,猜测影子位置与光源的关系。

指导语: 这张记录单上有什么?表示什么意思?

请小朋友根据记录单上的光源位置,猜猜影子可能的位置,并进行记录。

你们觉得手电筒在娃娃上方(前方、后方)时,娃娃的影子会在哪里?

有什么办法知道我们的猜测对不对呢?

(3) 结伴合作实验,记录并交流实验结果。

指导语: 请小朋友把娃娃的正面对着小箭头放好,把手电筒放在不同的光源标记位置照一照娃娃,看看它的影子到底会在哪里,把实验结果记录下来。

实验结果跟我们猜测的一样吗?

通过实验,你们发现了什么?

小结: 我们发现光源的位置和娃娃的位置正好是相反的、是相对的。我们顺着光源就能找到娃娃的影子。

4. 拓展与延伸活动。

(1) 游戏:找找光源在哪里。进一步理解影子和光源的关系。

(2) 在不同的时段玩"踩影子"游戏,引导幼儿发现同一物体影子的变化,激发进一步探究影子的兴趣。

附

【记录单】

大班科学活动《光与影》记录单

记录人:

	光源在前 ☀ ☺	☀ 光源在上 ☺	光源在后 ☺ ☀
?			
!			

活动五 猴子和月亮（一）

活动目标

1. 初步感知音乐结构，尝试随乐表现《猴子捞月》的游戏情节。
2. 在故事、教师语言或动作的提示下，随乐有节奏地做动作。
3. 站立游戏时，能与同伴保持一定的距离。

活动准备

1. 音乐《拨浪鼓》（节选）。
2. 教学图谱。

活动过程

1. 欣赏配乐故事，激发学习兴趣。

指导语：猴子们在森林里游戏，发现池塘里有一轮明月，都以为是天上的月亮掉进了池塘里，他们一起商量，推选猴王带领大家捞月亮，他们排好队，捞呀捞呀……最后发现月亮还好好地挂在天上，原来，池塘里是月亮的影子。

2. 观察教学图谱，了解基本动作。

指导语：这里有一张图谱，画的就是猴子捞月的故事。这是猴子们在干什么？这儿呢？（帮助幼儿明晰图谱中不同图案所表示的意思）

我们一起来看着图谱做一做动作。（教师一边指图，一边带幼儿做动作）

3. 跟随音乐游戏，尝试合拍做动作。

（1）坐在座位上尝试随乐做动作。

指导语：你们已经知道猴子们是怎么捞月亮的，我们听着音乐来做一做。（教师带领幼儿一起随乐做动作）

小朋友们在跟着音乐做动作时，感到哪里有困难？我们来练一练。

我们一起听着音乐再来做一做动作，大家要跟着音乐有节奏地做动作。（再次听音乐做动作）

（2）站立听音乐玩"猴子捞月"游戏。

指导语：刚才我们是坐着捞月亮的。现在，请小朋友们找一个空地方站好。我们听着音乐来玩游戏。（教师要注意检查幼儿与同伴间的距离是否合适，避免发生碰撞）

4. 开展游戏，体验集体游戏的快乐。

指导语：池塘是什么样的？小猴子捞月亮站成什么队形？请大家准备好，我们一起听着音乐来玩一玩。（引导幼儿站成直线，听音乐游戏）

附

【教学图谱】

【乐曲】

拨 浪 鼓
（节选）

1=F 2/4

杨春华　词曲

【动作建议】

[1—2]小节：拍手两次。

[3—4]小节：看一看。

[5—8]小节：同[1—4]小节。

[9—12]小节：做绕手动作。

[13—14]小节：转身侧坐，后面幼儿搭前幼儿的肩膀。

[15—28]小节：幼儿随带头幼儿做捞月亮动作。

活动六　有趣的连环画

活动目标

1. 了解猴子的主要特征,学习表现猴子与背景的关系。
2. 按照故事《猴子捞月》情节的发展顺序,尝试制作连环画。
3. 明确自己的任务,能与同伴合作完成画面。

活动准备

1. 经验准备。

幼儿熟悉《猴子捞月》的故事内容,对猴子的外形特征有一定了解。

2. 物质准备。

图画纸、水彩笔、连环画、猴子图片、订书机。

活动过程

1. 观察猴子图片,进一步增进对猴子特征、习性的了解。

指导语:猴子是什么样子的?

它的脸有什么特点? 耳朵是什么样子的? 尾巴呢?

猴子喜欢干什么?

师幼共同小结:猴子有头、身体、四肢和尾巴。它的脸有点像桃子,耳朵是半圆形的,有一条灵活的尾巴……

2. 欣赏《猴子捞月》的主要画面,激发制作连环画的兴趣。

（1）结合故事的主要内容,欣赏猴子的动态、表情等。

指导语:《猴子捞月》主要讲了一件什么事?

猴子在哪里发现了月亮? 它们准备干什么? 它们是怎么捞月亮的? （引导幼儿根据故事情节的发展,欣赏猴子的动态、表情等）

（2）认识连环画,了解连环画的制作方法。

指导语:小朋友看过连环画吗? 什么是连环画? （引导幼儿通过讨论,知道连环画就是用多幅画面叙述一个完整的故事）

你们想不想制作一本《猴子捞月》的连环画?

要完成一本连环画,需要哪些步骤呢?

师幼共同小结:制作连环画需要四个步骤:① 画故事。每张纸画一个故事情节,有几个情节就画几张纸。② 把画好的故事内容按照先后顺序排列并写上页码。③ 装饰封面。将故事的名字写在封面上,让别人一看就知道这本连环画讲的是什么故事。④ 装订。

3. 讨论分工合作方案,尝试制作连环画。

指导语:《猴子捞月》的连环画至少要画几张画?是哪几张?猴子在哪里?正在干什么?(引导幼儿明确画面的主要内容以及猴子与背景的关系)

这么多的画面我们可以怎么画?(引导幼儿通过讨论,确定以小组合作的方式完成连环画的创作)

小组合作时,大家要注意些什么?(引导幼儿进一步明确小组合作的方法——先讨论画面及分工,再分头绘画,再有序排列……)

4. 幼儿制作连环画,老师巡回指导。

指导重点:教师观察并提醒幼儿根据情节的发展确定画面,合理布局,每个幼儿明确自己的绘画任务,绘画时注意表现猴子的活动与特定的背景。

5. 展示作品,进行欣赏、评价。

指导语:这是哪一组创作的连环画?一共有多少张?每一张说的是什么情节?你最喜欢哪一张?为什么?(将幼儿作品按小组有序展示,引导幼儿欣赏、交流)

活动七 猴子和月亮（二）

活动目标

1. 熟悉乐曲旋律，在掌握初级律动的基础上玩游戏"猴子和月亮"。
2. 在故事的帮助下，随乐表现"猴子"相互连接成队及"猴子"与"月亮"互动的情节。
3. 积极参与游戏活动，体验同伴之间合作与交流的快乐。

活动准备

1. 经验准备。

幼儿对《猴子捞月》的故事有一定了解。

2. 物质准备。

音乐《拨浪鼓》。

活动过程

1. 复习律动。

指导语：还记得《猴子捞月》的故事吗？我们随着音乐，一起来学一学这群调皮的猴子吧！

2. 讨论 B 段音乐中猴子的动作。

（1）讨论猴子排队动作。

指导语：猴子们正玩得高兴，突然发现月亮掉水里了，赶紧跑过去看，猴子们会怎么跑？谁来学一学？

刚才我们做的律动中什么动作表示猴子在跑？

我们可以念完儿歌后就学着猴子的样子跑到水边。我们先在座位上试一试。（完整练习）

（2）讨论猴子连接方法。

指导语：猴子是怎么捞月亮的？可以怎样连在一起？

什么时候连呢？我们先用××的方法在座位上听着音乐试一试。（随 B 段音乐表现）

（3）引导幼儿发现地上的标记，站起来玩游戏。

指导语：猴子是在水边捞月亮的，哪里是水边呢？

这次猴子们要跟着猴王跑到水边来连成一队，想一想什么时候猴子跑出来连成一队？我们听着音乐试一试。（随 AB 段音乐练习）

3. 讨论 C 段猴子捞月动作。

指导语：猴子连成一队准备捞月亮，谁负责捞月亮？

第一只猴子捞月亮时，后面的猴子要怎样？（连好不能断开）

我们听着音乐试试。（随 C 段音乐练习）

4. 加入"选月亮"的情节，随音乐表现。

（1）讨论选月亮的动作。

指导语：猴子捞月亮，猴子有了，还差谁？月亮是谁呢？月亮在你们中间。

我要从你们中间选出当月亮的人。我选了几次？是在每句音乐的前面还是后面选的？（教师示范 A 段）

我们听着音乐来试一试。（随 A 段音乐练习）

（2）讨论月亮的位置变化。

指导语：月亮还在原来的位置上吗？应该在哪儿？

什么时候到这里？小猴子跑出来的时候，月亮也跑出来，在中间拉成一个圆。我们听着音乐来试一试。（随 AB 段表现）

5. 随乐表现"猴子"与"月亮"之间的互动游戏。

（1）讨论月亮动作。

指导语：猴子捞月亮时，月亮会有什么变化？

（2）表现互动游戏。

指导语：月亮飘向哪儿，猴子们就捞向哪儿，我们听着音乐试一试。（随 C 段练习）

请一个小朋友来当带头的猴子，其他小朋友当月亮，来玩一玩。（重点随乐轮流表现）

（3）讨论尾声部分的游戏情节。

指导语：猴子捞到月亮了吗？

猴子们实在挂不住了，都从树上摔了下来。月亮怎么样了？（月亮碎了）

我们来听一听这部分的音乐。（欣赏尾声部分音乐，引导幼儿明确在音乐的结尾处做摔和碎的动作）

6. 随乐完整游戏。

（1）教师当猴王，带领幼儿游戏。

（2）请幼儿当猴王，再次游戏。

附

【乐曲】

拨 浪 鼓
（节选）

杨春华　词曲

1=F 2/4

```
1 3  2323 | 5 5  0 6 | 1 3  2323 | 5 5  0 6 | 1 3  2 3

1 3  2 3 | 3  2165 | 1 1  561 | 1 1  6 5 | 3 -

3 6  5 6 | - | 5 7  6  7 2 | 7 | 6. 5 2 3

5 - | 5 1 6 1 | 3 - | 3 1 6 5 | 1 - | 5 5 7 6

2 7 6 5 | 3. 5 7 2 | 7 6 0 | 2 2 0 | 2 - | 2365 2765

1 0  0 ‖: 13 2323 :‖ 1 3  2323 | 5 5  0 6 | 1 3  2 3 | 1 3  2 3

1 3  2165 | 1 0 | 3 3  1 2 | - | 3 3  1 2 | -

1 1  5 6 | - | 1 1  5 6 | - | 3 1 6 5 | 3 1 6 5

5 3 2 1 | 5 3 2 1 | 3. 1 | 2 - | 1 61 3 2 | 1 0 0 ‖
```

【动作建议】

A 段:"众猴"边念儿歌边做动作,"猴王"按照一定的节奏从"众猴"中选出数名"月亮"。

B 段:"众猴"跑出并连成一队,最后一人固定不动,表示挂在树上。同时,数名月亮围合成圆圆的月亮。

C 段:"月亮"左右飘移,第一只"猴子"随"月亮"飘移的方向伸手捞月,其他"猴子"与第一只"猴子"连成一队,随着第一只"猴子"移动而移动。

尾声:"众猴"做落水动作,"月亮"散开。

活动八　森林之舞

活动目标

1. 学习"森林之舞",能有节奏地随音乐表现森林里花、草、树的不同姿态。
2. 在儿歌或语言的提示下,掌握动作结构。
3. 体验森林植物在一起舞动时的快乐心情。

活动准备

1. 队列图,如右图
2. 音乐《拨浪鼓》。

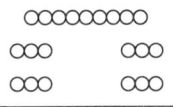

活动过程

1. 复习"猴子捞月"的游戏。

指导语:这是什么音乐?我们一起听着音乐玩一玩"猴子捞月"的游戏吧!

2. 学习森林之舞。

(1) 观察队形图,发现植物的排列方式。

指导语:猴子们是在什么地方捞月的?森林里有些什么植物?

在这张图上,花、草、树是怎样排在一起的?(引导幼儿观察队形图,发现树、花、草三横排排开,树排在第一排,花排在第二排,草排在第三排)

(2) 师幼共同讨论创编舞蹈动作,尝试跟随音乐表演。

• 讨论 A 段舞蹈(大树)的动作。

指导语:大树的树枝怎么表现?它们在风中怎样摇摆?

• 讨论 B 段舞蹈(小花)的动作。

指导语:小花可以用身体什么部位表现?有哪些造型的花?怎样表现更优美?

• 讨论 C 段舞蹈(小草)的动作。

指导语:风一吹,小草是什么样子的?

● 听音乐完整表演树、花、草的舞蹈。

（3）讨论植物上场的舞步，尝试根据队形图做好表演准备。

指导语：植物上场时，怎样跑能够快速站好队形？用什么样的方式站成表演的队形？（引导幼儿讨论确定移动队形的舞步，如：小碎步移动）

3. 讨论新的表演方案并随乐表演。

指导语：刚才我们听着音乐分别表演了树、花、草的舞蹈。如果我们只扮演树、花、草中的一种角色，可以怎样来跳这支舞蹈？（引导幼儿通过讨论，确定植物跳舞的表演方案）

我们一起从植物们上场开始，跟着音乐来跳一跳这个欢乐的舞蹈。（引导幼儿根据确定的表演方案，随乐完整舞蹈）

附

【乐曲】

同《猴子和月亮》。

【动作建议】

A段：

大树舞蹈：伸出两只胳膊表现树枝，跟随音乐有节奏地表现树枝在风中摇曳的姿态。（可根据乐句变换树枝的高低、长短、位置等）

B段：

小花舞蹈：用手摆出花的造型，跟随音乐由胸前举至头顶，然后双手从身体两侧缓缓落下，再摆出新的花的造型。

C段：

小草舞蹈：跟随音乐，随风有节奏地摆动左右胳膊。（可根据乐句变化摆动方式：前后摆动、上下摆动、左右摆动等）

活动九　欢乐一家亲

活动目标

1. 在熟悉乐曲的基础上，学跳双圈集体舞，动作合拍、协调。
2. 在手腕花的提示下，掌握交换舞伴的方法。
3. 在舞蹈过程中，能与同伴用目光、体态相互交流，愉快地跳舞。

活动准备

1. 经验准备。

幼儿对集体舞中的面向圆心、面向圆上等指令有所了解,会由单圈变成双圈。

2. 物质准备。

(1) 音乐《外国集体舞》。

(2) 手腕花。

3. 场地准备。

幼儿坐成单圈。

活动过程

1. 玩拍手游戏,初步感知乐曲欢快的节奏。

指导语:这里有一首乐曲,请小朋友听一听。(播放乐曲)

指导语:听后有什么感觉?请小朋友们伸出双手,合着音乐的节奏,拍出欢快的感觉。

2. 观察教师示范,学习集体舞的基本动作。

(1) 教师示范,幼儿观察。

指导语:现在,请小朋友们仔细看一看,老师跟着音乐做了哪些动作?做了几遍?我们用哪只手打招呼?(戴手腕花的那只手)

(2) 跟随音乐,尝试原地合拍做动作。

指导语:请小朋友跟着音乐,合拍地做一做这些动作。(视幼儿情况,集体练习数遍)

3. 观察讨论,学习双圈中交换位置和舞伴的方法。

(1) 学习里外圈交换位置的方法。

指导语:在刚才我们做的这些动作中,什么动作是便于我们里外圈交换位置的?(引导幼儿讨论)

打招呼后和拍手走步时,里外圈小朋友可以交换位置。我们来试一试。(教师哼唱乐曲,幼儿尝试交换位置)

请小朋友们跟着音乐来试一试。(加入交换位置的要求,完整地听音乐游戏)

(2) 学习外圈小朋友经里圈小朋友身后回到外圈的方法。

指导语:什么动作可以替换外圈小朋友围着里圈小朋友绕一圈后再回到外圈呢?(引导幼儿讨论)

外圈小朋友在围着里圈小朋友绕一圈时,里圈小朋友可以怎么做?我们来试一试。(教师哼唱,幼儿尝试)

指导语:请小朋友们跟着音乐来试一试。(加入新的要求,完整地听音乐游戏)

(3) 学习交换舞伴的方法。

指导语:在最后一个八拍时,我们还可以交换舞伴游戏呢。大家想一想,我们可以怎么交换舞伴?(鼓励幼儿迁移已有经验讨论)

指导语：你们的新舞伴会是谁呢？请小朋友们伸出戴手腕花的手的食指，顺着手腕花方向指向斜前方的小朋友，他就是你的新舞伴。你的新舞伴是谁呀？（请部分小朋友说出新舞伴的名字）

现在，老师喊节奏，小朋友们试着走一走，找到自己的新舞伴。（教师喊节奏，幼儿练习）

刚才大家在交换舞伴的时候有没有困难？有什么好的办法？我们试一试。（视幼儿情况，练习数遍）

4. 跟随音乐，完整地跳集体舞。

指导语：请小朋友们跟着音乐跳一跳这个欢快的集体舞。（反复数遍）

附

【乐曲】

外国集体舞

1=F 2/4　　　　　　　　　　　　　　　　　　佚名曲

（简谱略）

【动作建议】

前奏：幼儿站成双圈。

[1]小节：里外圈小朋友面对面伸出右手（戴手腕花的手）打招呼。

[2]小节：里外圈小朋友面对面伸出左手打招呼。

[3—4]小节：里外圈小朋友拍手，踏步走，交换位置。

[5—16]小节：同[1—4]小节（重复做3次）。

[17—20]小节：里外圈小朋友戴手腕花的手相拉，里圈小朋友蹲下，外圈小朋友站立，围着里圈小朋友绕一圈后回到外圈。

[21—24]小节：原地拍手踏步。

[25—32]小节：同[17—24]小节。

[33—40]小节：里圈沿逆时针方向，外圈沿顺时针方向拍手走，向前交换舞伴。

活动十　我是小演员

活动目标

1. 明确自己要扮演的角色，熟悉相关的表演台词、动作与表演顺序。
2. 在教师及音乐的提示下，与同伴合作进行戏剧排演。
3. 积极反思表演中的优点与不足，增强合作完成戏剧表演的信心。

活动准备

1. 《猴子捞月》戏剧表演录音。
2. 设计《猴子捞月》演员表，在幼儿自主报名的基础上，确定所有角色的演员。
3. 《猴子捞月》演出剧本。

《猴子捞月》演员表		
角　色	人数	表演者
小猴子	1	
老猴子	1	
众猴子	8	
花	6	
草	6	
树	9	
月亮	3	

活动过程

1. 明确自己的角色，玩游戏"小演员在哪里"。

指导语：这是《猴子捞月》的演员表，我们一起来看一看。谁演小猴子？谁演老猴子？众猴子（花、草、树、月亮）呢？

小演员们在哪里呢？我们要来玩一个游戏。老师说到什么角色，演这种角色的小演员们就赶快站起来，看看谁的反应快。

2. 在剧本的提示下，熟悉表演内容与出场顺序。

指导语：在表演戏剧《猴子捞月》时，什么角色最先上场？接下来呢？（梳理表演顺序）

现在，我们看着剧本来试一试。轮到哪一种角色表演，就请扮演这种角色的小演员站到前面来进行表演。（重点复习台词和歌唱部分，可暂不加入律动与舞蹈游戏，提醒小演员们表演时注意与同伴或观众有眼神、表情等方面的互动）

3. 尝试进行戏剧排演，反思表演中的成功与不足。

指导语：我们马上要进行戏剧排演。轮到自己上台表演时，小朋友们要注意些什么？别人在台上表演时，我们又该注意些什么？现在，戏剧《猴子捞月》的表演正式开始。（三位教师合理分工，指导幼儿进行全剧表演）

大家觉得我们刚才的表演怎么样？我们是怎样合作表演的？

大家在表演时有没有遇到什么困难？哪些地方还存在一些问题？我们可以怎么办？（引导幼儿针对演出的具体情况讨论对策）

小结：刚才，是我们的第一次合作排演，小朋友们能……如果我们以后在排演时，能注意……我们的演出一定会更精彩。

活动十一 快乐大舞台

活动目标

1. 熟悉戏剧表演舞台,明确自己在表演时的舞台站位和出场、退场路线等。
2. 通过观察、讨论等,了解帮助自己迅速找到舞台上表演位置的有效方法。
3. 知道表演时要尽量面向观众,候场时要保持安静。

活动准备

1.《猴子捞月》戏剧表演台本录音。
2. 舞台表演背景、标志。

活动过程

1. 观察表演场地,认识舞台的中心区域。

指导语: 我们马上就要正式进行戏剧表演了。这是我们将要表演的场地。哪里是表演区?哪里是观众区?表演时,我们应该面向哪里?(引导幼儿借助背景的位置,明确表演的方向)

舞台的中心在哪里?有什么好办法可以提示和帮助我们找到表演时的位置?(引导幼儿明确表演时可以借助地面标志和舞台四周的参照物来找演出时的站位)

2. 根据表演顺序,明确候场与表演时的位置。

(1) 分幕确定舞台表演时的站位。

指导语: 在舞台上进行表演时,我们该站在什么位置呢?现在,按照表演的顺序,大家来找一找自己的表演位置。(教师引导幼儿根据每一幕的表演顺序,借助地面和四周的一些标志等,明确表演时的舞台站位,提醒幼儿注意表演方向及与舞台上其他同伴之间的距离)

(2) 讨论出场与退场的位置与要求。

指导语: 在第一幕中,扮演××的小演员们从舞台的哪一侧出场比较合适?表演结束后,退到哪里比较合适?我们来试一试。(引导幼儿结合表演第一幕时的队形、不同角色有序出场与退场等方面进行讨论,确定出场与退场的位置与要求)

在后面的剧幕中,小演员们又该从哪里出场?表演结束后退场到哪里呢?我们来试一试。

3. 在语言、音乐等提示下,合作排演戏剧。

指导语: 小演员们在舞台上表演时,除了要很快找到位置、有序地出场与退场外,还要注意什么?候场时又该注意些什么呢?

现在,请小演员们根据我们刚才的讨论,做好表演准备,戏剧《猴子捞月》的表演正式开

始。(播放音乐,幼儿表演,教师根据需要给予必要的提示)

4. 反思排演情况,体验有序配合的重要。

指导语: 在这次排演中,我们哪些地方做得比较好? 为什么?

正式表演时,我们还需要注意些什么?(重点引导幼儿从舞台美感与秩序等方面反思)

活动十二　欢乐剧场

活动目标

1. 在舞台标志、音乐等的提示下,和同伴有序合作进行戏剧表演。
2. 通过欣赏视频、讨论交流等,设计并实践集体谢幕的方案。
3. 进一步明确演出任务,遵守表演中的约定与规则。

活动准备

1. 演出海报。
2. 各种角色的服饰、头饰。
3. 《猴子捞月》戏剧表演录音。
4. 摄像机、电视机。

活动过程

1. 观察演出海报,激发表演热情。

指导语: 戏剧节就要开始了,这是我们的演出海报。幼儿园什么时候举办戏剧节? 我们哪一天正式面向家长和小朋友们进行戏剧表演? 小朋友们准备好了吗?

2. 回顾排演活动,明确表演要求。

指导语: 我们的演出就要正式开始了。请小朋友们想一想,怎样才能让我们的演出更加精彩? 小演员在舞台上表演时,应该注意些什么? 小演员们在候场时又要注意些什么?(引导幼儿结合排演活动的经验,进一步明确演出的要求)

3. 欣赏谢幕视频,讨论谢幕方案。

指导语: 小朋友们,这里有一段视频,我们一起来看一看。表演结束时,演员们在干什么? 他们是怎么做的? 大家的心情怎么样?

什么叫"谢幕"? 为什么要谢幕?

我们在表演完《猴子捞月》后,可以怎样谢幕?

我们有三十多个小演员,谢幕时可以排几排? 大家是一起上场还是分批上场? 大家怎样上场? ……(引导幼儿通过讨论,确定集体谢幕的方案)

我们跟着音乐来试一试。(播放音乐,幼儿尝试集体谢幕,可视具体情况,反复2—3次)

4. 进行戏剧彩排,体验完整表演的快乐。

指导语:大家觉得加上谢幕后,我们的戏剧表演怎么样?

现在,我们欢乐剧场要进行完整的彩排,把我们的谢幕活动也加进去。请小朋友们按照出场的先后顺序做好表演准备,请音响师、摄像师也做好准备。(教师检查准备情况后,幼儿彩排,同时拍摄表演视频)

5. 观看表演视频,点评彩排活动。

指导语:这是我们刚才表演的视频,我们一起来看一看。(播放视频)

小朋友们觉得我们的彩排怎么样?有什么想法或建议呢?(点评后,教师进行简单的小结,鼓励幼儿以更好的状态投入表演)

附

【表演剧本】

第一幕:森林夜晚

角 色	台 词	动 作
旁白	寂静的夜晚,大森林里静悄悄,小花和大树慢慢地睡着了,月亮也露出了美丽的笑脸。	花、树、云朵、月亮上场。
小花		舞蹈《森林之舞》。
大树		
小草		
月亮		从云朵中露出,其他三个角色退场。

续表

角 色	台 词	动 作
旁白	你们瞧！森林里来了一群快乐的小猴，它们在做什么呢？	
群猴		舞蹈《快乐的小猴》。
小猴子	你们瞧！	
老猴子	好像大饼呀！一定很好吃！ 月亮月亮圆又大，好像大饼天上挂，月亮大饼甜又香，真想赶快尝一尝。	做赞叹状，边议论边退场。
群猴	我们一起去找月亮吧！	群猴下场。

第二幕：寻找月亮

角 色	台 词	动 作
旁白	小猴子们发现月亮像大饼，决定去找月亮，把美丽的月亮带回家，尝一尝月亮的味道。	
小猴子	瞧！月亮在那儿呢！我们快去追！	指指月亮，招呼身后的同伴。
群猴、月亮		追着月亮跑，月亮不断地移动。
群猴	月亮月亮太调皮，猴子追月实在累，实在累！	倒在地上，抹汗。
老猴子	你们瞧！月亮在池塘里呢！	慢慢起身，东张张西望望，走到池塘边，往里一看。
群猴	我看看，我看看！ 呀！月亮真的在池塘里呢！ 我们终于找到月亮咯！	争先恐后地到池塘边看月亮，并做高兴状。

第三幕：猴子捞月

角 色	台 词	动 作
旁白	小猴子们发现了月亮，可是月亮在池塘里，怎么把月亮带回家呢？	
群猴	哎！这可怎么办呢？够不着呀！	做思考状。
老猴子	我们排一排，齐把尾巴拽，大家齐用力，月亮捞上来。	站在群猴前。
群猴	这个办法好！排队捞呀捞！	排成一排，音乐游戏"猴子捞月"。
	好漂亮的月亮呀！ 给我看看，给我看看！	围着盆里的月亮说。

续表

角 色	台 词	动 作
猴G	呀！我的月亮！	失手将盆打翻在地。
群猴	月亮摔碎了！呜……	着急。
小猴子	咦！你们瞧！	边哭边看天空。
		指天空上的月亮，群猴一起看天空中的月亮。
群猴	月亮不是好好地在天上吗！	做思考状。
群猴	原来，水中月亮是天上月亮的倒影！	开心地大笑。
花、草、树		集体演唱歌曲《猴子捞月》。
所有角色		集体舞《欢乐一家亲》。

（四）小学的约定

☞ **设计思考**

进入大班下学期，孩子们常常会谈论起关于小学的话题：自己将进入哪一所小学、爸爸妈妈和自己正在做哪些准备等。孩子们在言语中不自觉地流露出对上小学的期待和向往，他们也想象小学生一样背新书包、穿校服、戴红领巾……孩子们的入学愿望是稚嫩的，但也是十分可贵的。

从幼儿园进入小学，是孩子成长过程中的一个重要转折，在生活习惯、自我服务、学习方式、学习要求及人际关系等方面将面临许多变化。小学教师普遍反映，新生入学后的适应困难主要集中在以下方面：时间观念淡薄、注意力不集中、缺乏任务意识、自理能力较弱、书包一团糟、经常丢三落四……

幼小衔接教育是大班的重点工作内容，也是大班教育教学的常规内容。大班戏剧主题活动"小学的约定"来源于幼儿感兴趣的热门话题和面临的现实问题，剧本故事由幼儿根据自己的想法、经历而产生，围绕"向往""准备""感恩"三幕展开，巧妙地将幼小衔接中的"入学心理准备""入学行为准备"等渗透于丰富多彩的活动中，帮助幼儿了解小学、树立时间观念、增强任务意识、提高自我服务能力、学会如何与老师和同学相处、适应集体生活……为幼儿顺利适应小学生活打好基础。

主题活动目标

1. 初步了解小学的环境设施、作息时间、活动内容等与幼儿园的不同,向往小学生活,愿意积极做好入学准备。

2. 知道常见学习用品的名称及用途,了解正确使用和爱护学习用品的方法,能有条理地整理自己的小书包。

3. 模拟小学生的学习、生活和活动,愿意面对和努力克服学习与生活中的困难,尝试合理安排时间,有一定的时间观念和任务意识。

4. 掌握一些与老师和同学相处的方法,学习自律和尊重他人。

5. 珍惜自己在幼儿园的生活经历,尝试用语言、绘画、表演等多种形式大胆表现自己即将毕业的感受和体会。

6. 用恰当的方式与老师、同伴、弟弟妹妹告别,表达对关心自己成长的老师、同伴、幼儿园、家长的感恩与祝福。

7. 知道自己就要毕业了,与老师、同伴共同策划、准备、举办毕业典礼,邀请爸爸妈妈参与,体验即将从幼儿园毕业这美好又难忘的时刻。

8. 积极参加剧本创作、节目编排与合作表演等活动,大胆发表自己的意见与想法,体验创造性表达与展示的快乐。

主题网络

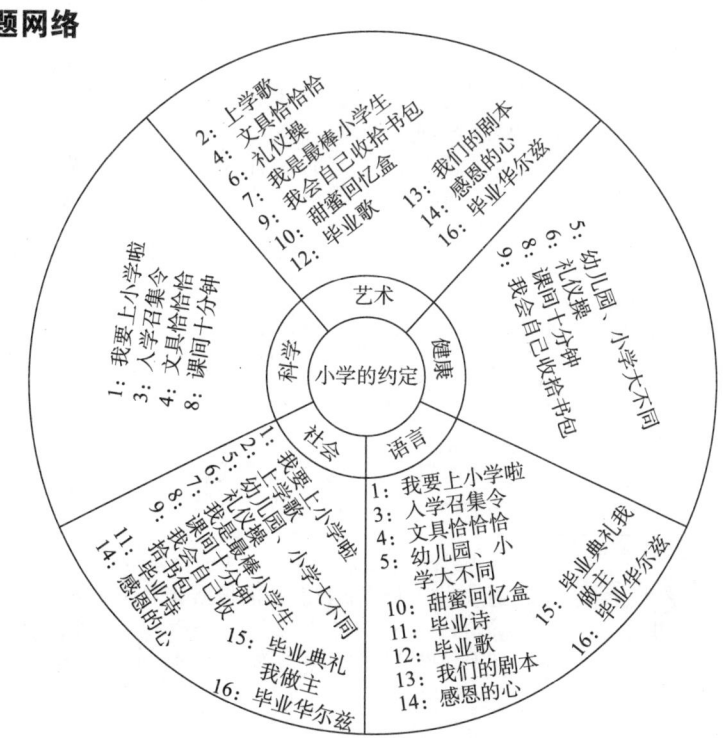

☞ 主要活动一览表

序号	活动名称	主要涉及领域	活动目标
1	我要上小学啦	社会、语言、科学	1. 了解幼儿园及家庭周围几所小学的名称,知道自己将要进入的小学的位置 2. 交流自己对小学的初步认识,提出想要进一步了解的关于小学的问题 3. 大胆表达自己的想法,萌发对小学生活的向往之情
2	上学歌	艺术、社会	1. 学唱歌曲,感受歌曲欢快的曲调 2. 会创编动作,有节奏地伴奏和演唱歌曲 3. 愿意表达学唱歌曲时的体验和感受
3	入学召集令	科学、语言	1. 初步熟悉、了解书包及常见文具用品的名称、特点与用途 2. 学习有序地观察,尝试用较连贯的语言介绍自己的书包、文具 3. 知道要爱惜书包、文具,激发向往上小学的情感
4	文具恰恰恰	艺术、语言、科学	1. 熟悉歌曲的结构和风格,感知歌曲的节奏特点和欢快情绪 2. 通过聆听、模唱、学唱等,学习用轻快的声音和动作表现前8句每一句句末的"恰恰恰" 3. 体验分角色合作演唱歌曲的快乐
5	幼儿园、小学大不同	社会、语言、健康	1. 熟悉小学环境,初步了解小学生的生活和学习情况 2. 找出小学与幼儿园不一样的地方,了解初入小学时会遇到的困难并尝试找出解决办法 3. 主动与老师、小学生沟通,增进对小学的认识
6	礼仪操	健康、艺术、社会	1. 学习礼仪操,熟悉动作组合和方位变化 2. 在儿歌和视频的帮助下,能合着歌谣的节奏做动作 3. 乐意参加韵律操活动,增进对基本礼仪的了解
7	我是最棒小学生	艺术、社会	1. 感知乐曲的旋律与结构,尝试表现小学生上、下课的情景 2. 迁移参观小学的经验,尝试根据乐曲中铃声、语言的提示创编动作 3. 激发争当最棒小学生的情感
8	课间十分钟	科学、社会、健康	1. 体验"十分钟"的长短,初步了解小学生课间十分钟的活动内容 2. 感知时间与活动的关系,尝试安排、调整自己的课间活动计划 3. 初步建立时间意识,增进对小学生生活的了解
9	我会自己收拾书包	艺术、社会、健康	1. 学唱歌曲,感受自己收拾书包的自豪和愉悦 2. 通过欣赏、操作、讨论等,能根据歌词有序、整齐地摆放书包里的物品 3. 知道整理书包要认真细致,养成自我服务的意识

续表

序号	活动名称	主要涉及领域	活动目标
10	甜蜜回忆盒	艺术、语言	1. 回忆在幼儿园三年的成长趣事,绘画三年里自己觉得最快乐的事 2. 尝试和小组同伴一起合作制作本组甜蜜回忆盒 3. 乐于交流、分享自己成长的快乐,激发对幼儿园生活的留恋与不舍
11	毕业诗	语言、社会	1. 学习朗诵诗歌,初步理解诗歌的内容及蕴含的情感 2. 通过分享交流、图片欣赏等,感受自己的进步与成长 3. 激发对老师、幼儿园的感激与依恋,增进做小学生的自豪感
12	毕业歌	艺术、语言	1. 学唱歌曲,了解歌曲 ABA 的曲式结构 2. 感受 A 段欢快、B 段抒情的特点,尝试用不同的情绪演唱不同的乐段 3. 体验对上小学的向往以及即将与老师、小朋友分别的离别之情
13	我们的剧本	语言、艺术	1. 结合自己的入学愿望、毕业感受和进行的活动,初步讨论确定戏剧表演框架 2. 与同伴协作进行剧本创作,用能理解的方式进行记录 3. 积极参与活动,乐于表达自己的想法和观点
14	感恩的心	艺术、社会、语言	1. 欣赏感恩卡的外形、图案和文字,尝试自己制作感恩卡 2. 运用画、剪、贴等多种方式,制作感恩卡 3. 知道自己的成长离不开很多人的关心与帮助,初步萌发感激之情、感恩之心
15	毕业典礼我做主	社会、语言	1. 知道毕业典礼是一个庄严与神圣的仪式,具有纪念和庆祝的意义 2. 积极参与毕业典礼方案的设计与策划,大胆发表自己的想法和观点 3. 体验即将成为小学生的自豪感,感受将与幼儿园、老师、同伴离别的依恋之情
16	毕业华尔兹	社会、语言、艺术	1. 明确自己承担的角色、表演任务及出场情况等 2. 与同伴分工合作,大胆展示自己对角色的理解和感受 3. 积极参与排练活动,乐意表达自己的情感

☞ 主题环境创设

1. 主题墙

以"小学的约定"为主题创设主题墙。主题墙以"向往入学""准备入学""感恩有你"为线索进行创设。

(1)"向往入学"版块:搜集、展示幼儿关于"我心目中的小学"的谈论、绘画作品有关小学的问题,并将幼儿通过参观小学、走访小学生和小学老师、与小朋友讨论得到的结果或发现以照片、文字、图画等方式展示出来。同时,搜集并呈现幼儿表现"向往入学"心情的表情、动作、语言等(可以以"照片+说明"的方式呈现)。

(2)"准备入学"版块:从心理准备和行动准备两个方面,展示幼儿参观、走访、购买书包和文具、模拟小学生学习和生活等活动的照片、图画及说明等。布置"进步周记",通过绘画或照片方式展示幼儿入学准备过程中新的进步与本领;布置"任务小明星",表扬及时完成任务的小朋友。

(3)"感恩有你"版块,主要展示以下内容:① 幼儿初入小班时的集体照、现在的集体合影或毕业照以及幼儿在园三年中的成长趣事;② 幼儿感恩与祝福老师、好朋友、家长的语言与行动;③ 幼儿关于毕业典礼的策划方案、幼儿创作的表演剧本、排演活动以及设计节目单、邀请函、表演海报等活动的内容。

2. 主题资源展示

(1)布置"小学生活展",展示小学的环境设施、作息时间以及师幼搜集的小学生校园活动的图书、资料、照片,营造上小学的氛围。

(2)布置"学习用品展",介绍每一种学习用品的名称、用途和使用方法。

(3)设立毕业倒计时牌,由值日生每天填写数字。

(4)将幼儿在主题活动中创作的作品分类整理,装订为《入学小问号》《我们在成长》《我们的一日安排》等,投放在阅读区。

3. 区域活动

区域名称	投放材料及指导要点
语言区	1. 提供有关毕业、入学、时间的图片、图书以及幼儿不同阶段的成长档案,开展阅读与分享活动 2. 提供书包、铅笔盒等,让幼儿介绍书包、铅笔盒、文具等的外形、用途、用法以及书包、铅笔盒上的故事等 3. 提供简单的文字图片、田字格本、铅笔、橡皮等,让幼儿开展前阅读、前书写活动

续表

区域名称	投放材料及指导要点
表演区	1. 创设小学情境,以"我是小学生"为主题,模拟表演小学生上课、课间活动、写作业等场景 2. 提供书包和文具用品的头饰,供幼儿用语言、动作等模拟书包和文具用品进行自我介绍 3. 提供大剧本以及《毕业诗》《毕业歌》《老师,再见了》等诗歌、歌曲等,供幼儿继续欣赏、学习、自主排演
美工区	1. 提供绘画材料,供幼儿绘画"心目中的小学""成长故事连环画""毕业宣传海报""离园纪念册""一日安排表"等 2. 提供多种形状的卡纸、废旧图书等多种美工材料,供幼儿自制博士帽、小眼镜、学习用品头饰或服饰等表演道具以及送给朋友、幼儿园的祝福卡、小礼物等
益智区	1. 提供钟表及操作练习单,让幼儿进一步认识整点、半点 2. 提供各种笔,供幼儿进行拆装 3. 提供幼儿不同时期的照片、物品等,让幼儿进行分类、辨认、匹配等活动 4. 提供一些汉字卡片,让幼儿从中找出自己和好朋友的姓名,尝试将班上的小朋友按姓分类 5. 提供数学题若干,让幼儿尝试记录,寻找相应的电话号码
生活区	1. 在《离园纪念册》上互留家庭电话号码 2. 提供学习用品,让幼儿根据需要选用,并学习分类整理 3. 开展整理小书包活动
建构区	提供各种积木、辅助材料,供幼儿拼插搭建"小学"场景

 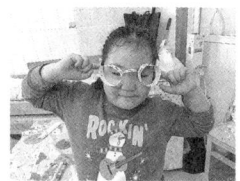  

美术区 建筑区

益智区

生活区

☞ 家园共育

1. 通过家长会、家长园地、网站、QQ群等发放"致家长一封信""幼小衔接调查表",简介本主题实施的目的及思路。请家长帮忙搜集有关入学准备方面的图书、磁带等,征询家长有关幼小衔接的意见、建议。

2. 邀请有经验的小学校长、教师入园开展"幼小衔接"专题讲座,向家长介绍孩子入小学前应做的准备工作,培养孩子良好的生活、学习习惯,帮助孩子增强时间观念、任务意识等。

3. 教师创设与戏剧主题相关的教育环境,有计划地开展集体教学活动和与戏剧相关的区域游戏活动,及时向家长通报主题活动进展情况。请家长根据入学准备和班级开展戏剧主题的需要,带幼儿一起选购书包、文具,了解每一种学习用品的名称、用途和使用方法;熟悉要上学的学校的环境和设施;鼓励幼儿与邻居、亲戚家的小学生交流关于学校的新鲜事;指导幼儿在家中制订自己的作息时间表,学习按时进行各项活动;和幼儿一起回忆从小班到大班印象深刻的趣事,收集相关图片、影像资料;对幼儿园开展的各种形式的毕业活动予以配合,如参观小学、拍毕业照、毕业典礼等;帮助幼儿做好角色选择、服饰制作、表演等准备工作。

☞ 主要教学活动方案

活动一 我要上小学啦

活动目标

1. 了解幼儿园及家庭周围几所小学的名称,知道自己将要进入的小学的位置。
2. 交流自己对小学的初步认识,提出想要进一步了解的有关小学的问题。
3. 大胆表达自己的想法,萌发对小学生活的向往之情。

活动准备

1. 幼儿园周围几所小学的PPT。
2. 幼儿准备一张自己与将要进入的小学的合影。
3. 问题记录单、纸、笔。
4. 挂历一本。

活动过程

1. 回忆近期话题,激发活动兴趣。

指导语: 最近,经常听你们说起"小学",你们都说些什么呀?

2. 欣赏 PPT,了解周围的几所小学。

指导语: 这是什么地方?这是什么小学?你是怎么知道的?(引导幼儿观察校门、校服等,发现学校的名字)

你还知道哪些小学?在哪里?

师幼共同小结: 在我们幼儿园附近,有几所小学。离幼儿园最近的是××小学,它在……;还有××小学,它在……(结合"百度地图"小结)

3. 结合照片谈论自己将要进入的小学,分享将要成为小学生的愉快心情。

指导语: 你将要上哪一所小学?在哪里?你喜欢这所小学吗?为什么?请你与旁边的小朋友说一说、谈一谈。(自由交流)

你将要上哪一所小学?在哪里?你喜欢这所小学吗?为什么?(请个别幼儿说一说)

还有哪些小朋友也要上这所小学?为什么?

谁要上的小学与他们不一样?是什么小学?在哪里?感觉怎么样?

小结: 大家都说了自己将要上的小学,有……有……有……(教师边说边在黑板上写上小学的名称)

4. 按小学将照片分类,统计同学人数和姓名。

指导语: 请小朋友们将照片送到自己要上的小学校名的后面。

我们一起来看一看,哪些小朋友将要进入同一所学校?

在我们班上,进入哪一所小学的同学最多?是多少?其次呢?然后呢?

5. 提出想要了解的新问题,在问题记录单上进行记录。

指导语: 关于小学,你们还知道些什么?

关于小学,你们还想了解一些什么?请小朋友们把自己的问题记录下来。(引导幼儿从校园环境、小学生的生活与活动等方面提出问题)

6. 激发进一步了解小学生活的兴趣。

指导语: 小朋友们提出了哪些问题?有什么办法找出这些问题的答案?

我们参观小学、和小学的老师同学在一起时,请大家带着自己的问题去看一看、找一找、问一问。

活动二　上学歌

活动目标

1. 学唱歌曲,感受歌曲欢快的曲调。
2. 会创编动作,有节奏地伴奏和演唱歌曲。
3. 愿意表达学唱歌曲时的体验和感受。

活动准备

教学图片。

活动过程

1. 欣赏图片,导入活动。

指导语: 这是谁?他们准备干什么?心情怎么样?

上学途中,他们遇到了什么事?

2. 欣赏歌曲,补充画面。

指导语: 有一首歌曲唱的就是关于小朋友上学校的事,请你们仔细听一听,歌曲中唱了什么?(教师范唱歌曲后,随幼儿回答出示相应内容的图片)

太阳、花儿、小鸟是怎么做的?(教师再次范唱)

小鸟是怎么问小朋友的?小朋友又是怎么回答的?(再次范唱)

这首歌是《上学歌》,我们一起看着图片跟着音乐说一说歌词。

3. 尝试伴奏,感受歌曲的欢快曲调。

指导语: 这首歌听起来有什么感觉?唱歌的时候心情怎么样?我们可以用什么身体动作表达上学的愉快心情?(引导幼儿有节奏地用拍手、拍肩等动作表示)

请小朋友轻轻用身体动作为老师的演唱伴奏。(2—3遍)

除了用身体动作伴奏,我们还可以用"啦"来哼唱歌曲。

4. 借助图片,完整学唱。

指导语: 请小朋友跟着琴声,一起唱一唱这首歌曲。

你们觉得哪里有困难?谁来帮帮他?需要老师范唱吗?(鼓励幼儿正确评价自己的学习情况,敢于面对并积极解决学习中的困难)

我们再来唱一唱这首歌。

5. 创编动作,演唱歌曲。

指导语: 小朋友们,在唱这首《上学歌》时,我们可以加上哪些动作来帮助我们表达愉快的心情呢?

唱"太阳天空照,花儿对我笑"时,我们可以做什么动作?唱"小鸟说:早早早,你为什么背上小书包"时呢?……(引导幼儿根据歌词,逐句创编动作)

请大家起立,找一个空地方,边唱边表演。

附

【歌曲】

上 学 歌

1=C 2/4

中速 欢快地

北京市小学唱歌教研组集体 词曲

1 2 3 1	5 —	6 6 i 6	5 —
太 阳 当 空	照,	花 儿 对 我	笑,
我 去 上 学	校,	天 天 不 迟	到,

| 6 6 i | 5 6 3 | 6 5 3 5 | 3 1 2 3 | 1 — ‖
| 小 鸟 说: | "早 早 早, | 你 为 什 么 | 背 上 小 书 | 包?" |
| 爱 学 习, | 爱 劳 动, | 长 大 要 为 | 人 民 立 功 | 劳。 |

活动三 入学召集令

活动目标

1. 初步熟悉、了解书包及常见文具用品的名称、特点与用途。
2. 学习有序地观察,尝试用较连贯的语言介绍自己的书包、文具。
3. 知道要爱惜书包、文具,激发向往上小学的情感。

活动准备

1. 书包、文具的实物、图片。
2. 写字姿势图。

活动过程

1. 结合实际,谈论入学准备。

指导语:小朋友就要上小学了,你们都做了哪些准备呢?(幼儿自由谈论)

2. 观察书包，了解其特点及用途。

指导语：今天小朋友们都背来了自己的小书包，是谁为你们准备的？

你们的书包是什么样子的？外形、颜色、大小都是一样的吗？如果书包的外形、颜色、大小都一样，我们该怎样识别呢？

书包的前面是什么样子的？后面呢？侧面有什么？

打开书包，里面是什么样子的？

书包有什么用？为什么小学生要背书包上学？

书包里可以放些什么？哪些东西是我们上学时必须带的？为什么？

书本和文具放哪里？水杯放哪里？……

小结：书包是小学生的好朋友，里面放的是我们的书本、文具和水杯等用品，我们上学离不开它们。

3. 观察铅笔盒等文具，了解其特点及用途。

指导语：请小朋友拿出铅笔盒，看看它是什么样子的。（引导幼儿从外形、颜色、大小、厚薄、材料等方面进行观察）

打开铅笔盒，里面是什么样子的？

铅笔盒有什么用？为什么小学生要带铅笔盒上学？

你的铅笔盒里有什么？

你的铅笔（橡皮、尺子……）是什么样子的？它有什么用？

你会使用这些文具吗？怎么用？（个别幼儿示范）

我们在用铅笔写字和画画时要注意些什么？我们一起来试一试。（学习儿歌："学写字，要牢记，头正肩平脚着地。眼离书本有 尺，胸离卓边有一拳，手离笔尖要一寸。大指二指对齐捏，三指在下来托起，四指五指往里卷，笔杆离开虎口处，拳心要空腕用力，大家一起学写字。"）

小结：铅笔盒是小学生的好朋友，里面放的是我们学习要用到的文具，我们上学离不开它。写字时我们要注意保持正确的姿势。

4. 讨论爱护书包、文具的方法。

指导语：书包、文具是我们学习的好伙伴，上小学后，我们每天都要用到它们。大家应该怎样爱护它们呢？

活动四　文具恰恰恰

活动目标

1. 熟悉歌曲的结构和风格，感知歌曲的节奏特点和欢快情绪。

2. 通过聆听、模唱、学唱等,学习用轻快的声音和动作表现前8句每一句句末的"恰恰恰"。

3. 体验分角色合作演唱歌曲的快乐。

活动准备

1. 经验准备。

幼儿对文具的外形与用途有初步的了解。

2. 物质准备。

（1）图谱一张。

（2）音乐。

活动过程

1. 欣赏歌曲,感知乐曲结构。

指导语:今天,我带来了一首歌曲,里面唱了些什么呢?请大家仔细听一听。(范唱歌曲,在每句句末"恰恰恰"处加上肢体语言)

听了这首歌曲,你有什么感觉?歌曲有什么特别的地方?

"恰恰恰"是不是从歌曲的开始到结束一直都有?(再次范唱歌曲,在每句句末"恰恰恰"处加上肢体语言)

"恰恰恰"出现了几次?出现在哪里?(再次范唱歌曲,在每句句末"恰恰恰"处加上肢体语言)

我是怎样念"恰恰恰"的?(再次范唱歌曲,范唱后引导幼儿学习用断音的方式演唱"恰恰恰")

小结:这首歌曲叫《文具恰恰恰》,听起来很欢快,前面8句每句的句末都有念"恰恰恰",后面4段没有。演唱"恰恰恰"时,声音要轻巧、有弹性。

2. 熟悉图谱,尝试用身体动作演奏。

指导语:这是《文具恰恰恰》的图谱,图谱上画了什么?

我们一起看着图谱,用拍手的方式来试着打一打节奏。(教师指图,带幼儿看图按节奏练习数遍)

除了拍手,还可以用什么方式演奏?我们来试一试。(引导幼儿做跺脚、拍肩等动作)

我来演唱歌曲,在"恰恰恰"处请小朋友们用动作为我伴奏。

我来演唱歌曲,在"恰恰恰"处请小朋友们同时加上动作和声音。

3. 了解"叫卖歌",尝试合作演唱。

指导语:这是一首"叫卖歌"。里面叫卖的是什么呀?

人们是怎样叫卖它们的?

我们一起试着来唱一唱这首歌。

在唱这首歌时,大家有什么困难?需要什么帮助?

现在,老师先唱前八句叫卖文具的歌词,你们唱句尾的"恰恰恰",最后四句大家一起唱。

我们交换一下,再来合作演唱这首《木瓜恰恰恰》。(可视情况让幼儿分成两组演唱歌曲,一组唱歌词,另一组唱"恰恰恰")

4. 交流学唱感受,激发编唱兴趣。

指导语: 在合作演唱时,大家有什么感受?这首叫卖歌曲叫卖的是文具,我们还可以把什么编进去唱呢?大家回家后可以和爸爸妈妈一起编一编、唱一唱。

附

【歌曲】

文具恰恰恰

曲选自《木瓜恰恰恰》
阿里戛尔索 曲
石 幼 填词

1=F 4/4

小铅笔呀细呀细又长,(恰恰恰)写字画画来呀来帮忙。(恰恰恰)小橡皮呀真呀真神奇,(恰恰恰)擦去错误有呀有魔力。(恰恰恰)小直尺呀直呀直又长,(恰恰恰)画线测量要呀要用上。(恰恰恰)铅笔盒是文具们的家,(恰恰恰)铅笔盒是文具们的

```
1 - 0 1 | 6 4 5 6 7 6 | 5 3 4 5 6 5 |
    (X X X)
家。 (恰 恰 恰)    小铅  笔、小橡  皮、 小直 尺、铅笔 盒，

4 2 3 4 3 4 | 5 - 0 1 | 6 4 5 6 7 6 |
学习  的好帮      手。    嗨！快来 吧、快来 吧、

5 3 4 5 6 5 | 4 2 3 4 3 2 | 1 - 0 5 5 |
快来 吧、快来 吧， 再不  来就没      啦。
```

活动五　幼儿园、小学大不同

活动目标

1. 熟悉小学环境，初步了解小学生的生活和学习情况。

2. 找出小学与幼儿园不一样的地方，了解初入小学时会遇到的困难并尝试找出解决办法。

3. 主动与老师、小学生沟通，增进对小学的认识。

活动准备

1. 与拟参观的小学联系，确定参观的时间、内容以及当天的活动安排，并通知每一位大班的教师、家长和幼儿。

2. 教师已对幼儿入小学的疑问做好记录、统计、汇总。

3. 照相机。

活动过程

1. 参观前谈话。

（1）交流关于小学的经验和问题。

指导语：大家去过小学吗？在你们心中，小学是什么样子的？

小朋友们提出了很多关于小学的问题，这是一张统计表。我们一起来看一看，大家想了解小学的哪些情况呢？

(2) 了解参观小学的任务与要求。

指导语:今天,我们要去参观××小学,和小学里的哥哥姐姐们一起参加升旗仪式,和一年级的哥哥姐姐们一起上课,还要参观他们的教室、操场、环境。请小朋友们仔细地看一看,小学生们是怎样参加升旗仪式的?是怎样上课的?下课后又做了些什么?小学的环境、小学生的活动又与幼儿园有什么不同?大家还想知道什么,可以下课后主动找哥哥姐姐去问一问。

2. 参观小学。

(1) 集中参观:观看升旗仪式。

(2) 分班参观:参观校园环境、小学生上课、课间十分钟等情况。

(3) 自由交谈:与小学生交谈,了解关心的问题。

3. 参观后交流。

指导语:小学与幼儿园有什么不同?

小学的教室(操场、环境)与幼儿园有什么不同?

小学的升旗、做操、上课与幼儿园有什么不同?

小学生是怎样上课的?下课后做了些什么?

……

活动延伸

1. 绘画参观感受,布置"幼儿园、小学大不同"画展。

2. 创设情景,模仿小学生上课。

活动六 礼仪操

活动目标

1. 学习礼仪操,熟悉动作组合和方位变化。

2. 在儿歌和视频的帮助下,能合着歌谣的旋律做动作。

3. 乐意参加韵律操活动,增进对基本礼仪的了解。

活动准备

1. 经验准备。

幼儿对儿歌内容有初步的了解。

2. 物质准备。

(1) 礼仪操视频、音乐。

(2) 礼仪操动作图谱(分散摆放在活动室四周)。

活动过程

1. 准备部分。

在教师的带领下有序地活动身体的各个部位。顺序为：头部运动——上肢运动——体侧运动——腹背运动——跳跃运动——整理运动。

2. 基本部分。

（1）情景导入。

指导语：今天，老师要为大家表演几个动作。你们能猜出我这是在干什么吗？（教师可表演鞠躬、摆手等动作）

我做了哪些动作？它们可能是什么意思？如果我表演的是文明礼仪的内容，又可能说的是什么呢？

（2）欣赏儿歌《礼仪操》。

指导语：大家还记得我们听过的儿歌《礼仪操》吗？里面都说了些什么呀？我们再来听一听。会说的小朋友可以跟着说一说。

（3）借助动作图谱学习基本动作。

指导语：这里有一组动作图谱，请大家自由地去看一看、学一学，每一张图谱都要去学一学。（分散练习，同时播放《礼仪操》）

大家看到了哪些动作？谁来学给大家看一看？这个动作表示什么意思？

还有什么动作？又表示什么意思？（展示每一种动作）

你最喜欢哪个动作？大家也来试一试。

你觉得哪个动作有点难？谁会做这个动作？大家都来试一试。

请几个小朋友将这些图谱按儿歌内容排成一排。（幼儿操作的同时，播放《礼仪操》）

他们排得对不对？怎样确定是否正确？我们一起来检查一下。（跟着《礼仪操》检查，如有出入，请小朋友进行调整）

《礼仪操》一共有几个动作？每个动作做了几遍？做同样的动作时有什么变化？我们看着图谱，跟着儿歌试着做一做"礼仪操"。

（4）欣赏《礼仪操》视频，完整练习。

指导语：这里有一段视频，我们一起看一看吧。

让我们跟着视频一起来做礼仪操吧！

3. 放松活动：结冰游戏。

指导语：我说"一人结冰"，每个人站好不动；我说"两人结冰"，两个人抱紧站好不动。看谁最快找到朋友。

附

【歌曲】

礼 仪 操

1=F 2/4

佚 名 词曲

| 3. 3 3 3 | 1 2 3 | 2 7 1 | 2 - | 1. 1 1 1 | 6 7 1 |
| 啦 啦 啦 啦，| 小 朋 友 | 学 礼 | 仪， | 啦 啦 啦 啦， | 站 坐 行 |

| 7 6 7 | 5 - | 3. 3 3 3 | 1 2 3 | 2 7 1 | 2 - |
| 懂 规 矩。| | 啦 啦 啦 啦 | 小 朋 友 | 学 礼 | 仪， |

| 1. 1 1 1 | 6 7 1 | 5 3 2 | 1 - ‖ 3 4 | 5. 1 |
| 啦 啦 啦 啦，| 礼 貌 语 | 常 用 起。| 对 不 | 起， |

| 6 6 | 5 - | 1 2 | 3. 5 | 4 3 | 2 - |
| 没 关 系， | | 谢 谢 你， | | 不 客 气。| |

| 3. 4 | 5. 1 | 4 3 2 3 | 6 - | 7. 1 | 2. 4 |
| 讲 规 则， | | 守 秩 序， | | 敬 尊 长， | |

| 4 3 2 3 | 1 - ‖ 3. 3 3 3 | 1 2 3 | 2 7 1 | 2 - |
| 明 事 理。| 啦 啦 啦 啦， | 小 朋 友 | 学 礼 | 仪， |

| 1. 1 1 1 | 6 7 1 | 7 6 7 | 5 - | 3. 3 3 3 | 1 2 3 |
| 啦 啦 啦 啦， | 站 坐 行 | 懂 规 矩。| | 啦 啦 啦 啦， | 小 朋 友 |

| 2 7 1 | 2 - | 1. 1 1 1 | 6 7 1 | 5 - | 2 3 | 1 - ‖
| 学 礼 仪， | | 啦 啦 啦 啦， | 礼 貌 语 常 | 用 | 起。 | |

【动作建议】

前奏:立正做好准备。

"啦啦啦啦,小朋友学礼仪":手臂上举分别朝左右方向做招手状,双手重叠放在腹部做弯腰状。

"啦啦啦啦,站坐行懂规矩":手臂上举分别朝左右方向做招手状,双手重叠放在胸前做抱臂状。

"啦啦啦啦,小朋友学礼仪":同第一句。

"啦啦啦啦,礼貌语常用起":同第一句。

"对不起,没关系":幼儿两两结伴面对面。幼1,右手放耳边做倾听状,左手伸直放身体侧面;幼2,双手置于胸前交叉挥动,并扭胯。

"谢谢你,不客气":幼1,双手重叠放在腹部做弯腰状;幼2,双手置于胸前交叉挥动,并扭胯。

"讲规则,守秩序,敬尊长,明事理":左手叉腰,右手打开后放于腰部,掌心向前;同时右脚打开,脚跟旁点地;左右手交替进行四个来回。

"对不起,没关系——讲规则,守秩序,敬尊长,明事理":重复前三句动作。

"啦啦啦啦,小朋友学礼仪——啦啦啦啦,礼貌语常用起":重复开头四句动作。

活动七 我是最棒小学生

活动目标

1. 感知乐曲的旋律与结构,尝试表现小学生上、下课的情景。
2. 迁移参观小学的经验,尝试根据乐曲中铃声、语言的提示创编动作。
3. 激发争当最棒小学生的情感。

活动准备

1. 经验准备。

参观过小学并进行过相关讨论。

2. 物质准备。

(1) 音乐《我是最棒小学生》。

(2) PPT(进教室、预备上课、上课、下课)。

活动过程

1. 交流经验,导入活动。

指导语:前一段时间,我们参观了××小学。小学生是怎样上课、下课的?上课的时候,他们是怎么做的？下课的时候，又是怎么做的？

小学生是怎么知道上课、下课的？

2. 欣赏乐曲，观察图片。

指导语：有一首乐曲，说的就是学生学习的故事。我们来听一听，乐曲中说了小学生在干些什么？（播放乐曲）

你从乐曲中听到了什么？乐曲中说了什么？铃声出现了几次？（再次欣赏乐曲）

说了什么？铃声出现了几次？分别表示什么意思？（引导幼儿知道第一次铃声为预备铃，第二次铃声为上课铃，第三次铃声为下课铃；两次语言提示分别为"老师开始上课了"和"同学们，下课了"）

乐曲一共有几段？每一段表示小学生在干什么？（借助PPT，帮幼儿梳理提升：走进教室—预备上课—上课—下课）

3. 创编动作，随乐表现。

指导语：上课前，走进教室时，小学生应该怎么做？我们可以用什么动作来表示？

听到预备铃时，小学生应该做什么？可以用什么动作来表示？

听到上课铃时，小学生应该做什么？可以用什么动作来表示？

听到下课铃时，小学生应该做什么？可以用什么动作来表示？

我们一起听着音乐，试着将小学生走进教室—预备上课—上课—下课的过程练一练。（集体完整练习数遍，幼儿在座位上练习，熟悉动作后，可加入空间移动练习。前奏时幼儿四散站立，第一段音乐时再走回座位坐下）

4. 创设情境，分组表演。

指导语：现在，我们要布置一个小学教室的场景，请小学生们到前面来分组表演。（模拟小学桌椅摆放方式，布置一组座位）

哪一组小朋友想先来表演？大家觉得他们表演得怎么样？像不像最棒的小学生？（逐组轮流表演，相互评价）

5. 欣赏歌曲，拓展兴趣。

指导语：今天，我们欣赏的这首乐曲是《我是最棒小学生》，我们一起来听一听。（欣赏歌曲）

小朋友们马上就要上小学了，大家想不想成为最棒小学生？大家可以在表演区继续学唱歌曲，模仿小学生上课、下课。

附

【歌曲】

我是最棒小学生

申　琳　曲
周玉婷　申琳　词

$1=C$ $\dfrac{2}{4}$

5 5 3　5	5 5 3 3 5	5 5 3　5	5 5 3　5	5 5 5 3 5 2
进　教　室	脚　步　轻	不打骂　来	不　起　哄	干干净净美　心
讲　卫　生	讲　文　明	不扔纸　来	互　提　醒	
什　么　铃	叮　铃　铃	预备铃	叮　铃　铃	我的歌声最　动
快　坐　端	书　放　平	把歌唱	心　放　静	

1. 2 1	5 5 3 3 5 3 2 3	1. 2 1	5 5 5 3 2 3	1. 2 1 ‖
灵				(上课)
听				

$1=C$ $\dfrac{4}{4}$

5　5 6 5　3	5　5 6 5　－	5　5 6 5　3	5　1 3 2　－
课　堂　上	专　心　听	多　思　考	不　乱　动

3　3 5　3	1　1 3 2　－	3　3 5　3	1　1 3 2 1
老　师　说	我　不　抢	老　师　问	我　才　讲

5　5 6　5	1　6 5　－	5 5 5 3 1 2	1　－ ‖
回　答　问题　我　第　一		知识记在咱心里	

```
1=C 2/4

5 5 3   5  | 5 5 3 3  5  | 5 5 3    5  | 5 5 3   5  |
下 课 铃       叮 铃 铃       老 师 走       我 再 动
爱 游 戏       爱 活 动       不 打 闹       讲 文 明

5 5 3 3 5 2 | 1. 2 1      | 5 5 3 3 5 3 2 3 | 1. 2 1      ||
                            欢 欢 喜 喜 十 分    钟              我 是 最 棒 小   学    生
```

活动八 课间十分钟

活动目标

1. 体验"十分钟"的长短,初步了解小学生课间十分钟的活动内容。

2. 感知时间与活动的关系,尝试安排、调整自己的课间活动计划。

3. 初步建立时间观念,增进对小学生生活的了解。

活动准备

1. 经验准备。

幼儿参观过小学,对小学生活及课间十分钟的活动有初步了解。

2. 物质准备。

(1) 小学场景:贴上男、女标记的厕所,桌子,游戏材料(皮球、跳绳、拼图等)。

(2) 小学生课间十分钟活动照片。

(3) 音乐《哦,十分钟》。

活动过程

1. 理解"课间"的意思。

指导语: 前几天,我们参观了小学,发现了小学与幼儿园有一些不同之处。有哪些不同呢?

小学的厕所和幼儿园有什么不同?

小学生上课的时候和我们一样吗?有什么不一样?

小结: 小学生每天上午要上四节不同的课,每节课都是四十五分钟,每上完一节课就有十分钟的休息时间,这十分钟就是下课时间。学校里会有铃声或音乐提醒大家上课和下课。

2. 回忆小学生课间十分钟的活动内容。

指导语: 参观小学时,大家看到小学生们在下课的十分钟里都做了些什么?(引导幼儿回忆)

小结：课间十分钟,小学生们会上厕所、喝水、准备下一节课的书、休息、做游戏……

3. 尝试安排"课间十分钟"的活动。

指导语：如果你是小学生,你想在课间十分钟做些什么呢?

现在,请小朋友模仿小学生开展课间活动。铃声响时,大家开始活动;铃声停时,大家结束活动,回到座位。

课间十分钟里,你们都做了些什么?（请幼儿互相交流自己课间十分钟的活动,鼓励幼儿主动了解同伴课间十分钟的安排）

你计划进行的活动都完成了吗?完成了哪些活动?哪些活动没来得及完成?（通过提问帮助幼儿小结模拟活动的情况,使其感受内容与时间的关系,发现调整计划的必要）

4. 讨论调整"课间十分钟"的活动计划。

指导语：为什么要安排课间十分钟?

"课间十分钟"必须进行的活动有哪些?为什么?

"课间十分钟"做什么内容的游戏合适?为什么?

怎样安排"课间十分钟"的活动更合适?

小结：课间十分钟,我们首先要解决如厕、喝水和学习上的事,如果有时间再和同伴游戏,玩游戏时要注意安全。

5. 在《哦,十分钟》的歌曲中再次模拟实践。

附

【歌曲】

哦,十分钟

$1=\flat B$ $\frac{4}{4}$

轻快、活泼

陈镒康 词
范真真 曲

0 3 4 | 5 3 3 1 1 3 3 5 | 5 4 4 3 4 0 0 2 3 | 4 2 2 7 7 2 2 4 |

听那 叮铃 铃的 下课 铃声 送来 十分钟, 来吧, 来吧,来吧,大家都来
(听那) 叮铃 铃的 下课 铃声 送来 十分钟, 来吧, 来吧,来吧,大家都来

3 2 3 4 5 0 | 0 3 4 | 5 3 3 1 1 3 3 5 | 4 4 4 4 5 6 0 | 0 5 6 |

轻松 轻松, 让 我们 那疲 劳的 眼睛 看一看蓝 天, 让
活动 活动, 让 我们 那握 笔的 手指 摸一摸皮 球, 让

[乐谱略]

活动九 我会自己收拾书包

活动目标

1. 学唱歌曲,感受自己收拾书包的自豪和愉悦。

2. 通过欣赏、操作、讨论等,能根据歌词有序、整齐地摆放书包里的物品。

3. 知道整理书包要认真细致,养成自我服务的意识。

活动准备

1. 音乐《我会自己收拾书包》。

2. 书包每人一个。

3. 每人一套图片或实物:小衣服、小毛巾、小水壶、文具、书本。

活动过程

1. 谈话,导入活动。

指导语：小学生每天上学必须带什么？书包里会有些什么呢？小学生的书包应该由谁收拾整理？你们会自己收拾书包吗？

2. 欣赏歌曲，理解歌曲的主要内容。

指导语：有一首歌曲，叫《我会自己收拾书包》。歌里唱了些什么呢？我们来听一听。（范唱歌曲）

这位小学生的书包里都有些什么？（再次范唱歌曲，范唱后随幼儿的回答出示相应物品）

歌曲中的小学生是怎样收拾整理书包的？他先收拾什么？然后呢？（再次范唱歌曲，在问答中帮助幼儿归类，如生活用品、学习用品等）

3. 尝试随歌曲整理收拾书包。

指导语：我们的桌上有什么呀？我们一边听着歌曲，一边把这些物品收拾进自己的小书包吧。（幼儿欣赏歌曲、整理书包，教师注意观察幼儿的整理情况）

你们的小衣服、小毛巾、小水壶、文具、书本都放进书包了吗？放在哪里了？怎样才能将书包里的物品放整齐？我们听着歌曲，再来试一试。

有的小朋友收拾书包时特别有序、整齐，我们一起来看一看。你是怎么收拾的？为什么这么做？（请个别幼儿介绍）

他这样收拾好不好？为什么？整理书包时我们要注意些什么？

4. 完整演唱歌曲。

指导语：小朋友已经学会自己收拾书包了。我们一起来完整地唱一唱这首歌曲。

你们会唱这首歌曲了吗？哪里有困难？打算怎么解决？我们再来唱一唱。

5. 增加文具和书本，探讨又轻又快整理好文具、书本的方法。

指导语：我们以后去上小学的时候，书包里的物品会更多。整理时，我们不仅要检查一下要带的东西是不是带全了，还要爱护好书包里的这些东西。这里还有一些书本文具，可以怎样把他们收拾进书包？（讨论后，请个别幼儿尝试）

小结：整理书包时，我们要认真、细致、轻拿轻放。可以将大书放下面，作业本放大书上面；各种文具要有序整齐地放入文具盒中，文具盒放本子上面；晚上整理书包要按第二天的课程表来进行。

附

【歌曲】

我会自己收拾书包

1 = E 2/4

佚 名 词曲

| 3　3 3 | 3　3 3 | 3　1 2 | 3　-　| 5　5　| 3　1 | 3　2 1 | 2 - |

叮　铃铃，叮　铃铃，放　学　了，　快　来　收　拾　小　书　包。

| 1　3 3 | 1　4 4 | 4　5　| 6　-　| 6　5　| 4　3 | 3 4　3 2 | 1 - |

小　衣服，小　毛巾，小　水　壶，　文　具　书　本　要　放　好。

| 3　3 3 | 3　3 0 | 3　1 2 | 3　-　| 5　5　| 3　1 | 3　2 1 | 2 - |

数　一数，数　一数　看一　看，　东　西　一　样　都　别　少，

| 1　1 | 3　| 4　5　| 6　-　| 6　5　| 4　3 | 3 4　3 2 | 1 - ‖

背　上　书　包　回　家　去，　一　路　蹦　蹦　又　跳　跳。

活动十　甜蜜回忆盒

活动目标

1. 回忆在幼儿园三年的成长趣事，绘画三年里自己觉得最快乐的事。
2. 尝试和小组同伴一起合作制作本组甜蜜回忆盒。

3. 乐于交流、分享自己成长的快乐,激发对幼儿园生活的留恋与不舍。

活动准备

1. 幼儿在园三年中不同时期的物品和照片,并布置成展板。
2. 纸盒(每组1个)、彩色绘画纸、勾线笔、油画棒、双面胶。
3. 教师制作的"甜蜜回忆盒"(可包括学习、生活、游戏、郊游、锻炼等不同内容)。

活动过程

1. 欣赏展板,谈论在园三年的甜蜜故事。

指导语:小朋友们在幼儿园生活了三年,马上就要毕业了。这几天,大家带来了不少物品和照片,请小朋友自由地去看一看、说一说有哪些实物,是你多大时用的,照片是什么时候拍的,说的是什么故事。(幼儿自由欣赏、交流)

大家看到了哪些物品和照片?这些物品和照片让你想到了什么?

2. 欣赏教师的"甜蜜回忆盒"。

指导语:三年了,小朋友给老师带来了很多的快乐。这是我的"甜蜜回忆盒",一共有几个面?每个面都贴有一张我觉得和你们在一起时的甜蜜故事。请小朋友一起看一看。

这是我们在干什么?我为什么觉得很甜蜜?我们的表情和动作是什么样子的?(引导幼儿逐幅欣赏)

3. 明确制作"甜蜜回忆盒"的任务和方法。

指导语:三年里,你们感到最甜蜜的事是什么?请你跟旁边的小朋友说一说。

在我们的桌上,都有哪些材料?请小朋友们6个人一组,每人选择一张彩纸,把自己心中感觉最甜蜜的故事画下来,然后贴在纸盒上。

4. 幼儿绘画,教师巡回指导。

> 指导重点:提醒幼儿绘画的主体要突出,觉得困难时可参考照片或实物;将绘画作品贴到纸盒上时要注意观察大小的匹配等。

5. 展示交流,激发对幼儿园生活的留恋与不舍。

指导语:小朋友就要离开幼儿园升入小学了,你们的心情怎么样?

这是我们每一组的甜蜜回忆盒,都画了哪些甜蜜故事呢?我们来看一看、听一听。(请部分小组为大家介绍)

幼儿园给小朋友留下了这么多甜蜜的回忆,怎样装饰盒子才能更好地表现自己的"甜蜜"感觉呢?小朋友可以在美工区继续装饰我们的"甜蜜回忆盒"。

活动十一 毕业诗

活动目标

1. 学习朗诵诗歌,初步理解诗歌的内容及蕴含的情感。

2. 通过分享交流、欣赏图片等,感受自己的进步与成长。

3. 激发对老师、幼儿园的感激与依恋,增进做小学生的自豪感。

活动准备

1. 甜蜜回忆盒。

2. 分年龄段展示幼儿在园三年中不同时期的物品和照片。

3. 体现诗歌内容的PPT(和老师、同伴开心在一起的小朋友、戴红领巾的小学生、脸上带泥的小朋友、洗衣服的小朋友、与老师再见的小朋友)。

4. 抒情的音乐。

活动过程

1. 欣赏甜蜜回忆盒,回忆幼儿园生活。

指导语: 这是小朋友们创作的甜蜜回忆盒,有的小朋友已经介绍了自己在幼儿园生活的甜蜜故事。有……有……有……还有什么故事呢?谁愿意给大家介绍介绍?

2. 结合实物和照片,感受自己的成长与进步。

指导语: 小朋友们在幼儿园学习、生活了三年,你们觉得自己在哪些方面长大了、进步了?(引导幼儿结合实物和照片进行交流和分享)

看到自己的成长与进步,你们的心情怎么样?

3. 欣赏诗歌,理解诗歌的内容与情感。

指导语: 有一位小朋友和你们一样,马上也要从幼儿园毕业了,他把自己的感受编进了一首诗歌中,这首诗歌叫《毕业诗》。我们一起来听一听。(集体欣赏《毕业诗》)

小朋友是对谁朗诵这首诗歌的?说了什么?心情怎样?

诗歌里还说了些什么?是怎么说的呢?(再次欣赏《毕业诗》,欣赏后提问,并借助课件帮助幼儿理解、记忆诗歌内容)

4. 学习朗诵诗歌,尝试反思学习困难并寻求帮助。

指导语: 再过几天,我们也要毕业了。你们想不想学说这首诗歌?请小朋友跟着老师一起来学一学、念一念。

你们会念这首诗歌了吗?哪里有困难?有什么办法解决?(引导幼儿反思学习中的困难,思考解决方法,学习主动寻求帮助)

5. 在背景音乐的伴奏下,尝试有感情地朗诵诗歌。

指导语: 在这首诗歌里,小朋友的心里有欢喜、有感激,朗诵诗歌时怎样才能表达出这种感情呢?(引导幼儿通过讨论,知道可以配上音乐朗诵、加上动作朗诵、有表情地朗诵等)

我们配上背景音乐来试着朗诵这首毕业诗。(配乐朗诵)

这次,你们感觉自己朗诵得怎么样?我们还可以怎样朗诵得更好?大家可以在表演区里继续练习、表演。

附

【诗歌】

毕 业 诗

今天是我最后一次站在这里,
和老师、小朋友在一起,
我是多么欢喜。
再过几天,
我就要进小学,
做个一年级小学生,
学习更多的知识和道理,
争取早日戴上红领巾。

亲爱的老师,
我有很多话想说给您:
我刚到这里时,
瘦瘦小小,
有时候还耍小脾气。
今天,站在这里的还是我自己,
脸上再也没有泥,
手帕、袜子自己洗,
还会唱歌、跳舞、画画、讲故事,
懂得了更多的道理。

亲爱的老师，

我从心里谢谢您！

再见吧，老师！

以后我一定来看您，

向您报告我的学习成绩！

活动十二 毕业歌

活动目标

1. 学唱歌曲，了解歌曲 ABA 的曲式结构。

2. 感受 A 段欢快、B 段抒情的特点，尝试用不同的情绪演唱不同的乐段。

3. 体验对上小学的向往以及即将与老师、小朋友分别的不舍之情。

活动准备

1. 经验准备。

学习过《毕业诗》，认识钟表。

2. 物质准备。

（1）音乐《毕业歌》。

（2）图谱。

活动过程

1. 复习《毕业诗》，激发学唱《毕业歌》的兴趣。

指导语：小朋友们长大了，快从幼儿园毕业了！你们的心里有什么感受？还记得《毕业诗》里的内容吗？我们一起有感情地朗诵这首诗歌。

2. 欣赏《毕业歌》，感知歌曲 ABA 的结构性质。

指导语：刚才我们朗诵的是《毕业诗》，今天，我们要学习一首关于"毕业"的歌——《毕业歌》。《毕业歌》唱了些什么呢？请小朋友仔细地听一听。（欣赏歌曲）

歌曲有几段？三段的旋律一样吗？哪两段旋律是一样的？（再次范唱）

第一段歌曲听起来有什么感觉？可以用什么动作表现？（欣赏第一段，可引导幼儿尝试用最简单的身体动作，如拍手来表现）

第二段歌曲听起来有什么感觉？可以用什么动作表现？（欣赏第二段，可引导幼儿用动作表现，如摇摆身体）

第三段歌曲听起来怎么样？用什么动作表现？（欣赏第三段，随乐用动作表现）

3. 借助图谱熟悉歌词内容,理解 A 段和 B 段的抒情特点。

指导语: 歌曲有三段,每一段都唱了些什么呢？(再次欣赏范唱)

第一段唱了什么？"时间时间像飞鸟"是什么意思？

第二段唱了什么？歌曲中唱到忘不了什么？

第三段唱了什么？小朋友跟谁再见？等我戴上红领巾,要做什么？

我们跟着音乐的节奏试着朗诵一下《毕业歌》的歌词。

请小朋友轻声地跟着老师唱一唱这首歌。如果遇到困难,大家可以怎么办？(视幼儿跟唱情况,帮助幼儿理解和熟悉歌词,教师逐步退出,让幼儿独立演唱歌曲)

唱第一段和第三段的时候,我们可以怎样唱？为什么？唱第二段的时候可以怎样唱？为什么？(引导幼儿结合旋律特点、歌词内容进行讨论)

小结: 第一段,小朋友知道自己要上小学了,很开心,所以唱得比较欢快；第二段,小朋友想到了幼儿园的快乐生活,想到了要与老师、小朋友分开,有点舍不得,所以唱得比较慢、轻；第三段,小朋友想到了上小学后还可以再回来看老师,又变得开心起来。我们唱的时候也要把这样的心情唱出来！

4. 尝试用多种形式演唱歌曲,激发创编新歌词的兴趣。

指导语: 我们可以合作演唱这首歌曲。你们觉得可以怎样合作演唱呢？(引导幼儿根据歌曲 ABA 三段的结构特点,从师生、男女等安排形式尝试合作演唱。如师生齐唱第一段和第三段,幼儿单独演唱第二段；男孩唱第一段,女孩唱第二段,齐唱第三段等)

在幼儿园三年,小朋友一定还有很多难忘的事,回家以后,大家可以把这些事情也编到歌曲的第二段中去唱一唱。

附

【歌曲】

毕 业 歌

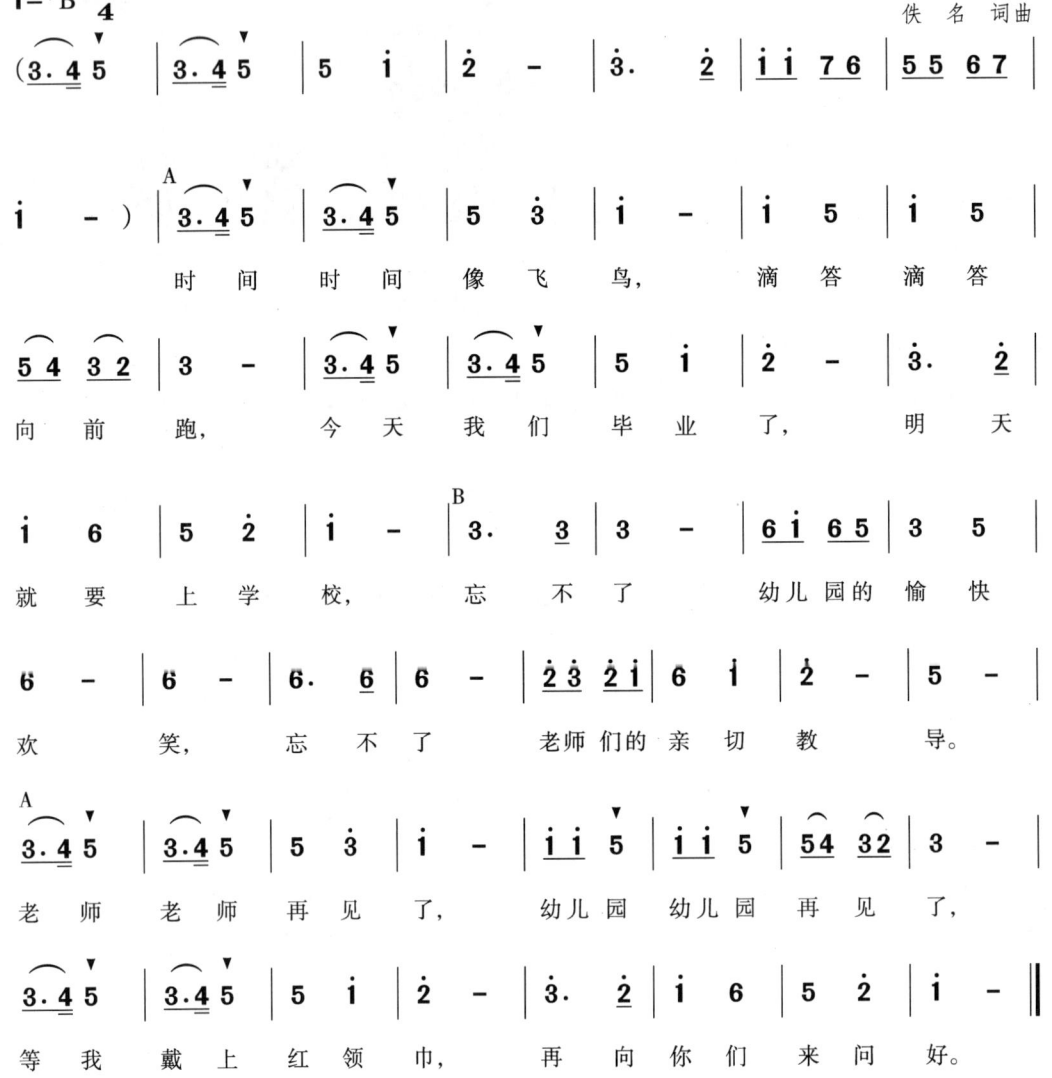

活动十三　我们的剧本

活动目标

1. 结合自己的入学愿望、毕业感受和进行的活动,初步讨论确定戏剧表演框架。
2. 与同伴协作进行剧本创作,用能理解的方式进行记录。
3. 积极参与活动,乐于表达自己的想法和观点。

活动准备

反映进行过的与上小学相关的活动内容的图片。

活动过程

1. 回忆戏剧表演的经验,激发创作剧本的兴趣。

指导语: 在幼儿园三年,小朋友参加了不少戏剧表演。还记得有哪些戏剧表演吗?

在以前的戏剧表演中,我们都会有一个表演的剧本,表演剧本是什么样子的?我们是怎样创作表演剧本的?(引导幼儿回忆以往经验,发现以前的戏剧表演剧本都是由小朋友与老师一起根据学习过的故事进行创作的,剧本中包括了表演分为几幕及每一幕有哪些角色、台词等)

最近,小朋友们想得最多、谈得最多的话题是什么?想不想把我们要上小学的事情编成戏剧来演一演?

2. 结合要上小学的心情,讨论戏剧表演剧本的框架。

指导语: 你们很快要从幼儿园毕业上小学了,心情怎样?

大家想不想上小学?你们已经做了哪些入学准备?对于幼儿园、老师、小朋友,你们的心情又是怎样的?如果把大家的这种情感、想法编成剧本,你们觉得可以分成几幕?

第一幕可以表演什么?第二幕、第三幕呢?(引导幼儿结合要上小学的感受和已进行的活动,自己想上小学的心情,为上小学所做的准备以及对幼儿园、老师、小朋友的感谢与不舍讨论表演内容)

小结: 这一次,我们的剧本就按照大家的想法来创作,以小朋友想上小学的心情变化来创编表演剧本,第一幕表现小朋友……第二幕表现小朋友……第三幕表现小朋友……(在空白剧本上记录每一幕的名称)

3. 结合已进行的活动和经验,设计每一幕表演的内容。

指导语: 在"小学的约定"的主题活动中,我们进行过哪些活动?学习了哪些新本领?(根据幼儿的回答,出示相应的内容图片标记)

我们可以怎样把这些新本领安排进剧本呢?

在第一幕,可以有哪些角色?表演哪些学过的内容?第二幕、第三幕呢?(随着幼儿的回答,将内容图片标记放进剧本相应的位置)

大家觉得这样的方案怎么样?有没有需要调整的内容?怎样调整?

4. 集体阅读表演剧本,体验创作成功的愉悦。

指导语:这是讲述我们自己上学故事的剧本,是小朋友自己创作的剧本,我们一起来欣赏欣赏。首先,我们要表演的是……接着……然后……最后……

活动十四 感恩的心

活动目标

1. 欣赏感恩卡的外形、图案和文字。

2. 运用画、剪、贴等多种方式,尝试制作感恩卡。

3. 知道自己的成长离不开很多人的关心与帮助,初步萌发感激之情、感恩之心。

活动准备

1. PPT:感恩卡。

2. 制作材料:彩色卡纸、彩色水笔、剪刀、双面胶等。

3. 音乐《感恩的心》。

活动过程

1. 欣赏PPT。

指导语:今天,老师带来了许多卡片。你们觉得它们是什么卡?为什么?

这些感恩卡上有什么?为什么要画上爱心?除了爱心以外,上面还有什么?为什么要画这些精美的图案?为什么要写上这些感谢的话语?

你最喜欢哪张感恩卡?它是什么样子的?上面画着什么、写着什么?

人们为什么要送感恩卡?

2. 交流自己被关心、被帮助的故事。

指导语:在幼儿园生活的三年里,你得到了哪些人的关心和帮助?他们是怎样关心和帮助你的?(引导幼儿谈一谈班级教师、保育老师、小朋友以及保健老师、食堂工作人员、其他教师等关心和帮助自己的故事)

再过几天,我们就要毕业了,你想怎样表达对他们的感谢之情呢?

3. 探索感恩卡的制作方法。

指导语: 我们也来亲手制作一张感恩卡吧。

怎样把这张纸折成感恩卡的样子?(引导幼儿探索不同的折叠方式)

感恩卡的封面上有什么?这些图案是怎么做出来的?你想在感恩卡上画什么?

你的感恩卡想送给谁?想对他说什么?如果不会写怎么办?

4. 幼儿创作,教师指导。

> **指导重点:** 教师注意观察有创意的幼儿,在幼儿需要帮助时给予适当指导和帮助。

5. 作品欣赏。

指导语: 你是怎样制作感恩卡的?你为什么要画这样的图案(文字)?

你想把它送给谁?送感恩卡时,你还想对他说什么?

(创作和展示的过程中,播放音乐《感恩的心》。教师要关注有创意的感恩卡,鼓励幼儿在集体中进行介绍)

活动十五 毕业典礼我做主

活动目标

1. 知道毕业典礼是一个庄严与神圣的仪式,具有纪念和庆祝的意义。
2. 积极参与毕业典礼方案的设计与策划,大胆表达自己的想法和观点。
3. 体验即将成为小学生的自豪感,感受将与幼儿园、老师、同伴离别的不舍之情。

活动准备

1. 日历。
2. 毕业倒计时牌。
3. 往届毕业典礼视频片段。
4. "毕业典礼"记录单。

活动过程

1. 观察毕业倒计时牌。

指导语: 今天是几月几日?距离我们从幼儿园毕业还有多少天?

2. 欣赏往届毕业典礼的视频片段。

指导语: 小朋友从幼儿园毕业时,都要举办隆重的毕业典礼。为什么要举办毕业典礼?

哪些人会参加大班幼儿的毕业典礼?

上一届大班的毕业典礼是怎么举办的呢?我们一起来看一看。(欣赏往届大班毕业典礼)

哥哥姐姐的毕业典礼有几名主持人?哪些人登台进行了讲话和表演?

看了哥哥姐姐的毕业典礼,你有什么感觉?

3.讨论毕业典礼活动方案与筹备工作。

指导语:你在毕业时最想做的是什么?

今年的毕业典礼,大家想表演什么节目?你们打算怎样展示最好的自己?(引导幼儿大胆发表自己的意见,从幼儿的方案中选出适宜的方案,记录在毕业典礼记录单上)

这张单子记录着我们小朋友在今年毕业典礼上想表演的节目,哪些节目必须是全班人人参加的?除了全班表演的节目外,你还准备参加表演什么节目?怎样才能让我们的表演更加成功和精彩?

毕业典礼前,我们还要做哪些准备?大家准备怎么办?(引导幼儿从毕业典礼海报的制作、邀请函的设计、服装道具的准备、节目的编排、会场的布置等方面展开讨论)

这些工作中,哪些是我们小朋友能完成的?哪些是需要老师、家长完成的?

4.明确自己要承担的任务,激发责任心和荣誉感。

指导语:今天,我们讨论、形成了毕业典礼的方案,请每个小朋友在自己想承担的任务后签上自己的姓名。

我们一起来看一看,参与表演的有……制作海报的有……制作邀请函的有……请小朋友们抓紧时间认真准备。

活动十六 毕业华尔兹

活动目标

1.明确自己承担的角色及表演任务、出场情况等。

2.与同伴分工合作,大胆展示自己对角色的理解和感受。

3.积极参与排练活动,乐意表达自己的情感。

活动准备

1.表演剧本和节目单。

2.演员表。

3.服饰、道具。

4.音乐《上学歌》《文具恰恰恰》《礼仪操》《我是最棒小学生》《课间十分钟》《我会自己

收拾小书包》《毕业歌》等。

活动过程

1. 观察演员表,明确自己所扮演的角色。

指导语:在《小学,你好》的戏剧表演中,有哪些角色?

这是我们自己报名的演员表,你扮演的是什么角色?

2. 观察表演剧本,进一步了解表演的内容与要求。

指导语:我们创作的《小学,你好》剧本说的是一个什么故事?在表演这个剧本时,一共有几幕?每一幕讲的是什么故事?

第一幕说的是丁丁想上小学、到文具店购物的故事。这一幕里有哪些角色?他们谁先出场?出场后说些什么,表演什么?

第二幕说的是丁丁梦游小学、积极做好入学准备的故事。这一幕里有哪些角色?小学生们表演什么?表演的顺序是什么?

第三幕说的是丁丁和小朋友们为自己的长大感到快乐,又舍不得离开老师、小朋友们的故事。大家说着幼儿园里的趣事,积极排练毕业典礼的节目。大家说了些什么?想表演什么节目?表演的顺序是什么?

3. 根据剧本顺序,尝试有序出场、退场。

指导语:在舞台上进行表演时,我们要注意些什么?大家出场后,应该在哪里进行表演?我们来试一试。(按剧本顺序,请每一种角色轮流上台,明确自己的舞台站位和队形变化)

大家都记住自己的表演顺序与表演时的站位了吗?现在,请小演员们做好表演准备,我们听着音乐的提示有序地出场和退场。

4. 反思排练情况,激发表演的信心与热情。

指导语:大家觉得我们刚才的排练怎么样?有什么需要调整和改进的地方?

还有几天我们就要正式表演了?(出示挂历让幼儿数一数、看一看)

现在,表演的内容大家都已经掌握了。还有一段时间准备,大家有没有信心表演好?怎样才能让我们的表演更精彩、更成功?

还剩几天就要毕业了,我们可以做哪些事给幼儿园留下美好的回忆?

附

【表演剧本】

第一幕　向　往

角色	台词	动作
丁丁	姐姐,姐姐!我要上小学了!你给我说说小学的事情吧。	姐姐(小学生1)正在写作业,丁丁凑到她身边。
小学生1	现在不行,等我做完作业吧。	摇头,继续写作业。
小学生1	作业完成啦!丁丁,来!告诉你,上小学呀,要穿上校服、背上书包……	看着丁丁说,说着说着,丁丁打起瞌睡……
旁白	丁丁梦见自己走进了学习用品商店,刚进商店,书包和文具就围了上来。	
书包1	我是拉杆书包!	做拉的动作。
书包2	我是双肩书包!	双手做背的动作。
书包3	我的个头大!	做表示个头大的手势。
书包4	我的个头小!	做表示个头小的手势。
书包5	我不大也不小!	做表示个头不大不小的手势。
丁丁	这种书包好,不大也不小,肩带很舒适,水杯放侧面,颜色和图案很漂亮,看着很喜欢!	选中一款书包,很开心。
铅笔	小铅笔呀细呀细又长,写字画画来呀来帮忙。	向前一步,自豪地说,说完退后。
橡皮	小橡皮呀真呀真神奇,擦去错误有呀有魔力。	向前一步,自豪地说,说完退后。
直尺	小直尺呀直呀直又长,画线测量要呀要用上。	向前一步,自豪地说,说完退后。
铅笔盒	铅笔盒是文具们的家,铅笔盒是文具们的家。	向前一步,自豪地说,说完退后。
丁丁	太好了!这些文具我都要!	将文具放进铅笔盒,再放进书包,和文具们一起演唱《文具恰恰恰》。

第二幕　准　备

角色	台词	动作
旁白	丁丁背上新书包,带着新文具,开开心心上学校。"智多星"出现了……	唱着《上学歌》上场。
智多星1	要想当好小学生,入学准备少不了!丁丁,你准备好了吗?	看着丁丁。

续表

角色	台词	动作
丁丁	我买了新书包、新文具,还要做什么准备呀?	挠头。
智多星1	小学与幼儿园有不同,了解小学很重要。熟悉环境和活动,调整作息别忘掉。这是小学作息时间表!快来看一看、瞧一瞧!	齐声说,拿出《小学生作息时间表》。
智多星1	小学生,懂礼仪,大家一起学礼仪!	表演《礼仪操》。
智多星2	爱学习,勤思考,遵守纪律很重要。	
智多星3	同学们,课间十分钟,我们要做些什么呀?	对着大家说。
智多星3	上厕所、准备下节课的书、喝喝水、做游戏……课间游戏要安全。	边说边表演。表演《课间十分钟》。
智多星3	追跑打闹好不好?	对着大家说。
智多星4	放学啦!放学啦!	站起来就想往外走。
智多星	你的书包还没整理呢!	表演《我会自己收拾书包》。

第三幕 感 恩

角色	台词	动作
旁白	"叮铃铃,叮铃铃……"小闹钟响了起来。丁丁睁开眼,原来自己做了一个梦。来到幼儿园,丁丁告诉小朋友们……	
丁丁	要想当好小学生,入学准备少不了!从今天开始,我们要……	神秘地说。
小朋友们	晚上按时睡,早上早早起;书包自己理,用具都带齐;上学不迟到,对人有礼貌;上课专心听,课间讲文明;作业不拖拉,写完多检查!	边说边表演。
小朋友1	三年里,我们学会了哪些本领呀?	看着大家。
小朋友们	我学会了……	掰着手指说。
小朋友2	三年里,大家最快乐的事是什么呀?	看着大家。
小朋友3	我最快乐的是……	举起图片。
小朋友4	我最快乐的是……	举起图片。
小朋友5	我最快乐的是……	举起图片。
小朋友6	我最快乐的是……	举起图片。
丁丁	毕业前,大家想对老师、小朋友说些什么、做些什么呢?	看着大家。

续表

角色	台词	动作
小朋友1	我想给大家唱《毕业歌》。	向前一步,自豪地说
小朋友2	我想给大家朗诵《毕业诗》。	向前一步,自豪地说。
小朋友3	我想给大家表演节目。	向前一步,自豪地说。
小朋友4	我想给大家送感恩卡。	向前一步,自豪地说。
小朋友5	我还想感谢亲爱的爸爸和妈妈。	向前一步,自豪地说。
全体小朋友	我们赶紧去准备吧!	变化队形,表演《毕业诗》《毕业歌》等,相互拥抱、赠送感恩卡……

剧情梗概:

丁丁快上小学了。晚上,姐姐刚做完作业,丁丁就缠着姐姐给她讲小学的事情。听着听着,丁丁的眼皮越来越重,迷迷糊糊睡着了……

他梦见自己走进了学习用品商店,准备买书包和文具。刚进商店,书包和文具就围了上来:

"我是拉杆书包!""我是双肩书包!""我的个头大!""我的个头小!""我不大也不小!"……

选谁呢?丁丁选啊选:"这种书包好,不大也不小,肩带很舒适,水杯放侧面,颜色和图案,看着很喜欢!"

选完书包,文具们争着开口了:

"小铅笔呀细呀细又长,写字画画来呀来帮忙。"

"小橡皮呀真呀真神奇,擦去错误有呀有魔力。"

"小直尺呀直呀直又长,画线测量要呀要用上。"

"铅笔盒是文具们的家,铅笔盒是学习好帮手。"

丁丁背上新书包,带着新文具,开开心心上学去。走到学校门口,"智多星"走过来,对他说:"要想当好小学生,入学准备少不了!你准备好了吗?"

"我买了新书包、新文具,还要做什么准备呀?"丁丁问。

"智多星"说:"小学幼儿园有不同,了解小学很重要。熟悉环境和活动,调整作息别忘掉。"

"智多星"拿出《小学生作息时间表》,说:"丁丁,这是《小学作息时间表》,快来看一看!"

看完作息时间表,"智多星"又说:"小学生,懂礼仪,讲文明,有礼貌!"丁丁说:"我想上小学,我要学礼仪!"

"送你一套礼仪操,回去好好学学吧!""智多星"取出光盘,送给丁丁。

丁丁接过光盘:"谢谢智多星!上课时要注意些什么呢?"

"智多星"说:"爱学习,勤思考,遵守纪律很重要。"

"课间十分钟,可以做些什么呀?"

"智多星"说:"上厕所、准备下节课的书、喝水、做游戏……"

……

放学的时候,丁丁站起来就想往外走。"智多星"赶紧叫住他:"你的书包还没整理呢!"

丁丁跟着"智多星"整理起了小书包……

"叮铃铃,叮铃铃……"小闹钟响了起来。

丁丁睁开眼,原来自己做了一个梦。

来到幼儿园,丁丁告诉小朋友们:"要想当好小学生,入学准备少不了!从今天开始,我们要……"

小朋友们一起说:"晚上按时睡,早上早早起;书包自己理,用具都带齐;上学不迟到,对人有礼貌;上课专心听,课间讲文明;作业不拖拉,写完多检查!"

哈哈!原来,大家都和丁丁一样很想上学校,都请教过"智多星"啦。可是,大家又舍不得离开幼儿园、老师和小朋友。

丁丁说:"三年里,老师教会了我们很多本领,好朋友给了我们很多帮助,我们快毕业了,该对老师、小朋友说些什么、做些什么呢?"

"我想唱《毕业歌》。""我想朗诵《毕业诗》。""我想做感恩卡。"……大家七嘴八舌,开始忙碌起来……

第三部分
幼儿园创造性戏剧游戏活动

创造性戏剧游戏活动是教师设计和组织的有目的、有计划的教学性游戏，教师引导幼儿围绕真实或虚构的戏剧情境展开想象，尝试运用表情、动作和言语等戏剧符号表现戏剧的角色、情节和情境，发展想象力、创造力、表现力以及解决问题能力的组织形式，具有帮助幼儿认知与运用自己的身体、认知与表达情绪、进行想象与探索、提高团体合作能力等多方面的价值。

一、创造性戏剧游戏活动的分类

张金梅主编的《表达·创作·表演——幼儿园戏剧教育课程（大班）》中，将戏剧游戏分为放松游戏、感知游戏、模仿游戏、想象游戏、造型游戏、控制游戏和专注游戏等。在开展幼儿创造性戏剧活动研究的过程中，我们主要从提升幼儿戏剧表现与创造能力的角度对戏剧游戏进行分类，将戏剧游戏分为肢体游戏与声音游戏。

1. 肢体游戏

模仿是儿童的本能，动作模拟是戏剧的核心成分。肢体游戏主要指的是旨在帮助幼儿提高通过身体动作表现特定情境下角色的活动、神态、表情、心情或情节发生、发展、变化过程等能力的游戏。如：根据词语提示，尝试用动作和表情来表现"害怕"与"躲闪"；根据指令或图片等的提示，尝试表现人物或动物的活动等。

在小班，肢体游戏的指导重点主要在于引导幼儿尝试用肢体模仿比较熟悉的人和动物的典型特征、走路姿态、有趣行为，用肢体做出简单的造型，用动作表现高低、大小、长短、快慢、轻重等；在中班，肢体游戏的指导重点主要在于引导幼儿用肢体和表情模仿生活中常见的人和动物的特点、形态、行为，用较丰富的肢体动作表现出更多的空间变化，并尝试与同伴两两结伴合作造型；在大班，肢体游戏的指导重点主要在于引导幼儿用肢体和表情模仿出一些事物的动态过程和一些细节，并尝试进行多人合作造型等。

肢体游戏可以是哑剧式的，也可以伴随简单的语言或象声词；可以完全或几乎不使用道具，也可以借助简单的道具造型。

2. 声音游戏

声音游戏主要指的是旨在帮助幼儿提高通过变化说话的音高（音量大小）、音调（声音高低）、音色以及语气、语调、语速等表现特定情境或特定情境下的角色语言、心情或情绪发展、变化过程等能力的游戏，比如，用声音模仿小动物的叫声，模仿笨重或轻快的走路声等。同时，也包括引导幼儿借助身体或生活中的一些物品制造出表现特定情境的声音的游戏。比如，引导幼儿通过用指尖快速敲击桌面或用瓶盖相互敲击发出响声模拟表现马蹄声，用手抖动塑料袋表现"哗哗"的流水声，用手敲击纸盒表现打雷的声音等。

在小班，声音游戏的指导重点主要在于引导幼儿模仿熟悉的人说话、熟悉的动物叫声，根据提示变化音量大小，尝试用身体制造声音；在中班，声音游戏的指导重点主要在于引导幼儿模仿常见的人和动物的声音、自然界和生活中的声音等，根据提示变化声音的大小、粗细，尝试用身体和生活中的一些物品制造不同效果的声音；在大班，声音游戏的指导重点主要在于引导幼儿通过变化声音的大小、粗细、快慢等表现特定情境下角色的心情，尝试通过自己的声音和借助身体、其他物品等为特定的场景进行配音等。

声音游戏可以是对话式、应答式的，也可以是独白式的。

无论是肢体游戏还是声音游戏，都需要一个有趣的故事情境，幼儿只有身临其境，才会有游戏的兴趣与欲望。

二、创造性戏剧游戏活动的内容来源

幼儿园创造性戏剧游戏活动的内容可以与班级正在进行的戏剧主题相关，也可以与幼儿的生活、游戏、环境等相联系，内容来源非常广泛。总体说来，主要有以下几个方面。

1. 来源于周围事物和现象

教师可以以季节、常见的动植物、科技产品、自然现象等作为幼儿模仿和表现的游戏对象，引导幼儿在观察的基础上，模仿它们的外形特征、活动姿态、生长过程、声音等。

2. 来源于社会生活和事件

教师可以以幼儿生活世界中的民俗文化、节日活动、趣闻逸事等作为幼儿模仿和表现的对象，引导幼儿以动作、语言等模仿、演绎自己的所见所闻以及对社会文化和生活事件的感受与理解。

3. 来源于艺术作品和游戏材料

一幅画、一件工艺品、一首歌、一个故事、一个视频片段等，都可以给幼儿带来想象和表现的空间；一件玩具、一条纱巾、一根绳子等，都可以成为幼儿戏剧游戏的素材。

戏剧是儿童的天性，游戏是儿童的本能。只要教师多做有心人，时时、事事、处处都可引导幼儿展开想象翅膀、大胆表现创造力。

三、创造性戏剧游戏活动的组织实施

幼儿园创造性戏剧游戏活动的组织形式分为专门性的戏剧游戏活动与渗透性的戏剧游戏活动两种,现分别对它们的组织实施加以说明。

1. 专门性戏剧游戏活动的组织实施

专门性戏剧游戏活动指的是教师创设丰富的情境,有目的、有计划地将各年龄段戏剧教育的目标以集体或分组的形式设计并实施的游戏活动。专门性戏剧游戏活动的内容可以与表演班级主题戏剧需要的关键能力相关,教师将表演主题故事需要的动作、感情、表情、语言等设计为戏剧游戏,这些戏剧游戏集中在一起,就是一幕戏剧。专门性戏剧游戏也可以结合幼儿感兴趣的动画片、绘本等,明确游戏主题,在一段时间内循序渐进地开展以提升身体表现力和语言表现力为目的的游戏,以促使幼儿语言表达和肢体动作越来越生动形象。

在开展专门性戏剧游戏活动前,教师要事先确定一个故事,思考游戏玩法,做好场地、环境等方面的准备。专门性戏剧游戏活动的时间一般在10分钟左右,其基本流程如下。

第一步:激发兴趣,引发动机。教师依据戏剧游戏的内容,通过小故事、小游戏或观看视频、图像等,调动幼儿的已有经验,激发幼儿对戏剧游戏主题的思考与进行角色塑造的兴趣。

第二步:自由想象,大胆表现。解放幼儿的戏剧天性,让幼儿结合平日经验与自我联想,透过"假想"扮演特定情境中各种虚拟的角色,通过语言、造型、道具等勇敢又有创意地表达自己对角色静态的身份、外形以及动态的行动、语言或声音的理解与塑造。

第三步:展示分享,拓展游戏。融合剧场游戏与戏剧演出的元素,让幼儿轮流展示自己的创意,分享自己的感受与体验,积极尝试同伴的新经验或与同伴组合表演,拓展微型戏剧游戏的思路,享受集体与合作的快乐。

本课程中,我们设计了30个专门性戏剧游戏(15个声音游戏、15个肢体游戏),打破了年龄段的界限,每一游戏的设计均涵盖由浅入深、由易到难3种不同的层次。层次一一般适用于小班或初接触该类游戏的幼儿,层次二、三一般适用于中、大班幼儿。各年龄段可根据班级幼儿的实际情况有选择地进行。

专门性戏剧游戏的时间可相对固定(如:每周固定1个时间),也可灵活安排;可以用于日常生活的过渡环节,也可以用于教学活动的某个环节或作为戏剧活动的热身、放松环节,时间可长可短。专门性戏剧游戏中,幼儿不必背台词,而是根据角色或情境的需要、指导者的提示或引导,揣摩角色的心理,在假设的戏剧情境中反复体验,释放和宣泄情感和创意。每个戏剧游戏可以重复玩,也可以根据幼儿的兴趣,变化其中的角色或玩法,让幼儿常玩常新。

2. 渗透性戏剧游戏活动的组织实施

渗透性戏剧游戏活动指的是渗透于各个领域、一日活动，具有戏剧教育要素的游戏活动。教师将戏剧作为一种教学媒介（或手段、工具）融入某一具体教学活动的过程中，使得所涉及的具体领域学习活动表现出更多的戏剧活动特点，在更好地实现某一具体活动目标的同时促进幼儿戏剧经验的丰富和戏剧表现力的提高。渗透性戏剧游戏还可以渗透于幼儿在园生活的各个环节，不拘形式、灵活多样，让幼儿的一日活动更加丰富多彩，促进幼儿戏剧素养的提高。

在领域活动中渗透戏剧游戏时，教师要注意自然融合，适当运用戏剧游戏的教学策略，力求更好地为幼儿理解和实现学习与发展目标服务。如语言活动"蚂蚁和西瓜"中，教师请小朋友们描述小蚂蚁们搬运西瓜的场景，鼓励大家根据画面每人自选一只小蚂蚁，模仿其动作与语言，想象它们的心情与对话，在个体模仿的基础上，集体表现完整的画面场景；美术活动"可爱的猫"里，教师请小朋友们想象并表现猫调皮、神气、捉鼠、捕蝶等不同姿态，将身体的表达与美术、音乐符号整合起来；科学活动里，老师请小朋友们用动作模仿植物生长的过程，用身体表现沉与浮；社会活动中，以戏剧表演的方式探索分享、友爱、互助等亲社会行为……

戏剧游戏还可以渗透于幼儿的一日活动中。在餐前、离园前、散步等诸多环节中，教师可以和孩子们一起，结合熟悉的故事、古诗、成语、特定道具、特定角色等，玩编一编、演一演、猜一猜、学一学的游戏，玩一些趣味性强的造型游戏、控制游戏……

戏剧游戏还可以渗透于亲子春游等其他活动中。如春游时，教师可以请孩子们和家长一起用肢体动作模拟春天的花和树，独自开放的花、两朵依偎在一起的花、一串挂在树枝的花、随风摆动的杨柳、遮阳挡风的大树、奇形怪状的树……

在开展创造性戏剧游戏活动时，教师应注重情境的创设和氛围的营造，更多地把游戏的选择权、自主权留给幼儿，引导幼儿充分利用声音和肢体大胆地去感受、想象、创造和表达，充分理解和尊重孩子的独特感受与表现，支持幼儿敢于表现、乐于表现的行为，和幼儿一起在愉快的游戏中丰富戏剧经验，体验"玩"和"成长"的快乐。

四、创造性戏剧游戏活动方案

（一）声音魔法师

活动一　有趣的声音

指导要点

知道生活中有各种各样的声音，激发听辨和模仿声音的兴趣。

游戏准备

1. 幼儿收集一种或几种自己听过的声音（可以录好音带来），并能模拟发出自己最感兴趣的一种声音。

2. 录音机或电脑。

游戏玩法

• 层次一：听一听、说一说

幼儿围坐成半圆或圆圈。教师和幼儿一起自由交流自己搜集的声音内容；然后，借助录音机或电脑依次播放小朋友搜集来的声音，并请搜集者向小朋友们说一说这是什么发出的声音，带着大家一起学一学自己搜集来的声音。

• 层次二：猜一猜、学一学

幼儿围坐成半圆或圆圈。教师先请一名幼儿到前面来，幼儿用嘴巴模拟发出一种自己最感兴趣的声音，再请其他小朋友猜一猜这是什么声音；然后，由该幼儿宣布正确答案，并带领大家集体学一学这种声音。

• 层次三：合一合、玩一玩

幼儿自愿分成数个小组，每个小组商定模仿一种有趣的声音。教师指向哪个小组，哪个小组就要模仿商定的声音，其他小组的幼儿要避免发出声音。教师指向某个小组的停顿时间可由长到短，在幼儿熟悉玩法的基础上，还可加入合奏等要求。

活动二　农场里的叫声

指导要点

熟悉一些常见小动物的叫声，感知并模仿不同的动物叫声。

游戏准备

1. 小动物图片。
2. 摸袋。

游戏玩法

• 层次一：大猫和小猫

幼儿围坐成半圆或圆圈。教师出示大猫和小猫的图片，组织幼儿讨论大猫和小猫的叫声有什么不同，引导幼儿模仿大猫叫时音量大一些、声音响一些，模仿小猫叫时音量小一些、声音轻一些。在此基础上，教师请小朋友从摸袋中随机摸出大猫或小猫的图片，引导幼儿根据图片内容变化音量的大小，模仿大猫或小猫的叫声。

在幼儿熟悉游戏玩法的基础上，教师还可和幼儿一起玩"大青蛙和小青蛙""大羊和小羊"等声音游戏。

• 层次二：小动物怎样叫

幼儿围坐成半圆或圆圈。教师和小朋友一起谈论并模仿一些常见小动物的叫声。然后，请一位小朋友从摸袋摸出一张动物图片给大家看，大家集体模仿该动物的叫声。游戏反复进行（可通过击鼓传花的形式确定摸动物图片的幼儿）。

该游戏也可先由摸出动物图片的幼儿模仿该动物的叫声，其他小朋友猜是什么小动物在叫，然后再出示图片进行验证。还可两名幼儿一组，结伴玩"你学我猜"的游戏：一幼儿取出一张卡片后，模仿卡片上动物的叫声，另一名幼儿猜测模仿的是什么小动物，两名幼儿轮流进行游戏。

• 层次三：会变化的叫声

教师播放农场里猪、牛、羊、母鸡、小鸡、公鸡、鸭、鹅等不同动物的叫声，引导幼儿说出动物的名称，讨论其叫声的不同（音量的大小、声音的粗细等），并尝试模仿。然后，教师请幼儿根据动物图片模仿动物叫声。在此基础上，教师可组织幼儿听指令学叫声，由教师或一名幼儿发出"愤怒的小鸡""快乐的母鸭""吃草的牛""睡觉的猪"等不同指令，其他幼儿尝试变化声音的大小、快慢、粗细等加以表现。

活动三　多变的天气

指导要点

感知自然界中风、雨、雷等声音，尝试用声音表现下雨、刮风、打雷等自然现象。

游戏准备

1. 下雨、刮风、打雷的声音录音。
2. 天气的图片。
3. 铃鼓。

游戏玩法

- 层次一：风、雨、雷的声音

教师和幼儿一起谈论自然界的天气变化，分别播放下雨、刮风、打雷等声音录音，请幼儿辨听并说出"这是下雨（刮风、打雷）的声音"，并尝试模拟这种声音，如"呜——""哗哗哗""轰隆隆"等。然后，再请幼儿根据指令或图片，用嘴巴或者身体发出响声，模拟不同天气的声音。

- 层次二：下雨啦

教师和幼儿一起谈论下雨时听到的一些声音，并用嘴巴模拟下大雨时、下小雨时的声音。然后，请幼儿分成大雨组和小雨组，出示下大雨的图片时，大雨组就模拟下大雨的声音；出示下小雨的图片时，小雨组就模拟下小雨的声音；图片收起时，雨声停，两组均不再发出声音。两组幼儿可交换角色反复游戏。

幼儿也可两两结伴，一人出示图片或发出指令，另一人模拟发出相应的声音。

- 层次三：风雨雷的合唱

教师先引导幼儿分别模拟下雨、刮风、打雷时的声音；再将打雷、下大雨、下小雨、刮大风的图片随机排放在黑板上，让幼儿按照图片的顺序模仿风、雨、雷的声音。然后，请幼儿根据自己的意愿分成大风、大雨、小雨、响雷四个小组，并请幼儿结合生活中风雨交加、雷雨交加甚至风雨雷同时出现的情景排放天气图片，鼓励幼儿根据图片的排放情况，通过单组轮流模拟、两组甚至三组同时模拟等多种形式表现风雨雷交替出现或同时出现的自然现象。

活动四　什么乐器在唱歌

指导要点

感知不同乐器的音质特点，尝试用嘴巴模拟乐器发出的声音。

游戏准备

1. 鼓队表演视频。
2. 小铃、铃鼓、圆舞板、小鼓、三角铁、沙锤、双响筒、小锣等乐器。
3. 乐器演奏图谱、音乐。

游戏玩法

• 层次一：欢乐的鼓

教师和幼儿一起欣赏鼓队表演视频，幼儿感知击鼓时发出的声音和鼓点的轻重、快慢变化，并尝试用嘴巴模仿打鼓时发出的声音。然后，组织幼儿尝试用声音模拟鼓点时急时缓的节奏变化，再跟随音乐用嘴巴或身体动作表现欢乐的鼓声。

• 层次二：会唱歌的乐器

教师拿出不同的打击乐器，引导幼儿认识乐器，倾听并模仿乐器敲击时发出的不同声音。然后，教师和幼儿玩"什么乐器在唱歌"的游戏，教师一边敲击某一乐器（如小鼓），一边唱"听呀听呀听呀听，什么在唱歌"，幼儿根据该乐器（如小鼓）敲击时发出的声音，唱着回答"咚咚咚咚咚咚咚，小鼓在唱歌"。在幼儿熟悉玩法和歌曲的基础上，教师还可变化敲击乐器的节奏、力度等，让幼儿在倾听的基础上变化音量、快慢等模拟乐器唱歌。该游戏也可由幼儿轮流敲击乐器，与其他幼儿进行对唱、问答。

• 层次三：快乐小乐队

幼儿坐成马蹄形，分成三个小组，每个小组自选扮演一种乐器。教师提供乐器演奏图谱，让每一组幼儿分别跟随熟悉的音乐，看着图谱用声音模拟乐器演奏。在此基础上，三组幼儿尝试根据图谱用声音模拟乐器合作演奏。幼儿可交换角色进行游戏。幼儿熟练后，教师还可让幼儿自己设计乐器演奏方案，尝试模拟乐器演奏。

活动五　这是谁的声音

指导要点

感知《三打白骨精》中不同角色的声音特点,尝试模仿孙悟空、猪八戒等角色说话。

游戏准备

1. 《三打白骨精》视频。
2. 唐僧、孙悟空、猪八戒、沙和尚、妖精等角色的图片。
3. 蒙眼用的布。

游戏玩法

● 层次一:有趣的声音

教师组织幼儿观看《三打白骨精》视频,帮助幼儿了解视频中的主要角色与主要情节,让幼儿学一学自己感兴趣的角色台词。然后,请小朋友背转身体,分段播放视频,让幼儿辨听是谁在说话,说一说自己判断的依据,学一学该角色说话的内容以及音质、语气、语调、情绪等。

在此基础上,教师可带幼儿玩"开火车"的游戏,请幼儿一个接一个站起来说一说自己喜欢故事中谁的声音,再模仿该角色的声音说一句话。

● 层次二:猜猜我是谁

幼儿围坐成半圆或圆圈,熟悉参加游戏的全体幼儿的姓名。教师请一幼儿戴上面具,蒙住双眼,坐到中间,再请一名幼儿轻轻走到这个小朋友身后,拍拍他的背,说一句"请你猜猜我是谁",让戴面具的幼儿猜测是谁,其他小朋友不得提醒;若猜测有难度,教师可适当给予提示,逐渐缩小猜测范围。待幼儿熟悉这个游戏后,可请被猜的幼儿模拟《三打白骨精》中的一种角色说话,让戴面具的幼儿猜测是谁在模仿什么角色说话。

● 层次三:孙悟空打妖怪

教师组织幼儿观看《三打白骨精》视频片段,进一步熟悉情节、角色台词、说话顺序等。然后,请幼儿自选一种角色,分成数个小组,合作用声音模拟表现孙悟空打妖怪的情景。幼儿熟悉游戏玩法后,可自由分成数个表演小组,商定小组中每个人扮演的角色,戴上头饰,合作进行声音模拟游戏。分组在集体中展示时,教师可请其他幼儿背转身体注意倾听,猜测该表演小组中每个人扮演的角色,再转过身来进行验证。

活动六 乘上××去旅行

指导要点

感知不同交通工具行驶时的声音特点,尝试用声音模仿不同交通工具行驶的情景。

游戏准备

1. 交通工具行驶的声音录音。
2. 交通工具图片。

游戏玩法

- 层次一:这是什么声音

教师和幼儿一起谈论自己熟悉的交通工具及其行驶时发出的声音。然后,教师分别播放自行车铃声、摩托车发动声、汽车喇叭声、火车行驶声、飞机滑翔声等录音,请幼儿辨听并说出"这是自行车(摩托车、汽车、火车、飞机)的声音",并尝试模拟这种声音。接着,请幼儿根据指令或图片,用嘴巴或者身体发出响声,模拟不同交通工具行驶时的声音。

- 层次二:火车开啦

教师出示火车图片,请幼儿说一说这是什么交通工具,并让他们自由模仿火车行驶时的声音。然后,教师播放火车由近到远、由远到近的录音,请小朋友进行模仿,说出火车空间位置的远近变化和判断依据,感知声音强弱与距离远近的关系。在此基础上,教师分别发出"火车开来了""火车开走了"等指令,组织幼儿按由弱到强或由强到弱的方式模仿火车行驶的远近变化。

- 层次三:乘上××去旅行

教师和幼儿一起交流自己的旅游经历,谈论旅游时乘坐了哪些交通工具,设计假期旅游时的交通工具换乘方案。然后,集体根据交通工具的换乘方案进行声音模拟游戏,如:"骑上自行车去旅行,叮铃铃,叮铃铃……""坐上汽车去旅行,嘟嘟嘟,嘟嘟嘟……""乘上火车(飞机)去旅行……"。

在幼儿熟悉游戏玩法的基础上,还可让幼儿围坐成圈,请一名幼儿站到中间当第一名旅行者,说出自己乘坐的交通工具名称并模拟该交通工具行驶时发出的声音,然后走到圈上另一名幼儿面前,与其交换位置,被交换位置的幼儿成为新的旅行者,游戏继续进行。

活动七 请你跟我这样说

指导要点

尝试变化声音、语气、语调等说话,体验用各种奇怪声音说话的趣味。

游戏准备

1. 用奇怪的声音说同一句话的录音。
2. 奇怪的声音标记。

游戏玩法

- 层次一:打电话

幼儿坐成一排或半圆。教师和幼儿一起谈论打电话的生活经验,让幼儿明确打电话的人说话的内容跟接电话的人听到的内容是一致的。指定排头为打电话的人、排尾为接电话的人,中间的幼儿为传电话的人,打电话的人要附在下一位传电话的人的耳边以悄悄话的形式说出想说的一句话,传电话的人要将打电话的内容一字不漏地传给下一位传电话的人,接电话的人最后向大家说出自己听到的内容。

- 层次二:奇怪的声音

教师播放用各种奇怪的声音说同一句话的录音,请幼儿说出这句话的内容和自己听到用奇怪声音说话时的感觉,想象说这句话的人是谁,说这句话时的情境等。请幼儿跟随录音模仿学习,尝试变化声音的大小、粗细和说话时的语速、语气、语调等说同一句话,体验用不同方式说话的情绪等。

- 层次三:请你跟我这样说

幼儿坐成一排或半圆。教师请幼儿想好自己要说的一句话和用什么奇怪的声音说这句话。然后,请一位幼儿到前面来当带头人,说"请你跟我这样说……(想说的一句话)",其他幼儿说:"我就跟你这样说……(模仿该幼儿说的话以及声音、语速、语气、声调、情绪等)"。新的带头人可由前面的幼儿指定或幼儿自荐报名,游戏反复进行。在此基础上,还可组织幼儿评选"最奇怪的声音""超级模仿者"等,以进一步激发幼儿玩声音游戏的兴趣。

活动八　回音壁

指导要点

通过声音传递游戏,感受变化音量的有趣。

游戏准备

1. 录音机。
2. 电脑(安装好变声软件)。
3. 叔叔、阿姨、小朋友的图片。

游戏玩法

• 层次一:录音机

教师出示录音机,和幼儿一起谈论录音机的作用,商量好要录音的儿歌名称。首先,教师按下录音键,幼儿朗诵儿歌;教师再将录下的内容播放给幼儿听,引导幼儿进一步理解录音的特点。然后,教师当录音的人,说一句话,幼儿当录音机,玩录音游戏。要求录音机要将录音人的原话,包括语气、语调、语速等一模一样地再现出来。在幼儿熟悉游戏玩法的基础上,可让幼儿自由结伴,轮流当录音人和录音机,进行游戏。

• 层次二:有趣的回音

教师和幼儿谈论生活中的回音现象,讨论"回音壁"游戏的玩法,商定游戏时声音依次减弱的规则。接着,请几名幼儿到前面来示范游戏玩法,第一名幼儿大声说出一个词,第二名幼儿用略小一点的音量说出这个词,第三名幼儿声音再小一点……然后,幼儿自由分成数个小组,进行游戏。

在熟悉游戏玩法的基础上,可组织幼儿玩扩音器的游戏,尝试由低到高地进行声音的传递。

• 层次三:变声器

教师出示电脑,请幼儿倾听一句话;然后,借助变声器改变这句话的音色、音调等,使女声变成男声、童声;接着让幼儿欣赏和模仿,讨论男声、女声、童声等声音特点。最后,和幼儿玩"变声器"游戏,请一名幼儿到前面来说一句话,其他幼儿根据图片上的人物形象变化声音的粗细、高低等,说出同样的一句话。幼儿熟悉玩法后,教师还可引导幼儿结合熟悉的、声音有特点的卡通形象玩变声游戏。

活动九 我的身体会唱歌

指导要点

在熟悉身体各部位的基础上,体验通过身体制造声音的快乐。

游戏准备

1.《我的身体会唱歌》视频。

2. 身体各部位图片。

3. 马蹄声、雷雨声等录音。

游戏玩法

- 层次一:会发出声音的身体

教师播放《我的身体会唱歌》的视频,和幼儿谈论视频中的声音,引导幼儿发现除了音乐和歌声外,还有拍手、拍腿、拍肩等声音,请幼儿尝试拍手、拍腿、拍肩,说一说声音的不同。然后,教师引导幼儿讨论并探索通过身体还可能会发出什么样的声音,请幼儿轮流展示并集体模仿,感受不同身体部位、不同动作等发出的不同声音。

- 层次二:会唱歌的身体

教师逐一出示身体各部位的图片,和幼儿一起尝试通过该部位发出声音。然后,请小朋友选择几个身体部位图片并按照一定的顺序排放,尝试跟随音乐有序地利用身体发出声音。在此基础上,教师可以变化音乐的快慢、强弱等,引导幼儿随之变化身体发出的声音。

- 层次三:身体音效师

教师播放马蹄声、雷雨声等声音录音,引导幼儿讨论、探索如何用身体模拟这些声音,并通过倾听、比较等方法确定模拟的方案,再尝试用身体表现出声音的远近、大小、快慢等。然后,教师和幼儿一起用身体模拟骑马由远到近(由快到慢)、雷声响起、雨由大到小、骑马由近到远等的情境。

活动十 小小音响师

指导要点

知道可以利用生活中的一些物品产生声音,探索用一些常见材料制造有趣音效的方法。

游戏准备

1. 马蹄声的录音。

2. 泥工板、尺子、小碗、玻璃杯、纸、筷子、装有沙子的果奶瓶等生活中常见的材料。

3. 音乐。

游戏玩法

- 层次一：鞋子也会嗒嗒响

教师请幼儿观察自己脚上的鞋子，讨论能让鞋子发出声音的方法，并逐一请幼儿尝试用鞋子制造声音的方法，感受穿着鞋在地面上跺、踏、摩擦等时发出的不同声音，引导幼儿根据这些声音编一个故事。然后，请幼儿跟随教师的指令轮流用不同的方法让鞋子发出不同的声音表现故事的情节。在此基础上，教师还可引导幼儿尝试用鞋子的不同部位在地面上跺、踏、摩擦等，制造出新的声音效果，体验新的乐趣。

- 层次二：马蹄声声

幼儿围坐在桌边。教师请幼儿倾听马蹄声的录音，说出自己听后的感觉，根据马蹄声的快慢想象故事，猜测录音里的马蹄声是怎么造出来的。然后，教师用手指在桌子上演示自己制造录音里的马蹄声的方法，引导幼儿观察、模仿。在幼儿掌握了用手指在桌子上制造马蹄声方法的基础上，教师可引导幼儿讨论制造马蹄声的其他方法，并积极进行探索。

- 层次三：快乐的音响师

教师提供泥工板、尺子、小碗、玻璃杯、纸、筷子、装有沙子的果奶瓶等材料，请幼儿任选一种材料，探索让其发出声音的方法，感受自己制造出的声音的特点。通过交流展示，引导幼儿发现并熟悉用这些材料制造出风声、雷声、雨声、脚步声等音效的方法。然后，请幼儿设计合作方案，根据方案轮流操作演示，组合音效，形成新的故事。

活动十一　心情小主播

指导要点

尝试通过声音、语气、语调等的变化，传递开心、生气、着急、害怕等不同的情绪。

游戏准备

1. 音乐《生日歌》、生日帽。

2. 《迷路的小花鸭》图片。

3. 表情图片。

游戏玩法

- 层次一：生日快乐

教师播放音乐《生日歌》，和幼儿一起回忆过生日的情景，交流过生日时的感受，组织幼儿围绕"别人过生日时,自己该对别人说什么、怎样说"展开讨论并尝试练习。随后,请本月过生日的幼儿戴上生日帽,其他幼儿轮流走到他们面前,用一句话表达对小寿星的祝福,如:"×××,祝你生日快乐!"等。然后,请小寿星们依次用一句话对大家表达自己的感谢之情,如"谢谢大家,我今天非常快乐!"等。

- 层次二:迷路的小花鸭

教师出示图片,为幼儿讲述《迷路的小花鸭》的故事,引导幼儿讨论小花鸭迷路时的心情与语言、鸭妈妈找不到小花鸭时的心情与语言、小朋友发现小花鸭时的心情与语言、小朋友送小花鸭回家后鸭妈妈与小花鸭的心情与语言等,并分别尝试用不同的情绪来说相应的语言。然后,请幼儿从小花鸭、鸭妈妈、小朋友中自选一种角色,分成三大组,尝试合作进行表演。

- 层次三:心情小主播

教师和幼儿谈论自己最喜欢玩的游戏,从中选出最受大家欢迎的一种游戏,确定大家要说的一句话,如"我想玩×××",请幼儿集体学说并记住这句话。然后,教师出示表情图片,让幼儿逐一说出图片所表达的心情,思考怎样用这样的心情来说"我想玩×××"。接着,教师请一名幼儿站到黑板后面,抽取一张表情图片,根据图片上的情绪变化声音、语气、语调等,说出指定的那句话,其他幼儿集体模仿该幼儿说话的声音、语气等,猜测他说话时的心情,并说出自己的依据。游戏反复进行。

活动十二　说双簧

指导要点

了解游戏玩法,尝试合作游戏,感受表演说双簧的乐趣。

游戏准备

1. 幼儿熟悉故事内容(如《想吃苹果的鼠小弟》)。
2. 表现故事内容的图片。
3. 双簧表演视频。

游戏玩法

● 层次一：你演我说

教师和幼儿一起回忆《想吃苹果的鼠小弟》的故事内容，讨论感兴趣的情节，并尝试用语言和动作模拟故事中小动物摘苹果的情节。然后，两名教师合作示范游戏玩法，如一人表演"小鸟飞上苹果树，啄苹果、吃苹果"，另一人根据动作说出"我飞飞飞，我啄啄啄，苹果真好吃呀！（模拟发出吃的声音）……"，帮助幼儿了解游戏的要求。接下来，教师和幼儿合作玩上述游戏，选择一种小动物摘苹果的情境，教师表演小动物摘苹果的动作，幼儿根据教师的表演模拟小动物说话，要求语言和动作基本吻合。

● 层次二：有趣的双簧

教师和幼儿共同欣赏双簧表演视频，分别观察、讲述双簧中两位演员的表演，感受双簧表演中演员的配合与分工，并尝试模仿表演。然后，出示故事内容图片，请幼儿两两结伴，商量好谁演谁说，怎么演怎么说。最后，两人尝试面对面合作表演。在面对面合作表演较为熟练的基础上，两人可尝试一前一后或背靠背合作表演。

● 层次三：双簧大师

教师和幼儿一起再次观看双簧表演视频，知道双簧表演有一定的情节。幼儿两两结伴，讨论确定表演内容和两个人的分工，尝试进行配合表演。在此基础上，一位幼儿站在前面，另一位幼儿在其背后蹲下，前一位幼儿拍手提示后面的幼儿开始说故事，前一位幼儿根据所说的故事进行表演。两人可交换角色进行游戏。

活动十三　配音大师

指导要点

在熟悉动画片内容的基础上，尝试为动画片配音。

游戏准备

1.《小兔乖乖》动画片。

2. 纸盒、瓶盖、空瓶罐、塑料袋等生活物品。

3. 雷电、小鸟、小河流水、小马等图片。

游戏玩法

- 层次一：小兔乖乖

教师组织幼儿观看《小兔乖乖》动画片中的片段，注意倾听并模仿片中兔妈妈、大灰狼与小兔的对话。然后，消音播放动画片，让幼儿根据画面思考：它们在干什么？会说什么？怎么说？并引导幼儿用不同的声音模仿兔妈妈、大灰狼、小兔说的话。在此基础上，让幼儿分角色为动画片配音。

游戏初始可以集体进行模仿，为动画片配音；待幼儿熟悉后，可分别请几名幼儿单独为动画片配音。

- 层次二：奇妙的声音

教师分别出示雷电、小鸟、小河流水、小马等图片，幼儿尝试用嘴巴模仿其声音，或是选择利用一些生活中的物品表现相应的声音。如：用瓶盖相互敲击表现小马在跑、用手抖动塑料袋表现"哗哗"的流水声、用手敲击纸盒表现雷声等。游戏可以采用接龙的形式进行，教师变换图片，幼儿以小组为单位，每人按次序为图片上出现的事物做出合适的音效，其他幼儿辨听是否合适，如果合适，鼓掌通过；反之则暂停游戏，讨论制造出更合适的音效。游戏反复进行。

- 层次三：配音演员

教师消音播放一段动画片，引导幼儿观察动画片的背景，猜测可能出现的声音，尝试用嘴巴或提供的物品发出声音进行模拟。讨论片中角色的台词及说话的特点、不同角色出现时的音效等，尝试用嘴巴或提供的物品进行配音。游戏初始可集体共同为同一事物配音，待幼儿熟悉玩法后，幼儿可以小组为单位或个别担任某一角色，分别为动画片配音。

活动十四 小小指挥家

指导要点

尝试根据指令发出不同的声音，表现声音的变化。

游戏准备

1. 大合唱比赛的视频。

2. 指挥棒一根。

游戏玩法

• 层次一：小小指挥家

幼儿8—10人并排坐，一人当指挥者，手执指挥棒站在前面，面对大家。每一名幼儿自由选择模仿一种声音，如模仿乐器的声音、动物的声音等。指挥家用指挥棒点到谁，谁就发出声音，指挥棒离开，声音马上停止。指挥者以此控制声音的长短。待幼儿熟悉玩法后，指挥者可站到其他幼儿的后面，指挥棒轻轻碰触到谁，谁就模拟发出声音。

• 层次二：山谷回音

幼儿并排坐，一名幼儿当指挥者，手执指挥棒与众幼儿面对面站立。指挥者首先发出一种声音，随后指挥棒点向谁，谁就发出与指挥者同样的声音，声音的高、低、大、小、长、短要与指挥者发出的一致。指挥者可以不断变化声音，其他幼儿注意倾听，进行正确的模仿。

• 层次三：小小合唱团

教师组织幼儿观看大合唱比赛视频，交流自己的感受，讨论指挥轮唱、齐唱以及强弱变化的手势或其他方案。教师和幼儿一起复习一首熟悉的歌曲，然后，教师先当指挥者，指挥幼儿尝试进行轮唱与合唱，并提醒幼儿根据指挥的动作注意声音的强弱变化。在幼儿熟悉指挥动作和歌唱要求后，可请幼儿担任小指挥者，指挥合唱团进行轮唱与合唱。

活动十五　神奇的魔音盒

指导要点

尝试按图片标识，用高低、长短、粗细等变化的声音进行表现。

游戏准备

1. 表示声音高低、长短、粗细的图片标记。
2. 笑声、哭声、叹息声等人物发出的单一的声音录音。
3. 吆喝、叫卖声的录音。

游戏玩法

• 层次一：声音变变变

教师播放一段人物声音的录音，先让幼儿模仿，接着出示声音高或低的标记，幼儿再根据标记进行高音、低音的转化。游戏初始，幼儿可以集体模仿，待幼儿熟悉后，可以采用开火车的游戏形式，让幼儿个别模仿并进行声音的变化处理。

• 层次二：有趣的吆喝

教师播放一段叫卖声的录音，让幼儿说出声音的内容，并进行模仿。随后，教师出示表示声音长短、粗细的标记，引导幼儿根据标记尝试用拖长、短促、粗犷、尖细的声音模仿叫卖声。游戏初始，幼儿可以集体进行模仿，待幼儿熟悉后，可以采用开火车的游戏形式，让幼儿个别模仿并进行声音的变化处理。

• 层次三：声音波浪线

教师出示波浪线标识，引导幼儿感知波浪线的起伏变化，尝试发出一个字的声音（如"啊"），并根据提示和标识中线条的高低、起伏、长短等调节自己的声音。在幼儿熟悉游戏玩法的基础上，教师可让幼儿想出一种包含两个字的新的声音（如"咔嚓"），继续玩声音波浪线的游戏。

（二）肢体魔法师

活动一　生活模仿秀

指导要点

能用身体动作模仿日常生活中的一些典型或常见的活动。

游戏准备

1. 刷牙、洗脸、梳头等照片。
2. 音乐《生活模仿动作》。
3. 洗衣机工作的视频。
4. 糖醋鱼、辣子鸡、蜜汁藕、苦瓜、面条、包子等图片。

游戏玩法

• 层次一：生活模仿动作

教师出示图片，幼儿说出图片上的小朋友在干什么，尝试用动作模仿图片上的内容——

刷牙、洗脸、梳头等。请个别幼儿上来带领大家一起做模仿动作,教师在一旁用体态动作提示幼儿一下一下有节奏地做动作。然后,播放《生活模仿动作》音乐,幼儿跟随音乐一拍一下地表演刷牙、洗脸、梳头等动作。

- 层次二:香香美食店

教师和幼儿一起回忆在美食店里品尝过的美食及味道,请幼儿尝试用表情表现自己所喜欢的美食的味道,让其他幼儿猜测该美食的味道(酸、甜、苦、辣)。然后,请幼儿介绍美食店的菜单,说出糖醋鱼、辣子鸡、蜜汁藕、苦瓜、面条、包子等名称,尝试用动作表现这些食品的味道。在此基础上,玩"你演我猜"的游戏,一名幼儿到前面来用表情和动作表现品尝食品的过程,其他幼儿根据该幼儿的表情与动作猜测他吃的是什么,猜对的幼儿就成为新的表演者。游戏反复进行。

- 层次三:快乐的洗衣机

教师组织幼儿观看洗衣机工作的视频,了解洗衣机的洗衣过程,然后根据洗衣机的洗衣流程,创编放衣服、衣服浮起来、衣服转动、衣服甩干等动作,用上下起伏表现放衣服和浮起来,用转动身体的各部位(如头、腰、手、脚、屁股等)表示衣服转动和甩干等,并进行集体模仿、练习。幼儿熟悉动作顺序后,教师可以引导幼儿讨论、确定每个动作的频率和次数,学习有节奏地做动作。在幼儿会自由用动作表现洗衣流程的基础上,还可引导幼儿分角色游戏,一部分幼儿扮演洗衣机,一部分幼儿扮演衣服,合作开展游戏。

活动二 猜猜我是谁

指导要点

尝试用动作模仿常见动物、人物的典型特征和常见活动,体验模仿和猜测的快乐。

游戏准备

1. 小动物图片。

2. 医生、交通警察、消防队员、理发师、厨师等从事不同职业的人的图片。

3. "逛公园"图片一组(奶奶遛狗、3人骑一辆自行车、手拉手跳交谊舞、野餐的一家人等)。

游戏玩法

- 层次一:这是什么动物

教师出示各种动物图片,请幼儿说一说这是什么动物,并学一学动物的外形以及行走时的姿态。接着,教师扮演某一动物的造型或行走姿势,请幼儿猜测教师扮演的是什么动物。然后,请一名幼儿用动作模仿一种小动物的典型特征或走路姿势,让其他幼儿猜测。在此基础上,还可请幼儿两两结伴开展模仿和猜测的游戏。

• 层次二:职业大猜想

教师出示从事不同职业的人物图片,请幼儿说出他们所从事的职业名称和主要的工作内容,想象并做出能表明他们职业特点的动作。然后,教师做反映某种职业特点的动作,让幼儿猜猜自己扮演的是什么人,并模仿该动作。接着,请一名幼儿做出能反映某种职业特点的动作,让其他幼儿猜测其模仿的是谁、在干什么。在此基础上,可让幼儿两两结伴,一人做动作一人猜。

• 层次三:逛公园

教师和幼儿一起观看"逛公园"的图片,谈论图片中的景物、人物及其活动等,请幼儿模仿其中的一种人物、景物造型,大家猜一猜模仿的是画面中的什么人或景。然后,请幼儿2—3人一组,自选一张图片,合作表演图片上的内容,让其他小朋友猜猜他们表演的哪张图片上的内容,分别扮演的是谁。最后,请扮演者揭示答案,其他幼儿提出意见和建议。

活动三　老鼠和花猫

指导要点

感知老鼠和花猫的主要外形特征和生活习性,尝试用不同的神态、动作表现老鼠和花猫的形象。

游戏准备

1. 老鼠、花猫的图片。
2. 百变猫咪秀的一组图片。(睡觉的猫、吃鱼的猫、捕鼠的猫、爱美的猫、玩毛线球的猫等)

游戏玩法

• 层次一:小老鼠偷油吃

教师和幼儿坐成半圆形,观察小老鼠的图片,尝试坐在座位上用动作表现老鼠的外形特征(如屈肘,双手五指聚拢放于嘴前),模仿小老鼠轻轻走路、快快跑步以及吃东西的样子。然后,教师告诉幼儿场地中间是油库,看管油库的花猫睡觉时,小老鼠就轻轻地走近油库偷油吃,花猫发出"喵,喵"的声音时,小老鼠要快快地跑回自己的座位。随后,教师当花猫,幼儿当小老鼠,游戏反复进行。

● 层次二：百变猫咪

教师和幼儿坐成半圆形，欣赏百变猫咪秀的图片，逐一谈一谈、学一学图片上猫的样子、行为、表情。接着，教师出示其中一张图片，请全体幼儿一边模仿图片上猫的样子，一边说"我是一只××的猫"！然后，将2—3张猫的图片组合在黑板上，请2—3名幼儿到前面来，合作表演黑板上猫的画面，其他幼儿观察、评议。

● 层次三：老猫睡觉醒不了

教师和幼儿坐成半圆或者圆圈，讨论老猫睡觉醒不了的游戏规则：老猫睡觉时，小老鼠跑动偷油吃；老猫伸懒腰，竖起几根手指，小老鼠就要赶紧几个人一起摆出一个造型；老猫发出"喵"的叫声，表示要捉老鼠了，小老鼠要赶快跑回家。然后，教师戴上猫的胸饰，走到圆圈中心蹲下睡觉。幼儿当小老鼠，轻轻地走到老猫周围偷东西吃，花猫伸伸懒腰，竖起一根手指，小老鼠赶紧一个人摆好造型一动不动；花猫继续睡觉，小老鼠继续跑动偷吃东西，花猫伸伸懒腰，竖起两根手指，小老鼠赶紧两人一起摆好造型一动不动；花猫继续睡觉，小老鼠继续跑动偷吃东西，花猫大叫一声"喵"，小老鼠赶紧四处逃散。幼儿熟悉游戏玩法后，可请个别幼儿扮演花猫，继续游戏。

活动四　随风飘动的树叶

指导要点

用肢体动作模拟不同树叶的形态，并尝试根据口令或音效用动作和表情表现风吹树叶动的场景。

游戏准备

1. 经验准备。

幼儿观察过树叶飘动的状态。

2. 物质准备。

（1）各种各样的树叶图片。

（2）树的图片。

（3）微风、大风、暴风的图片。

游戏玩法

- 层次一：各种各样的叶子

教师和幼儿共同欣赏树叶的图片，引导幼儿发现树叶的大小、长短、形状等的不同，并尝试用动作模拟不同的树叶。随后，教师发出"大大的树叶""圆圆的树叶""尖尖的树叶""长长的树叶""针一样的树叶""小伞一样的树叶"等指令，幼儿根据教师的指令用肢体动作加以表现。

- 层次二：大树妈妈

教师和幼儿共同欣赏树的图片，发现树的不同姿态，引导幼儿用肢体动作表现高高的树、矮矮的树、粗粗的树、细细的树、直直的树、弯弯的树、枝枝权权的树等。然后，请幼儿两两结伴，合作表现形态不同的树。在此基础上，可逐渐增加合作人数，多人合作创造出更多的大树妈妈造型。

- 层次三：随风飘动的树叶

教师和幼儿共同玩"大风和树叶"的游戏，教师扮风，幼儿扮树叶，风儿吹向什么方向，树叶就要飘向什么方向。在幼儿会玩游戏的基础上，可让幼儿观察微风、大风、狂风的图片，了解树叶的飘动幅度、连在一起飘动的树叶数量随风力的大小而变化。如微风时，树叶独自轻轻原地晃动；大风时，两片树叶连在一起随风向飘动；狂风时，3—4片树叶一起随风高高低低地飞舞；风停时，树叶保持一定的姿态不动。

活动五 拷贝不走样

指导要点

通过细致观察他人动作（方向、规律、变化等），尝试用肢体动作进行模仿。

游戏准备

1. 幼儿已有单个、连续动作造型的经验。

2. 幼儿有模仿动作经验。

游戏玩法

- 层次一：拷贝不走样

教师与全体幼儿面对面坐好。教师做出一个动作后，幼儿模仿做出相同的动作，教师注意提醒幼儿细致观察动作的内容、方向等。接着，教师请6—8名幼儿到前面来排成一列纵队，请队尾幼儿想好要传递的动作后，轻轻拍前面幼儿的肩膀，被拍幼儿转身，排尾幼儿用肢体摆出一种造型，被拍幼儿观察后，转身轻拍前面幼儿肩膀，让其转身，并模仿排尾幼儿的动作……以此类推，直至将动作传至队首幼儿。队首幼儿模仿做出动作后，猜测队尾幼儿做的是什么造型。在幼儿熟悉游戏玩法的基础上，教师可请幼儿分成多个小组，自由游戏。

- 层次二：爱运动的娃娃

教师和幼儿谈论自己喜欢的一种体育运动，并用动作模仿出这一体育运动，同时思考如何用2—3个动作连在一起表示这种运动的过程。接着，教师以"爱运动的娃娃"为主题，鼓励幼儿每个人大胆设计并记住一组动作（包括动作的变化、次数等）。然后，教师请6—8名幼儿到前面来排成一纵队，请队尾幼儿想好要传递的一组动作后，轻轻拍其前面幼儿的肩膀，将动作做给他看……让幼儿一个一个往下传动作，最后一名幼儿模仿做出动作后，猜测队尾幼儿模仿的是什么。在幼儿熟悉游戏玩法的基础上，教师可请幼儿分成多个小组，自由游戏。

- 层次三：种子娃娃

教师播放视频，引导幼儿观察、了解种子从发芽、长叶、长高、茂盛、开花一步步生长的过程，学习用动作表现种子长大的一系列动态。然后，请幼儿排成一个长队，排在队伍最前面的一名幼儿做一组运动的动作，幼儿依次进行模仿，直至将动作传至最后一名幼儿。引导幼儿关注最后一名幼儿与第一名幼儿动作是否一致等。

活动六　大家来照相

指导要点

结合生活经验大胆想象，用身体动作表现照相时有趣的造型，并保持十秒以上。

游戏准备

1. 各种小动物、人物图片。
2. 各种运动的图片：跑步、跳绳、游泳等。
3. 照相机。

游戏玩法

- 层次一：我爱照相

教师和幼儿谈论照相的事情，带领幼儿回忆照相时自己喜欢做的动作，请幼儿做出相应的动作，教师用手模仿照相机给幼儿照相。然后，幼儿四散在场地上，教师说："来来来，来照相，一、二、三。"幼儿立即摆好一个造型，坚持十秒钟不动，让教师照相。幼儿熟悉游戏玩法后，可请幼儿根据教师的指令变化自己的动作，摆好造型，玩照相游戏。如，教师说："来来来，小花狗，来照相，一、二、三。"幼儿要立刻摆出一个小花狗的造型，保持不动，让教师照相。教师要鼓励幼儿创编出和别人不一样的造型。

- 层次二：好朋友的合影

教师和幼儿谈论和爸爸妈妈一起照相的经历，提出和好朋友照相的要求，请幼儿两两结伴，商量好动作并合作摆好造型。然后，幼儿四散在场地上，教师说："来来来，两个好朋友来照相，一、二、三。"幼儿听到指令后，必须两两结对，合作摆出一个造型，身体必须有接触点，定住，保持造型不动，教师才可照相。待幼儿熟悉游戏后，教师可让幼儿用动作和表情模拟表现特定的情境（如好朋友一起赏花，好朋友一起看书等），玩照相游戏，还可请幼儿根据教师的指令三个人一起照相、四个人一起照相等。

- 层次三：小小摄像师

教师和幼儿一起观察图片,尝试用动作模拟表现跑步、跳绳、游泳、爬山等不同的运动项目。然后,和幼儿一起玩摄像游戏,请幼儿根据指令做出相应的动作,如:教师喊"开始跑步",幼儿就模拟跑步运动;教师喊"停",幼儿就要停住脚步,保持跑步姿势不动。在此基础上,可和幼儿玩"快镜头"和"慢镜头"的游戏;听到"慢镜头"时,幼儿需放慢做动作的速度;听到"快镜头"时,幼儿需加快做动作的速度。在游戏过程中,教师要提醒幼儿注意寻找合适的空间,避免推挤和碰撞。

活动七　乘公交

指导要点

结合生活经验,尝试用身体动作模仿人们乘公交时的动作、神态以及公交车拐弯、刹车、停车时的情景。

游戏准备

1. 场景布置。
2. 公交车图片。

游戏玩法

● 层次一:公交车上的人

教师与幼儿共同观察乘公交的图片,知道在公交车上有司机、乘客,在乘客中有老人、小孩、男人、女人……幼儿尝试模仿不同的人的动作,如开车的司机、坐着看书的叔叔、抱着孩子的妈妈、扶着椅子站的乘客、给老人让座的乘客等。在此基础上,还可请幼儿模仿不同年龄的乘客上车、下车的情景。

● 层次二:大大的公交车

教师带领幼儿观察公交车的图片,了解公交车的外形特征,尝试用身体动作加以表现。然后,请幼儿分成数个小组,合作表现公交车的造型,并向大家介绍小组的创意。在此基础上,可将幼儿分两个小组合作组合公交车的造型,鼓励幼儿表现出公交车的结构,如车门、驾驶室、车厢等,还可请幼儿探索与同伴合作用身

体动作表现双层公交车等。

- 层次三：公交车开了

教师和幼儿交流公交车行驶中的一些情景，尝试用身体动作分别表现乘客在公交车"减速""刹车""转弯""停车"时的动作与姿态。在此基础上，请幼儿互相商量进行角色分配，合作表现"公交车开了"的情景。如一名幼儿做司机，一部分幼儿做公交车，其余幼儿做乘公交的人，在设置好的场景中，大家根据司机的提示做出相应的动作。在游戏中要注意大家的配合。

活动八 城门城门几丈高

指导要点

了解城门的不同造型，尝试用身体动作表现城门造型，模仿不同角色"过城门"的情景。

游戏准备

1. 经验准备。

幼儿玩过"过城门"的游戏。

2. 物质准备。

（1）各种城门的图片。

（2）各种动物的图片。

游戏玩法

- 层次一：大大小小的"城门"

教师带领幼儿观察城门图片，说一说城门的外形及高低、大小的不同，尝试用身体动作模仿不同的城门，如踮起脚向上伸长双臂表现高高的城门、张开双臂表现宽宽的城门、弯着腰双手平伸表现低低的城门等。还可请幼儿两两结伴，用身体拼搭出不同的城门造型，鼓励幼儿想出与别人不一样的城门造型。

- 层次二：连在一起的"城门"

教师带领幼儿观察连在一起的城门图片，谈论城门的数量、形状、大小等，讨论表现两个城门连在一起需要的人数、连接的方法等；三人一组，尝试根据要求组合出一样高的城门、一低一高的城门、一大一小、一宽一窄的城门等不同的造型。在此基础上，可请幼儿逐渐增加合作人数，组合出更多连在一起、空间大小等有变化的城门造型。

- 层次三："过城门"

教师和幼儿一起模仿不同的人或动物的特点、走路姿势等。然后，两名教师搭建一道城门，幼儿根据教师发出"小兔过城门""矮人过城门""奶奶拄着拐杖过城门""巨人过城门""骑马过城门"等指令，幼儿用动作模仿特定的角色过城门的情景。在此基础上，可请部分幼儿搭出高低不同、宽窄不同的城门，其他幼儿模仿特定的角色玩过城门的游戏。游戏中，教师要提醒幼儿过城门的时候注意避免与同伴发生碰撞。

活动九　好饿的毛毛虫

指导要点

尝试用身体动作表现毛毛虫饥饿、觅食等不同的动态以及毛毛虫变蝴蝶的过程。

游戏准备

1. 经验准备。

幼儿熟悉《好饿的毛毛虫》故事内容。

2. 物质准备。

（1）绘本《好饿的毛毛虫》。

（2）毛毛虫变蝴蝶的视频。

游戏玩法

- 层次一：好饿的毛毛虫

教师和幼儿一起观察绘本封面，了解书名和主角，谈论毛毛虫的外形和特点，尝试用身体动作模仿毛毛虫的姿态。在此基础上，和幼儿一起讨论"好饿"的感觉，引导幼儿探索如何用动作表现"好饿"，并模仿好饿的毛毛虫缓慢、无力地蠕动、行走的姿态。

- 层次二：越来越大的毛毛虫

教师和幼儿一起谈论毛毛虫吃了些什么,模仿毛毛虫吃东西的样子,并尝试用身体表现出毛毛虫吃东西时身体的蠕动以及吃东西后身体越来越大、越来越壮的变化。在此基础上,可请幼儿坐成圆圈,一幼儿先当毛毛虫走到圈上一个幼儿面前,模仿毛毛虫吃东西,吃完后圈上的幼儿身体与"毛毛虫"紧贴,表现毛毛虫身体变大一些了。然后,两人一起当毛毛虫走到圈上另一个幼儿面前模仿吃的动作,吃完后该圈上幼儿与"毛毛虫"身体紧贴,表现身体又大了一点……人数逐渐递增,表现"毛毛虫"越来越大。

- 层次三：毛毛虫变蝴蝶

教师和幼儿一起观看毛毛虫变蝴蝶的视频,了解毛毛虫变成蝴蝶的主要过程：卵——幼虫（吃卵壳和叶子,逐渐变大变肥）——蛹（破壳而出）——蝴蝶。教师引导幼儿先尝试用身体动作模仿毛毛虫变蝴蝶的各个阶段,再跟随音乐让幼儿表现毛毛虫变蝴蝶的过程。

活动十　表情猜猜乐

指导要点

熟悉日常生活中的各类表情,尝试用表情表达不同的心情或与同伴开展游戏活动。

游戏准备

1. 常见表情图片。
2. 奇怪的表情图片。

游戏玩法

- 层次一：表情大集合

幼儿围坐成半圆或圆圈。教师出示各类表情图片,和幼儿一起谈论图片上的表情,观察面部五官的变化,依据表情猜一猜人物的心情。然后,教师随机出示表情图片,请幼儿集体模仿图片上的表情。在此基础上,教师可发出"我真开心""我很生气""我有点不好意思了""我非常气愤"等不同的指令,让幼儿根据指令做出相应的表情。

• 层次二：奇怪的表情

教师和幼儿一起观察奇怪的表情图片，让幼儿说一说这些奇怪的表情是什么样子，自己看到这些表情后的感觉与心情等，并学一学这些奇怪的表情。然后，幼儿两两结伴，面对面坐好，一人做出一种奇怪的表情，另一人进行模仿，交替进行；或者两人商量好奇怪的表情内容后，同时做出相应的表情。

• 层次三：用表情猜拳

教师和幼儿一起回忆猜拳游戏"石头剪刀布"的玩法，讨论用表情玩猜拳游戏的方法。教师分别做鼓起脸颊、闭上一只眼睛、张大嘴巴等，让幼儿猜测表情的含义；明确鼓起脸颊表示"石头"、闭上一只眼睛表示"剪刀"、张大嘴巴表示"布"。然后，根据教师的口令，集体练习用表情表示"石头""剪刀""布"。在此基础上，幼儿两两结伴，玩表情猜拳的游戏，赢者做出开心的表情，输者做出难过的表情。

活动十一 照镜子

指导要点

了解镜子的特性，知道照镜子的人做什么动作，镜子就要做出与其方向一致的相同动作。

游戏准备

1. 经验准备。

幼儿有照镜子的生活经验。

2. 物质准备。

人手一面小镜子。

游戏玩法

• 层次一：照镜子的人

教师带领幼儿观察镜子，请幼儿对着镜子笑一笑、皱皱眉、撇撇嘴等，说一说从镜子里看到了什么，谈一谈自己和家人什么时候会去照镜子，照镜子时爱做什么动作等。然后，请幼儿轮流到前面来做出一种照镜子时的动作与表情，让其他幼儿猜一猜该幼儿在干什么。

- 层次二：照镜子

教师做照镜子的人，幼儿与教师面对面当镜子。教师做出一种表情和动作，幼儿就要面对面做出同样的表情与动作，并注意表情和动作方向的一致性。待幼儿熟悉游戏玩法后，可两两结伴面对面玩游戏。一名幼儿做照镜子的人，另一名幼儿做镜子，照镜子的幼儿摆好一种动作造型，扮演镜子的幼儿要模仿做出相同的动作造型，并且两人方向要一致。两人可交换角色游戏。

- 层次三：面对面的镜子

教师介绍游戏名称，与两名幼儿合作示范游戏玩法，引导幼儿观察谁是照镜子的人，谁是前面的镜子，谁是后面的镜子；照镜子的人做出什么动作，前面的镜子和后面的镜子就要做出同样的动作，并让别人看起来方向是一致的。然后，请幼儿三人一组，一个幼儿做照镜子的人，另外两个幼儿做镜子，一个站在照镜子幼儿的前面，与其面对面站立，另一个站在照镜子幼儿的后面，与其同向站立；照镜子的幼儿做什么动作，扮演镜子的幼儿就模仿什么动作。三人可轮换角色游戏。

活动十二 蚂蚁和西瓜

指导要点

尝试用身体动作和表情表现绘本《蚂蚁和西瓜》中的特定画面，体验模仿和猜测的快乐。

游戏准备

蚂蚁和西瓜的图片。

游戏玩法

- 层次一：好大的西瓜

教师出示大西瓜的图片，请幼儿观察并描述西瓜的外形特征，尝试用身体动作表现西瓜的特点。在此基础上，可请小朋友自由结伴，合作表现"好大的西瓜"。（人数可逐渐递增，引导幼儿感受西瓜越来越大以及和朋友合作西瓜造型的快乐）

- 层次二：开心的蚂蚁

教师引导幼儿观察"蚂蚁看见西瓜"的画面，描述画面上几只小蚂蚁们的不同动态和心情，请幼儿逐一进行模仿。然后，请幼儿轮流到前面来模仿画面上的一只小蚂蚁的动态，让其他幼儿观察并猜测模仿的是谁。在此基础上，还可请幼儿想象开心的蚂蚁还会做出哪些动作，创造性地摆出新的造型。

● 层次三：蚂蚁运西瓜

教师引导幼儿观察"一群蚂蚁设法把西瓜化整为零运回家"的画面,随意指定其中的一只或两只蚂蚁,让幼儿模拟其动态。随后,教师可请幼儿根据指定的画面内容,自由结伴,合作表现蚂蚁搬运西瓜的场景。在此基础上,集体表现画面上的特定部分场景。

活动十三　石像路

指导要点

感知雕像的造型与特点,尝试用身体动作创造性地做出不同的造型并保持一定的时间。

游戏准备

1. 各种各样的雕像图片。
2. 魔法棒。
3. 铃鼓。

游戏玩法

● 层次一：我是雕像

教师和幼儿一起欣赏独立的人物或动物雕塑图片,谈论图片上的角色及动作、表情,并进行模仿。然后,教师手持铃鼓,请幼儿跟在自己身后边走边说儿歌"一二三,变变变,变成雕像真好玩"。说完儿歌,教师转身,所有幼儿都变成一尊雕像,保持不动;教师将手轻轻放在谁的身上,谁就要说出"我是××雕像,我是××雕像"。教师轻拍一下铃鼓,雕像复活,幼儿可继续跟在教师身后边走边说儿歌,反复游戏。幼儿熟悉游戏玩法后,教师的角色可由幼儿承担。

- 层次二:朋友雕像

教师和幼儿一起欣赏组合雕像图片,帮助幼儿了解有的雕像表现的是两个或者更多的人在一起。然后,教师请幼儿两两结伴,合作摆出"说悄悄话""送花""跳舞"等不同的造型,要求造型时身体要有接触点。在此基础上,教师和幼儿一起边走边说儿歌"一二三,变变变,变成雕像真好玩"。儿歌说完,幼儿结伴变成一尊朋友雕像,保持不动;教师的手碰到哪一尊雕像,哪一尊雕像就要说出"我们是××雕像,我们是××雕像"。教师轻拍一下铃鼓,雕像复活。

- 层次三:雕像变变变

在幼儿会玩"朋友雕像"游戏的基础上,教师可以和幼儿共同商量并确定一个雕像的主题(如公园里的一群人、花园里的一串花、摘桃子的一群猴子等),明确在表现一群雕像时身体要与别的幼儿有接触点。然后,幼儿边走边说儿歌"一二三,变变变,变成雕像真好玩"。儿歌说完,教师说出"三人雕像",幼儿就要三人组合,做出表现该主题的雕像造型,教师说"四人雕像",幼儿就要组合成四人的主题雕像。游戏反复进行。

活动十四 春暖花开

指导要点

感受花的形状与姿态是丰富多样的,尝试用身体动作表现不同的花的造型。

游戏准备

各种花的图片(单独开放的花、两两在一起的花、一簇花)。

游戏玩法

- 层次一:美美的花

幼儿围坐成半圆。教师出示各种花的图片,组织幼儿观察花的形态有什么不同,引导幼儿用动作模仿不同花朵的形态。如:大花和小花、盛开的花和小花苞、向上开的花、向一侧开的花等。在此基础上,教师随机出示花朵图片,幼儿看图片用身体动作表现花开的美景。

• 层次二:朋友花

幼儿围坐成半圆。教师出示两朵靠在一起的花的图片,引导幼儿观察它们的形态,想象它们在干什么,请幼儿两两一组模仿两朵花的姿态,并注意表情与眼神的交流。然后,教师和幼儿一起讨论"两朵朋友花还会怎样在一起?""两朵朋友花的大小(高低)可以有什么不同?"等,请幼儿与好朋友一起用身体动作创造出更多的"朋友花"造型。

• 层次三:一簇花

幼儿围坐成半圆。教师和幼儿一起欣赏一簇花的图片,引导幼儿观察很多花紧挨在一起时的空间位置,如簇拥在一起的花、一串花等,讨论表现一簇花的方法。然后,将幼儿分成5—6人一组,合作表现一簇花或一串花。在此基础上,逐步增加合作造型的人数。最后,可发展至全班幼儿一起表现出一簇花或一串花。

活动十五　百变金箍棒

指导要点

借助小棒展开想象,尝试用身体动作和小棒模拟表现演奏乐器的情景。

游戏准备

1. 小棒。
2. 锣鼓队表演视频。
3. 乐器(二胡、小提琴、鼓、笛子、扬琴)演奏视频。
4. 音乐《小星星》《喜洋洋》。

游戏玩法

• 层次一:敲锣打鼓

幼儿围坐成半圆。教师和幼儿一起观看锣鼓队表演的视频,请幼儿说一说人们在干什么、是怎么表演的,并模拟敲锣打鼓的动作。如一手做提锣状,另一手伸出食指,其余手指握起,模仿敲锣的动作,以膝盖当鼓,手指当鼓槌,有节奏地模仿鼓手表演等。然后,教师播放音乐《小星星》,幼儿随音乐有节奏地模仿敲锣打鼓的动作。

• 层次二:乐器金箍棒

幼儿围坐成半圆,每名幼儿的椅子下放一根小棒。教师先出示小棒,引导幼儿想象小棒的用途。接着,播放多种乐器(二胡、小提琴、鼓、笛子、扬琴)的演奏视频,引导幼儿观察、讨论,可以怎样将小棒想象成乐器或进行乐器演奏,并逐一进行模拟。在此基础上,幼儿取出放在椅子下的小棒,教师发出不同的指令,幼儿随指令用小棒和身体动作模仿各种乐器演奏的场景。如一只手臂向前伸出当小提琴的琴身,另一只手握住小棒当拉琴的杆子,模仿拉小提琴的动作等。

● 层次三:喜洋洋乐队

每名幼儿手持两根小棒,围坐成马蹄形。教师和幼儿一起复习用小棒和身体模拟各种乐器演奏的动作。然后,教师播放音乐《喜洋洋》,幼儿选择模仿一种自己喜欢的乐器,随乐有节奏地做演奏动作。在此基础上,将幼儿分成三大组,讨论并确定每一组模仿的乐器,在教师的指挥下跟随音乐《喜洋洋》有节奏地进行轮奏与合奏。在幼儿熟悉玩法和演奏动作后,还可请一个幼儿担任小指挥,进行合乐演奏游戏。

附录

【教育故事】

故事一　"主角"VS"配角"

　　经历了阅读故事、创作剧本、了解角色、设计服装等相关活动,戏剧《熊猫百货商店》即将开演!为了满足人人参与戏剧表演的需要,经过和孩子们的共同讨论,我们班的戏剧《熊猫百货商店》中除原有的熊猫父子、长颈鹿、大象、河马等角色外,还增加了围巾、口罩、腰带等角色。这些角色分别由谁扮演?孩子们最喜欢最想演什么角色呢?我们设计了一张角色报名表,表中列出了剧本中所有的角色和表演人数。现在,"我是小演员"角色报名活动开始啦!

　　我将《角色报名表》贴在黑板上,简单介绍了报名的方法之后,从几个故事中的主要角色——熊猫、长颈鹿、大象、河马入手,逐一报出角色名称,请孩子们根据自己的意愿自主报名。

　　我说:"想演熊猫的小朋友请举手。"……教室里一片寂静,文文想举手报名,刚举了一半,左右看看没有人举手,又把手放下去了。咦?居然没人想演熊猫?太让人意外了!

　　我停了停,又说:"想演大象的小朋友请举手。"……只有萱萱一个人举手。

　　接下来,我又报出了"长颈鹿""河马"等角色,可是形势依然不容乐观,这些我心目中的"主角"居然都没有人报名。

　　这是怎么回事呢?我急了,马上开始了"劝说"和"煽动":"这几个角色可重要了,有许多台词要说,尤其是熊猫,那可是第一主角哦,要一直在舞台上表演的……"

　　孩子们依然不举手,教室里出现了冷场。在反复"煽动"下,只有文文、萱萱、乐乐三个小朋友分别选择了演熊猫、大象、长颈鹿。"河马"一角依然无人问津。

我愣了愣,只好继续报起了我们新增的那些"配角"。当我说到"想演围巾的小朋友请举手"时,话音刚落,哗啦啦,一下子有十几个孩子举起了手,看看孩子们的表情,都显得很兴奋,还有孩子小声说:"等会我要报口罩!"……接下来,"口罩""腰带"等角色也都很受孩子们的欢迎,报名人数大大超过了我们老师事先预定的人数……报名活动变成了"配角"的竞争……

这样的结果在我预料之外。在我们的预想中,熊猫父子、长颈鹿、大象、河马是全剧中比较重要的角色,台词多,单独出场多,绝对是故事中的主角。按理说孩子们应该会争着想演,但为什么这些教师心目中的"主角"会受到孩子们的冷落呢?为什么那些台词少、集体上场和退场的配角——围巾、口罩、腰带却这么受到孩子们的欢迎和青睐呢?

孩子们的回答是这样的:"围巾的衣服好看""口罩会跳好玩的口罩舞""腰带不要背很多东西""有一条腰带上的花纹是我画的""熊猫太胖了""熊猫在台上要说的话太多了,怕记不住""河马只有唱歌,不能跳舞""我的脖子不长,怕演不好长颈鹿"……

原来,在孩子们的心中,并没有"主角"与"配角"之分,他们对于角色有自己的理解和想法,每一个角色都有自己的特点,都可以成为他们心目中的"主角",他们不像成人那样从舞台上表演的戏份多少等方面去选择心仪的角色,而是喜欢根据自己对角色的喜爱和兴趣,根据自己对角色的体验与把握去选择角色。有的爱美,有的享受和同伴一起舞蹈的乐趣,有的享受自己设计的成功感,有的动心于好玩有趣的游戏,有的觉得台词少点更容易成功,有的担心演不好特征明显的小动物……在孩子们的眼中,自己喜欢的、有把握演好的角色,就是最特别、最好的"主角"。

反思我们的主题戏剧教育活动过程,我们发现:和孩子一起创作剧本时,对于几个动物角色,我们过于强调他们上场后表演台词的创编。对于几个新增角色,则侧重了他们个性化、游戏化的表演设计,使得孩子们感到新奇和有趣……孩子们之所以追捧几个新增角色,而冷落原有的动物角色,不仅受兴趣和同伴的影响,也受表演的趣味性、挑战性以及成功体验等多方面因素的影响。

有感于此,我改变了再次动员孩子们根据《角色报名表》上规定人数调整所选角色的想法,而是兴致勃勃地和孩子们讨论起剧中几个动物的特别之处、表演服饰、可互动进行的歌舞游戏等,并请孩子们回家搜集有这几个动物角色的歌舞剧、童话剧、动画片视频,带到班级与大家共同观赏……

伴随着交流和讨论的深入,孩子们对"熊猫""长颈鹿""大象""河马"等角色有了进一步的了解,表演的兴趣和热情渐趋高涨。后来,再次请小朋友自主报名表演角色时,有的孩子开始转向选择表演"熊猫""长颈鹿""大象""河马",剧中的每个角色都有了着落。同时,我们也根据孩子们自主报名的情况,对最初的角色报名表中各角色的人数进行了调整——在全班幼儿人人参与表演的前提下,适当增加了围巾、口罩、腰带的表演人数,适当减少了动物角色的表演人数……孩子们的脸上都露出了满意的笑容,叽叽喳喳地议论起自己的角色,开始了排演等戏剧工作。

在开展戏剧教育的过程中,我们遵循"凡是幼儿能够体验的一定要创造条件让他们去体验"的理念,尝试让孩子参与剧本创作、道具制作、角色选择、动作创编等活动,努力让孩子在多种戏剧活动中获得不同的体验和成长。自主选择角色的小插曲,给我带来了儿童观和教育观的冲击,也让我对"主角"和"配角"有了新的认识与思考。

对于戏剧表演而言,每一个角色都是重要的,都有创意表现的空间。孩子心仪的、喜爱的、愿意去创造和表现的角色就是他们心目中的"主角",教师和家长要减少功利心,尊重孩子的选择、想法和感受,支持孩子在自主选择和大胆创造中获得成功与满足。

对于教育工作而言,每一个孩子都是教师关注的"主角",都是学习和发展的"主角"。在教学、游戏以及日常活动中,教师要尊重孩子的年龄特点、经验水平、发展差异,平等对待每一个孩子,为他们提供具有适度挑战的、利于孩子大胆表现和展示的舞台,当好支持者、合作者、引导者,努力促进每一个孩子在"最近发展区"内富有个性的发展。

……

尊重儿童、理解儿童,尊重儿童的主体地位,发挥教师的引导作用,才能更好地放飞孩子的戏剧天性,让他们在参与创意戏剧的过程中体验成功、收获自信、获得满足,成为创造的主角、成长的主角。

杨 桦

故事二 "小萝卜"文文的成长故事

"具有自尊、自信、自主的表现"是《3—6岁儿童与学习发展指南》所提出的幼儿在社会领域的发展目标。近期,我班正在开展"拔萝卜"的主题戏剧活动,每个小朋友都必须在戏剧游戏中承担一定的角色。在开展戏剧游戏的过程中,我对"如何帮助幼儿建立自信"有了一定的认识与思考。现结合文文的成长故事谈谈自己的体会。

一、文文的成长故事

1. 选演"小萝卜"

文文,4岁,女,刚从外园转入我班。有什么事需要与老师说时总是先告诉别的小朋友,让别人代为告诉老师;当老师走近她,与她说话时,她常常手足无措,眼睛也不敢正视,只是用余光扫一扫老师,说话声音很轻、很低,表现得很拘谨、扭捏。平时不爱主动找小朋友玩,别人找她玩时愿意参加但言语不多,不太敢表达自己的意见,显得较为胆怯。

《拔萝卜》是一个脍炙人口的经典故事,剧中有老爷爷、老奶奶、小姑娘、小动物等很多角色。老师请每位小朋友说一说自己最想演什么角色,以及想演这个角色的原因和剧中角色的台词时,很多小朋友很积极,有的要演老爷爷,有的要演小姑娘……非常热烈。

轮到文文了,她站起来,一直低着头,手不停地揉着衣角,过了好一会,才轻轻地挤出几个字:"我……我……我要演'萝卜'。"

"你为什么想演'萝卜'呢?"

"我想……跳《萝卜舞》。"

……

"小萝卜们"准备跳舞了。其他"小萝卜"都排好了队,文文却没有过去,而是站到了一边。我想喊她和小朋友一起去跳,可看到她躲闪的目光,我没有说话,而是暗中观察起了她。我看到:文文在一边静静地看着别的小朋友跳,眼里流露出羡慕的神情,有时还悄悄模仿做些简单的动作。其他小朋友喊她一起来跳时,她红着脸,低下了头,又将怯怯的目光投向我。我笑着对她说:"文文,你刚才学得挺认真!和'小萝卜们'一起去试一试吧!"她轻轻点点头,悄悄站到了"小萝卜们"的最后……

2. 装扮"萝卜服"

"小萝卜"表演时该穿什么衣服呢?我们用无纺布制作了一些"萝卜背心",请小朋友们自己动手折一些花或叶子装饰背心。

乐乐折了好一会儿,总是折不好花。他看看旁边的文文,发现文文已经折好了一朵"郁金香",就对文文说:"我不会折双三角,你能帮我折一下吗?"

文文点点头,拿过一张纸折了起来,不一会儿,一朵"郁金香"又折好了,她无声地将"郁金香"送给了乐乐。丁丁走了过来,看见了文文和乐乐面前的花,惊讶地说:"乐乐,这是你们折的花呀?真好看!"

"不是我折的,是文文帮我折的。"

"是吗?文文,你也教教我,好不好?"

"嗯。"文文点点头。三个小朋友头挨着头,文文教起了乐乐和丁丁,大家还一起把"郁金香"贴到了萝卜服上……

餐前游戏中,我将他们的"萝卜服"展示给小朋友,并隆重介绍了"小老师"文文和她的伙伴们,小朋友为他们鼓起了掌,有的还嚷嚷也要学折花,文文抿着嘴笑了。

在后面的一些活动中,文文已经愿意与老师交流了,虽然有时老师看着她时,她仍会有点不自然,但是,她已经能够和小朋友一起游戏,话语也逐渐多了起来,声音也不再很轻、很低了。

3. 挑战"萝卜王"

再过几天,我们班的戏剧表演《拔萝卜》就要参加幼儿园的戏剧节演出。扮演"萝卜王"的小朋友突然生病住院,戏剧节那天也不能登台表演了。"萝卜王"的台词和动作较多,并且要求扮演者的个子要高一些,还要能带领小萝卜们游戏和跳舞。

谁来扮演"萝卜王"呢？当我们在班上提出这个问题时,个头较高的文文举起了小手,我有些诧异:"你想演'萝卜王'吗？'萝卜王'有很多的台词和动作要记哦!"文文看着我,轻轻地点了点头。我有点犹豫:文文能接受这个挑战吗？看着文文不再躲闪的目光,我不忍拒绝,同意了由文文来扮演"萝卜王"的角色。下午,文文妈妈来接文文时,我把这件事告诉了文文妈妈,请她协助孩子在家演一演、练一练。

第二天早晨,文文妈妈告诉我,前一天回家以后,文文就缠着妈妈一起复习台词和动作,主动要演给爸爸妈妈、爷爷奶奶看,还要爸爸妈妈、爷爷奶奶和自己一起表演,可认真了……

我们班的戏剧要在全园戏剧节上表演了。表演前,我悄悄对文文说:"老师坐在第一排,表演时你要是忘记怎么演了,你就看老师,老师会提醒你的!"

文文认真地告诉我:"老师,我不会忘记！我会演好的!"虽然声音不大,但却显得自信、坚定。

表演时,小朋友们在音乐的提示下,跟随着故事情节,一个接一个有序地上场表演。孩子们有板有眼的表演赢得了观众们的喝彩与好评,扮演"萝卜王"的文文,在台上不仅动作到位,而且声音响亮,表现得大方、自信,让我们眼前一亮,欣喜不已

二、文文的成长启示

戏剧表演《拔萝卜》中,文文有了较大的改变:从害怕受到关注——被动接受关注——主动接受挑战——认真准备排演——大胆进行表演……文文的成长让我欣喜,也带给了我很多思考。我觉得,面对像文文这样的幼儿,作为教师,我们应从以下几点入手,帮助他们从害羞、胆怯成长为自信、大方。

1. 学会尊重与等待

文文轻声说出自己选择的角色,虽然不敢加入队伍却"羡慕"地在一旁默默学习,加入表演队伍后又悄悄站在了队伍的最后……可以看出,她是一个"害羞"的"小萝卜",想演又担心不会演。如果老师刚开始就要求她和其他"小萝卜"一样上台,有可能会让她感觉紧张、无所适从。教师先默许她按自己的意愿在一旁学习,再引导她在掌握动作基础上和小朋友一起表演,其实是为她投入表演游戏创设了安全的心理氛围。

孩子的发展是有差异的,教师不应用统一的标准要求每一位幼儿,而应正视并尊重孩子间的差异,关注幼儿的感受,学会等待,允许幼儿按照自己的速度去学习和发展,保护幼儿的自尊心和自信心。

2. 学会鼓励与肯定

在发现文文帮助乐乐、教乐乐和丁丁学习折郁金香花后,老师欣喜地看到了文文的闪光点以及与同伴关系的微妙发展,并及时抓住这一事件,在全班小朋友中展示了他们的合作成果,对文文进行了表扬,也让文文赢得了小伙伴的肯定,并渐渐融入到集体之中。

每一个孩子都希望得到肯定和表扬。教师应善于发现孩子的长处,及时肯定孩子的进步,帮助孩子逐渐拉近与同伴的距离,使其在融入集体的过程中建立积极、健康的人际关系,建立安全感和信任感,增强认同感和归属感,培养自信和自尊。

3. 学会信任与合作

文文想演"萝卜王",是出乎教师意料的。所幸的是,教师在犹豫之后,同意了文文的选择,让文文承担"萝卜王"一角。此后,老师又与家长取得了联系,加强了交流,共同帮助文文面对新角色的挑战。透过文文认真准备的镜头,我们可以感受到:文文无疑感受到了老师的这种信任,同时在内心也渴求着表演的成功……

只有尊重孩子、信任孩子,利用家长资源,加强教育合作,共同努力为幼儿创设充满温暖、关爱的家庭和集体生活氛围,建立良好的亲子关系和师生关系,才能更好地帮助孩子迎接挑战、走向成功,收获自信。

陈晶晶

参考文献

1. 许卓娅.探究阅读·创意戏剧综合课程[M].北京:北京少年儿童出版社,2010.
2. 张金梅.幼儿园戏剧综合课程研究[M].南京:江苏教育出版社,2005.
3. 张金梅.表达·创作·表演——幼儿园戏剧教育课程[M].南京:南京师范大学出版社,2014.
4. 李季湄,冯晓霞.《3—6岁儿童学习与发展指南》解读[M].北京:人民教育出版社,2013.
5. 教育部基础教育司组织编写.《幼儿园教育指导纲要(试行)》解读[M].南京:江苏教育出版社,2002.
6. 华爱华.幼儿游戏理论[M].上海:上海教育出版社,1998.
7. 朱家雄.幼儿园课程[M].上海:华东师范大学出版社,2003.
8. 黄人颂.学前教育学[M].北京:人民教育出版社,1989.
9. 《幼儿园渗透式领域课程》编委会.幼儿园渗透式领域课程[M].南京:南京师范大学出版社,2005.
10. 许卓娅.从怎么看到怎么办——对创意戏剧教育实践问题的思考[J].幼儿教育·教育科学,2011(12).
11. 许卓娅,季云飞.创意戏剧教育中的剧本创作[J].幼儿教育,2012(Z1).
12. 许卓娅.创意戏剧教育的理论与实践探索[J].幼儿教育·教师版,2011(7).
13. 刘金玉,蔡涛,鲁晶.在幼儿园艺术领域中开展戏剧活动的实践研究[J].学前教育,2015(5).
14. 王乃珍.幼儿园戏剧活动中教师的指导策略研究[J].教育导刊,2010(5).
15. 管蕾.5—6岁幼儿戏剧活动研究[D].南京师范大学硕士学位论文,2007.
16. 黄爱华.学校戏剧教育基本理念及实践构想[J].中国教育学刊,2009(12).

本书选用的部分作品,因种种原因无法与原作者沟通,希望有关作者与我们联系,以便解决相关事宜。